LE GUIDE DU DIRIGEANT

LES EXPERTS EN LEADERSHIP
DE FRANKLINCOVEY PRÉSENTENT

LE GUIDE DU DIRIGEANT:
NOS BIAIS INCONSCIENTS

CORRIGER SES BIAIS, CULTIVER SES RELATIONS ET CRÉER DES ÉQUIPES PLUS PERFORMANTES

PAMELA FULLER
MARK MURPHY
ANNE CHOW

Copyright © 2021 by FranklinCovey

Publié par MangoPublishing, une division de Mango Publishing Group, Inc..

Titre original de l'édition américaine : The Leader's Guide to Unconscious Bias : How To Reframe Bias, Cultivate Connection, and Create High-Performing Teams

Le Code de la propriété intellectuelle interdit les copies ou reproductions destinées à une utilisation collective. Toute représentation ou reproduction intégrale ou partielle faite par quelque procédé que ce soit, sans le consentement de l'auteur ou de ses ayants cause est illicite et constitue une contrefaçon sanctionnée par les articles L 335-2 et suivants du Code de la propriété intellectuelle.

ISBN : (p) 978-164250-776-8 (e) 978-1-64250-777-5

BISACS :
    BUSINESS & ECONOMICS / Human Resources & Personnel Management
    PSYCHOLOGY / Industrial & Organizational Psychology
    BUSINESS & ECONOMICS / Organizational Behavior
    BUSINESS & ECONOMICS / Workplace Culture
    BUSINESS & ECONOMICS / Decision-Making & Problem Solving
    BUSINESS & ECONOMICS / Business Communication / General

Table des matières

Préface	7
Avant-propos	9
Deuxième Avant-propos	12
Introduction	14
Partie 1 : Identifier ses biais	**33**
Chapitre 1 : Explorer l'identité	37
Chapitre 2 : Comprendre les neurosciences	53
Chapitre 3 : Reconnaître les pièges liés aux biais	67
Chapitre 4 : Adopter la pleine conscience	82
Partie 2 : Cultiver ses relations	**95**
Chapitre 5 : Mettre l'accent sur l'appartenance	98
Chapitre 6 : Développer curiosité et empathie	118
Chapitre 7 : Exploiter la puissance des réseaux	130
Chapitre 8 : Maîtriser les conversations difficiles	145
Partie 3 : Choisir le courage	**165**
Chapitre 9 : Qu'est-ce que le courage ?	168
Chapitre 10 : Le courage d'identifier	178
Chapitre 11 : Le courage d'affronter	189
Chapitre 12 : Le courage de soutenir	206
Chapitre 13 : Le courage de défendre	221
Partie 4 : Mettre en œuvre dans le cycle de gestion des talents	**235**
Chapitre 14 : L'embauche	245
Chapitre 15 : Contribution et implication	263
Chapitre 16 : Promotion	275
Conclusion	286
Remerciements	296
À propos de FranklinCovey	298
À propos de FranklinCovey France	299
À propos des auteurs	300

Préface

15 juin 2020

Entre le moment où ce manuscrit a été remis aux correcteurs de Simon & Schuster, le 15 mai 2020, et celui où nous l'avons reçu pour relecture deux semaines plus tard, le monde avait changé. Ou, pour ainsi dire, les efforts quotidiens contre la pandémie de COVID-19 avaient été éclipsés dans le monde entier par les manifestations conséquentes aux meurtres tragiques et insoutenables d'Ahmaud Arbery, de Breonna Taylor et de George Floyd. Ces morts récentes et incompréhensibles s'ajoutaient à la longue liste des injustices commises à l'encontre des Noirs tout au long de l'histoire, entraînant un tournant social. Affirmer l'importance des personnes noires ne fait pas de ce livre un traité sur l'injustice raciale ou les politiques publiques, ni même un traité axé sur les préjugés liés à la race. Ce livre est notre contribution à la promotion d'un monde plus inclusif, où chacun est en mesure d'identifier ses propres biais et d'en assumer la responsabilité, de faire preuve d'empathie et de curiosité pour établir des liens plus efficaces les uns avec les autres, et enfin, de choisir le courage d'opérer des changements positifs au travail. La discrimination, l'injustice raciale sous toutes ses formes – qu'elle soit fondée sur la race, la couleur de peau, l'orientation sexuelle, l'identité de genre, la nationalité, le handicap, l'âge, le statut d'ancien combattant, la situation familiale ou matrimoniale, l'apparence physique, l'éducation et la situation géographique – n'ont pas leur place sur le lieu de travail ni dans la société en général.

Dans cette optique, on peut légitimement se demander : « Quel est le lien entre injustice et biais ? » Les biais font naturellement partie de la condition humaine et du fonctionnement de notre cerveau. Être humain, c'est avoir des biais, et ces préjugés – ou préférences, comme nous le décrirons dans ce livre – n'ont pas de valeur intrinsèque. Pourtant, ils ont un impact sur notre comportement, et c'est ce comportement qui aura des conséquences négatives ou positives. Identifier et comprendre nos biais est la première étape pour faire en sorte que notre comportement ne limite pas nos chances ni celles de nos collègues. L'injustice est la limite ultime à ne pas franchir, car elle cause un préjudice réel à celles et ceux qui en sont directement et indirectement touchés.

Cela fait longtemps qu'un tel livre est nécessaire, mais aujourd'hui, la question des biais est devenue l'une des plus importantes auxquelles les individus, les communautés et les entreprises doivent faire face – avec sérieux et détermination, et avec le désir d'écouter, d'apprendre, de s'impliquer et de mieux faire. L'ouvrage qui suit est un cadre destiné aux dirigeants de tous les niveaux, quel que soit leur rôle. Il vise à améliorer leurs performances, celles de leurs équipes et de leurs entreprises, en comprenant la nature des préjugés. Dans ce livre, nous encourageons chacun à s'interroger sur sa propre vulnérabilité, à nourrir sa curiosité et à faire preuve d'empathie pour dépasser ses biais négatifs, et à choisir le courage, appliquant au cycle de gestion des talents les meilleures pratiques, stratégies et tactiques. Nous sommes convaincus que ces lignes directrices aideront à former des individus, des équipes et des cultures extrêmement performants dans n'importe quelle entreprise et n'importe quel contexte. Nous sommes fiers du contenu de ces pages et nous vous invitons à vous impliquer dans cette initiative. Notre intention est de faire en sorte que chacun, sur son lieu de travail, puisse mettre en place des dialogues constructifs sur les biais et l'inclusion, et proposer des actions concrètes qui, à terme, favoriseront progrès et efficacité.

Lors d'une conférence internationale FranklinCovey en 2011, le PDG Bob Whitman a prononcé un discours inspirant, dans lequel il partageait une liste de principes simples appris et exercés au cours de sa carrière. Dans ce discours, il a déclaré : « Vous devez accomplir le travail que vos objectifs exigent. » L'un de nos objectifs est un monde plus inclusif pour nous-mêmes, pour nos clients et pour la prochaine génération de dirigeants. Nous mettons tout en œuvre pour atteindre cet objectif et nous espérons que vous vous joindrez à nous dans cette aventure.

Pamela Fuller   Mark Murphy   Anne Chow

Avant-propos

Chez FranklinCovey, nous sommes convaincus qu'un bon leadership est un leadership inclusif, qui ne met personne à l'écart. Pour obtenir des résultats, les dirigeants doivent veiller à ce que chaque employé puisse déclarer avec assurance : « Je fais partie d'une équipe qui réussit, qui accomplit un travail utile dans un environnement de confiance, et je suis un membre apprécié. » Sans l'inclusion, et l'intention sincère d'analyser les préjugés susceptibles de conduire à l'exclusion et aux limitations des performances qui en découlent, cette déclaration ne peut être vraie.

C'est à moi, en tant que responsable du personnel chez FranklinCovey, que les employés s'adressent lorsqu'ils veulent une opinion ou un conseil « impartial ». J'ai pour responsabilité de superviser une entreprise inclusive et hautement performante. Je suis pourtant conscient qu'il est impossible d'être véritablement impartial. Nous sommes tous des êtres humains, influencés par notre passé. Ce qui est possible, en revanche, c'est de reconnaître nos biais, de nous demander sincèrement quels sont les nôtres et de déterminer s'ils sont de nature à ouvrir des possibilités ou, au contraire, à entraver nos performances. Nous pouvons alors choisir comment ces biais influencent notre comportement et agir avec autant d'objectivité et de vérité que possible. Ce système est certainement loin d'être parfait, mais je m'y emploie dans tous les domaines de ma vie.

Il y a quelques années, notre équipe de recrutement travaillait avec un cadre supérieur responsable de l'embauche d'un candidat à un poste déterminant. Après plusieurs entretiens, il a sélectionné une femme qui travaillait déjà pour notre entreprise, mais à un poste différent. Après avoir utilisé les données du marché pour déterminer la rémunération appropriée à cette fonction, ce cadre supérieur a tenu à discuter avec moi pour réévaluer ce montant. Quand je lui en ai demandé la raison, il m'a répondu : « Au vu de ce qu'elle [la candidate sélectionnée] gagne actuellement, la différence sera énorme pour elle. » Je lui ai demandé s'il doutait qu'elle remplisse les conditions requises ou s'il remettait en question les grilles salariales, mais il a répondu par la négative. « Alors, aidez-moi à comprendre votre inquiétude », lui ai-je dit.

Il a répondu : « C'est une augmentation trop importante pour elle. Même moi, je n'ai jamais connu de telle augmentation de salaire. »

Ce directeur avait un biais. Après une longue discussion, il a compris que son biais concernait sa propre expérience et le sentiment que personne ne devrait recevoir d'augmentation plus importante que lui. Si l'on ajoute à cela tout ce que nous savons sur l'écart de rémunération entre les hommes et les femmes dans le milieu professionnel américain, sa décision aurait pu creuser l'inégalité salariale dans notre entreprise. FranklinCovey réalise un audit d'équité salariale chaque trimestre pour s'assurer du contraire, mais avec des décisions managériales de cet ordre, nous risquerions d'amoindrir les résultats positifs de ces audits. Ce n'est là qu'un exemple parmi tant d'autres dans ma carrière, preuve que les préjugés inconscients jouent un rôle déterminant dans notre jugement, notre prise de décision, nos chances et nos performances.

Chez FranklinCovey, nous accordons une importance toute particulière à la diversité et l'inclusion, et nous mettons un point d'honneur à explorer toutes les pistes d'amélioration. Nous reconnaissons le rôle essentiel que jouent nos préjugés inconscients dans cet effort. Si nous continuons à faire des progrès significatifs, comme de nombreux autres organismes et entreprises, nous admettons aussi qu'il s'agit d'un effort continu et perpétuel, et qu'il nous reste encore beaucoup de chemin à parcourir. Au cours de ma carrière, j'ai constaté que certains dirigeants étaient très attentifs aux questions d'inclusion, tandis que d'autres y accordaient une priorité moindre. Ils étaient bien intentionnés, mais n'y parvenaient pas, ou ne voyaient tout simplement pas le lien entre l'inclusion et les résultats, ni même leur responsabilité personnelle. L'important est de construire l'inclusion de manière proactive. Vous ne deviendrez pas un grand dirigeant si vous ne confrontez pas vos biais inconscients négatifs et si vous ne faites pas de l'inclusion une caractéristique de votre style de leadership. Pendant un certain temps, vous pourrez atteindre vos objectifs et tirer parti de votre forte personnalité pour amener les gens à faire ce que vous voulez ; vous pouvez même gravir les échelons de l'entreprise. Mais à long terme, l'excellence exige un regard lucide et critique sur soi-même. Les grands dirigeants se posent autant de défis qu'ils en posent aux autres.

Dans *Le Guide du dirigeant : nos biais inconscients*, les auteurs Pamela Fuller, Mark Murphy et Anne Chow ont fait un travail extraordinaire pour déterminer ce que sont les préjugés, en quoi ils nuisent ou contribuent à la performance, et quelle importance ils jouent pour les dirigeants, les équipes et les entreprises. Avec sagesse et beaucoup d'attention, ils nous indiquent également comment réagir face aux biais inconscients que nous identifions et comment les rectifier lorsqu'ils interviennent.

En lisant et relisant leur travail éclairant, je suis plus que jamais conscient des biais inconscients qui entravent mon travail et mes collaborations. Je m'efforce d'exercer une influence efficace sur ceux qui, autour de moi, sont également ralentis par les limitations que leur imposent leurs propres préjugés.

En lisant ce livre plein de lucidité, vous trouverez vous aussi de nouvelles et de meilleures façons de diriger les autres, et vous apprendrez à relever efficacement les défis et à saisir les opportunités que présentent les biais dans tous les domaines de votre vie.

Bonne lecture.

C. Todd Davis,
Vice-président exécutif
et directeur des ressources humaines, FranklinCovey

Deuxième Avant-propos

En tant que président de Franklin Covey France, et de par mon parcours personnel et professionnel, je me sentais en quelque sorte immunisé contre les biais inconscients. J'avais souvent moi-même souffert de nombreux biais négatifs et me considérais donc très sensibilisé par ce sujet. Ma famille est originaire du Kosovo, région qu'elle a dû quitter dans les années 50 par suite de tensions entre les Serbes du Kosovo et les Kosovars de langue albanaise. Une fuite brutale vers le pays voisin, la Turquie, en tant que citoyen de seconde zone et vivant dans une précarité totale avec changement forcé de notre nom d'origine et l'intégration par, entre autres, l'adoption d'un nom turc. Après une dizaine d'années dans des conditions de vie difficiles, mon père, à qui il a fallu un courage prodigieux, que j'admire encore aujourd'hui, bien que je n'aie jamais pu le lui dire avant sa disparation, a immigré et a traversé l'Europe dans les années 60 et, après un bref détour par l'Allemagne, a abouti, tout seul, en Belgique, pays dont il ne connaissait ni la langue, ni la culture, pays où je suis né, où j'ai grandi et ai poursuivi mes études.

En proie à des nombreuses influences multi-culturelles (albanaise, turque, belge), multi-confessionnelles (ma famille est de confession musulmane et toutes mes études se sont déroulées dans des écoles catholiques) et multi-linguistiques (albanais, turc, français et néerlandais), je me considérais comme blindé sur le sujet du biais inconscient. D'autant plus que j'avais subi dans ma jeunesses les brimades classiques de moqueries sur mon nom, sur mes origines ou affronté des délits de sale gueule à l'entrée des dernières boites à la mode.

Je me sentais néanmoins citoyen Européen et du monde.

Ma surprise fut donc totale de découvrir, en lisant ce livre, que j'étais très loin du compte. Que je manifestais nombreux des 188 biais identifiés dans ce livre. J'ai aussi appris qu'un biais n'est pas spécialement mauvais, que c'est juste une préférence que manifeste notre cerveau devant plus de 88 millions de stimuli quotidiens et que le cerveau, pour simplement fonctionner, doit faire des choix.

Cette prise de conscience m'a fait voir mes relations avec les autres autrement, m'a donné envie de prendre le temps de mieux connaitre et comprendre les autres, de faire preuve de plus de curiosité et d'empathie envers autrui, de découvrir finalement plus de points communs que de divergences avec les autres.

Ce n'est pas facile de parler des biais dont on se rend compte, de les exprimer explicitement; cela peut mettre mal à l'aise, mais en même temps cela rend la conversation vraie. Cela permet même d'aller un pas plus loin, de défendre les personnes qui ont subi des biais inconscients négatifs, de se manifester à leurs côtés comme les mouvements tels que #metoo l'ont démontré.

Vous me direz, j'ai d'autres chats à fouetter. J'ai d'autres soucis autrement plus importants à gérer avec, notamment, les conséquences économiques du Covid.

Il est vrai que dans ce nouvelle réalité covidienne, beaucoup d'entreprises et d'individus ont souffert et souffrent encore aujourd'hui. Un des éléments pour y faire face, parmi de nombreux autres, est la capacité d'innover, de s'ajuster en permanence aux incertitudes bien supérieures à la période d'avant-covid. Cette innovation passe, entre autres, par la création d'équipes représentatives de toutes les composantes de notre société (la diversité) et par la capacité de ces équipes à innover et à influencer la direction des entreprises (l'inclusion). Comme le disait Stephen M. R. Covey, auteur du best seller mondial et intemporel, *Les 7 habitudes de ceux qui réalisent tout ce qu'ils entreprennent*, il faut valoriser la différence, pas seulement la tolérer.

Ce livre vous aidera à aborder ce chemin plus efficacement.

Bonne lecture.

Burhan Ocakoglu
Président, FranklinCovey France

Prononcez à voix haute Bourhanne Odjakaulou, en roulant le r, cela sonne mieux ☺.

Introduction

Être humain, c'est avoir des biais. Si vous pouviez affirmer : « Je n'ai pas de biais », cela signifierait que votre cerveau ne fonctionne pas correctement !

Fondamentalement, les biais inconscients proviennent de la capacité du cerveau à résoudre les problèmes. Nous recevons au moins 11 millions d'informations par seconde, mais nous ne pouvons en traiter de manière consciente qu'une quarantaine1. Nous retenons le seul client mécontent plutôt que les centaines de fans en délire (biais de négativité). Nous accordons une attention particulière aux données qui prouvent que notre stratégie fonctionne, occultant celles qui sèment le doute (biais de confiance). Nous préférons inconsciemment le premier candidat que nous rencontrons lors d'un entretien d'embauche (biais de primauté). Et nous aimons tout simplement les gens qui nous ressemblent (biais d'affinité).

Ces raccourcis peuvent être une aubaine pour les professionnels à court de temps, car ils nous permettent de prendre des décisions rapides sans avoir à délibérer sur chaque détail. Mais ils risquent aussi de déformer les faits, d'entraîner des jugements inexacts et d'entraver nos performances et nos chances professionnelles.

Aussi logique et juste que nous nous efforcions d'être, nous agissons presque toujours avec un certain parti pris, sans même en avoir conscience. Le sentiment que les personnes biaisées sont profondément mal intentionnées ou moralement répréhensibles est l'un des paradigmes qui nous empêchent de progresser sur cette question.

Il n'y a pas de honte à avoir des biais inconscients. C'est un aspect naturel de la condition humaine qui se manifeste dans nos décisions,

---

1   Jin Fan, « An Information Theory Account of Cognitive Control. » *Frontiers in Human Neuroscience* 8 (2 septembre 2014): 680; https://doi.org/10.3389/fnhum.2014.00680.

nos réactions et nos interactions avec les autres. C'est aussi vrai pour nos relations que pour nos équipes et nos entreprises. Nous avons tous des biais. C'est en les reconnaissant que nous pouvons entreprendre de nous améliorer.

Je vais commencer.

J'assume plusieurs casquettes chez FranklinCovey, chef de file mondial dans l'aide et le conseil aux entreprises qui souhaitent obtenir de meilleurs résultats au moyen des changements comportementaux. Je conseille les clients sur les questions de leadership générales, en mettant l'accent sur la diversité et l'inclusion ; je gère certains de nos comptes les plus stratégiques ; et je supervise l'équipe qui apporte une aide concrète à ces clients. En tant qu'architecte principale des solutions de FranklinCovey en matière de biais inconscients, j'aide les dirigeants à acquérir les compétences nécessaires pour corriger leurs biais, cultiver leurs relations et créer des équipes particulièrement performantes. Je suis également une Américaine de première génération, originaire de République dominicaine, une Afro-hispanique, l'aînée de huit enfants, et une épouse. Je pratique le triathlon et le marathon et j'adore les histoires, que ce soit dans les livres, sur grand écran ou autour d'un bon verre de vin. J'ai aussi la fierté d'être mère de deux petits êtres humains, deux beaux garçons américains à la peau brune. Nous parlerons plus en détail des éléments identifiants – les miens et les vôtres – au fur et à mesure de notre progression dans ce livre. Je passe beaucoup de temps à réfléchir aux préjugés, tant sur le plan personnel que professionnel.

Mais ce n'est pas ce qui m'empêche d'avoir mes propres biais inconscients.

Il y a quelques années, j'ai décroché un gros contrat avec un client, l'un des plus importants de notre entreprise à l'époque. Nous avions tout à coup six mois de travail à réaliser en deux fois moins de temps pour mettre en œuvre un programme de haut vol. Je passais une semaine sur deux en voyage autour du monde tout en jonglant avec un enfant de deux ans et un autre en CE2, et je travaillais vingt-quatre heures sur vingt-quatre pour assurer la réussite de ce projet. Nous avions besoin de plus de personnel, et le plus tôt possible !

Nous avons donc entamé le processus d'embauche d'un nouveau chef de projet et, après plusieurs vagues d'entretiens, nous avons proposé le poste à Jordyn, une candidate fantastique avec une grande expérience du service à la clientèle. Elle semblait prête à relever un nouveau défi et elle avait de l'énergie à revendre, sur laquelle je comptais beaucoup. Jordyn a immédiatement accepté le poste avant de se renseigner sur nos politiques en matière de congés de maternité. Elle était enceinte.

Vous avez réagi en lisant cela ? Parce que moi, j'avoue que j'ai grincé des dents...

Je lui ai dit que je lui enverrais par e-mail les informations sur nos avantages sociaux, j'ai mis fin à la conversation et je suis immédiatement allée voir mon chef, Preston, pour lui faire part de ma frustration. Pourquoi cela n'était-il pas apparu lors de l'entretien ? Aurions-nous dû offrir le poste à un autre candidat ? Bien sûr que non, cela aurait été illégal et Jordyn était assurément la meilleure... mais comment allait-elle gérer un nouveau travail et un nouveau bébé dans les mois à venir ? Et son congé de maternité ?! Elle n'avait même pas encore commencé et je paniquais déjà à l'idée de devoir pallier son absence.

Preston m'a écoutée me plaindre et m'a gentiment rappelé que nous venions de vivre une expérience de congé de maternité plutôt harmonieuse avec un autre membre de l'équipe... moi ! Vous vous souvenez, quand j'ai dit que j'avais un enfant de deux ans à l'époque ? Mon entreprise m'avait accordé une certaine flexibilité dans mes déplacements et mon travail, et l'équipe s'était toujours montrée patiente en vidéo-conférence quand il arrivait que des gazouillis ou des pleurs occasionnels nous interrompent. (Honnêtement, c'est toujours le cas. Ces bruits de bébé ont cédé la place à des cris d'animaux, des batailles de ninja et des sauts sur le canapé, et il arrive toujours que mes garçons envahissent mon bureau à la maison.) En retour, j'avais pris d'importantes mesures pour que tout se passe bien en mon absence, m'assurant que rien ne passe entre les mailles du filet. Je suis revenue de congé avec l'énergie nécessaire pour surpasser toutes les attentes. Preston m'a dit : « Tu es la mieux placée pour en tirer le meilleur parti. » Puis il m'a expliqué le processus qu'il avait mis en place afin de préparer mon propre congé de maternité. Avoir un plan pratique a atténué une grande part de ma tension. J'ai eu la chance de recevoir de l'empathie, de la confiance et du soutien de la part de mes dirigeants. Et c'était ce que je devais offrir à cette nouvelle employée ; Jordyn ne méritait pas moins.

Ce qui est étonnant dans cette expérience, c'est que je crois profondément que les entreprises atteignent leur plus haut degré de performance lorsqu'elles permettent à leurs employés d'être des personnes à part entière – y compris en prenant le temps de participer aux grands événements de leur vie, comme la naissance d'un bébé. Un grand nombre de recherches établissent un lien entre les politiques flexibles en matière de congé parental et de meilleurs résultats pour les parents, les enfants et le travail. J'ai personnellement pour mission de former des dirigeants divers et variés et de créer des lieux de travail inclusifs qui les soutiennent. *Consciemment*, je suis une championne de la parentalité dans l'entreprise !

Mais *inconsciemment*, malgré ma propre expérience de la maternité et mes valeurs, j'avais un préjugé négatif à l'égard du congé de maternité, ce que je n'aurais jamais réalisé si je n'avais pas été placée dans une situation favorable à de tels sentiments. Ce n'est que dans ces situations, qui font rejaillir l'inconscient à un plan conscient, que nous constatons nos biais, bien souvent en contradiction directe avec nos valeurs affichées.

Au moment où j'écris ces lignes, le fils de ma collègue vient d'avoir un an. Ses compétences m'ont-elles manqué pendant son congé ? Absolument ! Est-ce que les nombreuses conversations que nous avons eues en prévision de son départ m'ont donné des sueurs froides, me faisant craindre de ne pas réussir à combler ce manque ? Sans aucun doute. Mais j'ai travaillé d'arrache-pied pour faire en sorte que mes biais négatifs ne prennent pas le dessus et nous avons établi un plan solide pour son absence. Pendant ce temps, d'autres membres de l'équipe ont eu l'occasion d'intervenir et peut-être même de se former en abandonnant leur zone de confort. Comme le dit le vieil adage : « L'absence attendrit le cœur. » Inutile de préciser que j'ai été ravie qu'elle revienne !

En tant que dirigeants, nous avons certainement tous rencontré des situations similaires. J'ai récemment reçu l'appel d'un cadre catastrophé. Deux de ses employés avaient des congés de paternité qui se chevauchaient. Il éprouvait la même panique que moi. Mais il a fini par les soutenir tous les deux, et ils sont revenus plus motivés que jamais. Aucun dirigeant n'est à l'abri des effets de ses biais. Il s'agit d'une réalité permanente, non pas d'une compétence apprise une seule fois et définitivement acquise, mais plutôt d'un travail à exercer au quotidien.

En termes simples, disons que les biais sont un élément naturel de la condition humaine et peuvent avoir un impact réel sur notre façon de définir nos propres opportunités et celles des autres. Le sujet des biais inconscients peut être un terrain glissant, car il aborde la question des opinions, de la politique, des préjugés et des interactions difficiles. Mais notre expérience et nos recherches ont démontré que les biais sont plus omniprésents que l'on pourrait l'imaginer et qu'ils ont un effet sur nos résultats d'entreprise – depuis la culture, la fidélisation des clients, le recrutement et l'innovation jusqu'à la rentabilité et les gains des actionnaires.

Ce que tout dirigeant doit savoir sur les biais inconscients

Nous définissons le **biais** comme une préférence pour ou contre une chose, une personne ou un groupe par rapport à d'autres. Les biais peuvent être le fait d'un individu, d'un groupe ou d'une institution. Nous sommes parfois conscients de ces biais et pouvons les exprimer directement. Voici un exemple courant : « Nous préférons embaucher des vendeurs de nature extravertie. » Il est intéressant de noter que, selon les données recensées, le lien entre l'extraversion et le succès des ventes est proche de zéro![2] Les biais conscients sont souvent des croyances que nous avons érigées en faits, indépendamment des preuves.

Dans ce livre, nous nous concentrons sur les **biais inconscients**, également appelés biais implicites ou cognitifs. Les recherches montrent que nous avons des préjugés inconscients concernant le sexe, la race, la profession, la personnalité, l'âge/la génération, le statut socio-économique, l'orientation sexuelle, l'identité de genre, la situation familiale, la nationalité, la capacité linguistique, le statut d'ancien combattant, la culture, le poids, la taille, la capacité physique, l'attrait, l'affiliation politique, le travail virtuel/à distance, la couleur de cheveux – et même le désordre du bureau ou la posture d'un collègue.

Ces biais inconscients peuvent avoir un impact positif, bénin ou négatif. Telle cheffe d'équipe peut avoir un parti pris en matière de

---

2   Murray R. Barrick, Michael K. Mount et Timothy A. Judge. (2001). « Personality and Performance at the Beginning of the New Millennium: What Do We Know and Where Do We Go Next? » *International Journal of Selection and Assessment*, 9(1-2), 9-30.

collaboration : son réflexe, lorsqu'elle est chargée d'un nouveau projet, sera de se tourner systématiquement vers l'extérieur, et non vers son équipe, pour obtenir un retour et confirmer ses hypothèses. Elle obtiendra de meilleurs résultats grâce à ce biais, qui a donc généralement un impact positif sur elle, ses collègues et son entreprise. D'autres biais sont sans conséquence, par exemple une préférence pour le travail avec ou sans musique.

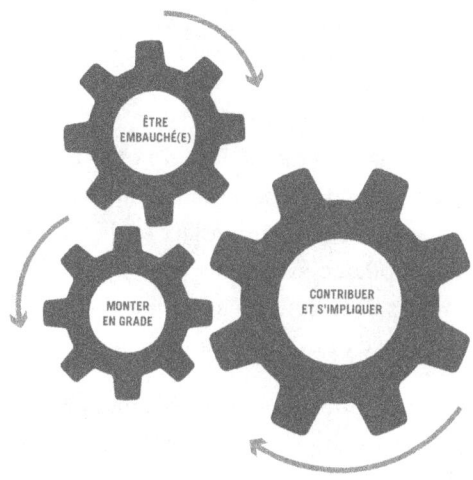

Mais de nombreux biais ont un impact négatif important. Ainsi, ces biais inconscients peuvent limiter les occasions professionnelles, non seulement pour nous, mais aussi pour les autres tout au long du cycle de gestion des talents. Le cycle de gestion des talents est le processus de votre carrière, c'est-à-dire tous les points de décision qui surviennent : être engagé, être promu ou encore être choisi pour de nouvelles perspectives. Il comprend également le type d'avantages dont vous bénéficiez. Nous approfondirons le cycle de gestion des talents dans la quatrième partie de ce livre.

Réfléchissez aux données suivantes :
- Lors d'une enquête récente, cinq cents professionnels du recrutement ont dû faire un choix entre des femmes de différents poids. Seulement 18 % ont déclaré que la femme d'apparence la

plus lourde pouvait avoir du potentiel en tant que dirigeante.3 Y a-t-il une corrélation entre le poids d'une femme et sa capacité à diriger ? Bien sûr que non.

- Les employés présentant de forts accents régionaux sont payés 20 % de moins que ceux qui ont un accent dominant, selon une étude de l'Université de Chicago et de l'Université de Munich. Ce préjugé contre les accents touche les employés du Sud des États-Unis, la classe ouvrière en Grande-Bretagne, certaines régions d'Allemagne et les Afro-Américains, pour n'en citer que quelques-uns.[4]

- Pour les personnes de couleur, plus votre peau est claire, plus vous avez de chances de décrocher un emploi, d'obtenir une promotion ou un stage, de devenir PDG et de gagner plus d'argent. Les associés à la peau claire sont plus susceptibles d'être invités à des événements sociaux après le travail et que leurs collègues cherchent à se lier d'amitié avec eux.[5]

- 58 % des PDG des 500 plus grosses entreprises mesurent plus d'un mètre quatre-vingt-deux, contre seulement 14,5 % dans l'ensemble de la population d'hommes adultes américains.[6] Existe-t-il une corrélation entre la taille et la capacité à diriger une entreprise, ou s'agit-il simplement d'une perception ? Quelle représentation inconsciente avons-nous du pouvoir ? Que cela signifie-t-il pour les femmes et les autres personnes à la stature généralement plus petite ?

---

3   FairyGodboss.com. (2017). *The Grim Reality of Being a Female Job Seeker*. Fichier PDF. https://d207ibygpg2zlx.cloudfront.net/raw/uwpload/v1518462741/production/The_Grim_Reality_of_Being_A_Female_Job_Seeker.pdf.

4   Jeffrey Grogger, Andreas Steinmayr et Joachim Winter, *The Wage Penalty of Regional Accents*. Document de recherche No. 26719, consulté en janvier 2020 ; https://www.nber.org/papers/w26719.

5   Milagros Phillips, « Race: Inclusion and Colorism. How Understanding the History Can Help Us Transform. » Forum on Workplace Inclusion Podcast, 18 février 2019; https://forumworkplaceinclusion.org/articles/p9/.

6   Malcolm Gladwell, *Blink: The Power of Thinking Without Thinking*, Little, Brown, 2005.

Aucun d'entre nous n'afficherait une description de poste énonçant clairement des exigences de taille pour le recrutement d'un directeur, pas plus qu'une silhouette élancée, un accent raffiné ou une couleur de peau claire. Pourtant, les données montrent que ces préférences – qui n'ont absolument rien de scientifique – se manifestent dans notre comportement et ont un impact bien réel sur les chances des autres. Le préjugé que j'avais à l'égard du congé de maternité, initialement inconscient et que mon expérience avec Jordyn m'a permis de réaliser, aurait pu avoir un impact négatif sur ma façon de l'engager, de la diriger et de lui confier ce nouveau poste. Ses performances en auraient sans doute souffert.

Ce livre se concentrera sur les biais inconscients qui ont un impact négatif sur nos chances, mais aussi celles des autres, dans le cadre professionnel. Nous évaluerons cet impact au travers du modèle de performance de FranklinCovey. Vous remarquerez dans le modèle de performance qu'il y a trois zones distinctes, chacune mettant en évidence des expériences différentes. Notre objectif, bien sûr, est d'atteindre la zone de haute performance, où les employés participent au mieux de leurs capacités.

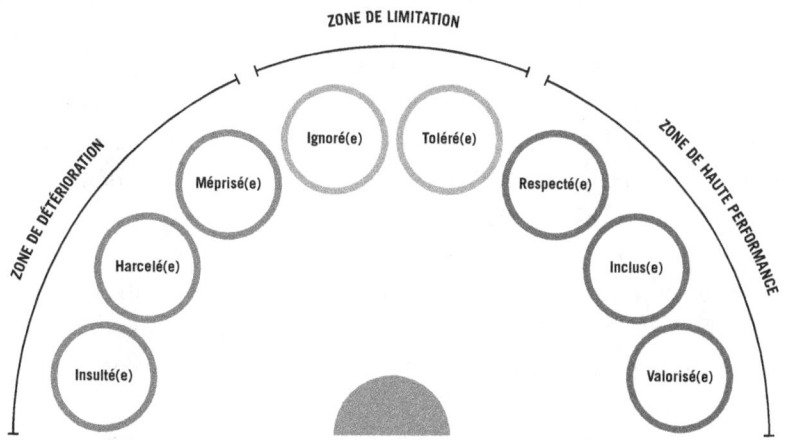

Dans la **zone de haute performance**, les gens se sentent respectés, inclus et valorisés, et sont en mesure de donner le meilleur d'eux-mêmes. Historiquement, les conversations sur la diversité dans le cadre professionnel se concentraient sur la représentation, ou la composition des équipes. La représentation est importante, certes, mais ce que vous faites de cette représentation sera particulièrement déterminant. Ces personnes se sentent-elles incluses ?

Ont-elles le sentiment que leurs perspectives sont utiles, qu'elles ont une place autour de la table et que leur voix compte ?

Dans la **zone de limitation**, les employés se sentent tolérés ou ignorés. Une grande partie du travail sur la diversité et l'inclusion a souligné que nous devions être tolérants envers ceux qui sont différents de nous. Mais a-t-on envie d'être simplement toléré ? Ce n'est pas un sentiment très agréable. Si mon mari se contentait de me tolérer, notre mariage battrait de l'aile. De même, la simple tolérance au travail est loin d'être une situation idéale. Donnez-vous le meilleur de vous-même quand vous êtes ignoré ou tout juste toléré ? En avez-vous seulement envie ?

Au travail, les gens sentent quand ils sont ignorés ou tolérés, c'est une perception très différente du sentiment d'être respecté, inclus et valorisé. En tant que femme de couleur, j'ai travaillé dans de nombreux environnements à prédominance blanche et j'ai éprouvé la sensation désagréable de cette zone de limitation. Souvent, si j'amenais l'un de mes collègues masculins, blancs ou plus âgés à une réunion avec un client, ce dernier avait tendance à parler directement à mon collègue, parfois sans même me regarder, comme si je n'étais pas dans la pièce, et malgré l'expertise que je pouvais apporter à cette conversation. La première fois qu'un tel constat s'est présenté, j'ai écarté cette pensée en me disant que ce n'était pas grave. Mais quand cela s'est produit à plusieurs reprises, j'ai commencé à me dire : « Pourquoi suis-je ignorée ? J'ai préparé la réunion, je me suis renseignée en amont pour déterminer les attentes et j'ai répondu aux besoins du client. Y aurait-il autre chose en jeu ici ? » Peut-être avez-vous également fait l'expérience de la zone de limitation. Quel en a été l'effet sur votre implication et sur vos résultats ?

Voyons à présent la **zone de détérioration**. Nous avons discuté de la façon dont les biais faisaient partie intégrante du fonctionnement du cerveau, mais nous devons établir que, poussés à l'extrême, les biais peuvent être incroyablement dommageables. Dans cette zone, ce niveau de partialité peut aller jusqu'à l'illégalité : le harcèlement ou l'insulte.

Une grande partie de la formation à la diversité et à l'inclusion (D&I) au travail est centrée sur cette zone sinistrée, dont l'impact est le plus flagrant. D'après mon expérience, les gens commencent à se désintéresser quand les conversations au sujet de l'inclusion basculent sur le harcèlement et la discrimination. La plupart d'entre nous ne se considèrent pas capables d'aller aussi loin. La conséquence est qu'un grand nombre n'accepte pas non plus d'atteindre la zone de limitation, ce qui est une erreur, car il nous arrive d'agir sur un plan inconscient. Mon expérience lors du recrutement de cette employée enceinte m'a appris que nous pouvons tous glisser dans la zone de détérioration si nous n'entretenons pas constamment une conscience de soi attentive. Une fois dans la zone de limitation, on peut facilement tomber dans la détérioration, si l'entreprise ou la dynamique d'équipe normalise ce comportement négatif. Nous avons vu que les entreprises, dans leur ensemble, sont confrontées à un taux important de litiges en matière de harcèlement et de discrimination, qu'il s'agisse de cadres – bien intentionnés, mais peut-être insensibles ou ignorants – qui se retrouvent impliqués dans des conflits menant jusqu'au licenciement pour harcèlement et discrimination, ou bien de chefs ayant clairement abusé de leur pouvoir.

Chacun d'entre nous a probablement vécu des expériences dans chacune de ces zones : des moments où nous nous sommes sentis respectés, inclus et valorisés ; d'autres où nous nous sommes sentis tolérés ou ignorés ; et d'autres encore où nous nous sommes sentis méprisés, voire harcelés ou insultés. Gardons à l'esprit que nos actes aussi ont certainement placé *d'autres personnes* dans chacune de ces zones.

Nos expériences dans ces différentes zones nous permettent de savoir ce que l'on ressent dans chaque cas. Et c'est en identifiant ce ressenti que l'on peut reconnaître quand cela se produit et réaliser des progrès dans le bon sens.

Notre cadre pour progresser sur les biais inconscients

La bonne nouvelle, c'est que nos cerveaux sont conçus non seulement pour les biais et les préférences, mais aussi pour le changement et la croissance. Il faut du temps et, plus important encore, un effort conscient afin de créer de nouvelles voies neuronales, de nouvelles façons de penser et de nouvelles habitudes. Ce n'est pas facile, mais c'est réalisable.

Pour parvenir à ce changement, nous avons créé un cadre, un modèle de progrès sur les biais. Il dépasse la simple acceptation de ses biais inconscients pour proposer des actions à entreprendre. Le cadre comprend quatre parties : Identifier les biais, cultiver les relations, choisir le courage et mettre en œuvre dans le cycle de gestion des talents.

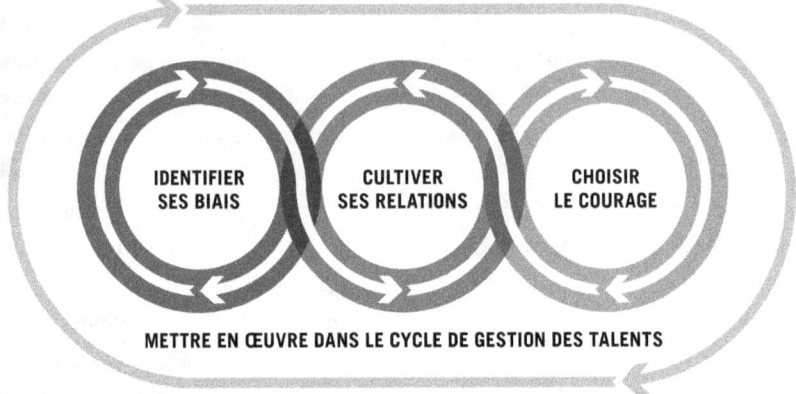

Notre objectif, avec le modèle de FranklinCovey en quatre parties, est non seulement de définir les biais, mais aussi de fournir une structure permettant de progresser. Dans ce cadre, les composantes s'alimentent entre elles. Plus vous développez chaque muscle, plus ils travaillent ensemble afin de cultiver votre conscience de soi, votre ouverture et votre potentiel de croissance, et de vous rapprocher de votre objectif.

Identifier ses biais

Pour identifier ses biais, nous devons d'abord savoir ce dont il s'agit et quelle est la relation entre nos biais et nos identités, comprendre les neurosciences élémentaires expliquant pourquoi les biais surviennent, adopter une terminologie commune et reconnaître quand nous sommes susceptibles de tomber dans les écueils de nos biais. Nous devons entreprendre un travail intellectuel d'introspection et développer la conscience de soi afin de voir au-delà de nos propres expériences pour tenir compte de celles de notre entourage.

Cultiver ses relations

Parmi nos besoins humains les plus profonds se trouve le sentiment d'appartenance, le besoin de se sentir compris et connecté aux autres. La deuxième composante du modèle de progrès sur les biais est basée sur l'entretien de relations authentiques au moyen de l'empathie et de la curiosité. L'empathie et la curiosité sont les deux faces d'une même médaille : les approches interpersonnelles et intellectuelles dans le cadre des relations. Si nous parvenons à établir des liens significatifs avec les autres, nous serons souvent surpris par ce que nous apprendrons et tirerons de bonnes leçons en matière de biais et de préjugés. En cultivant nos relations, nous luttons contre les idées préconçues en apprenant à connaître les gens tels qu'ils sont réellement, et non comme nous les percevons.

Choisir le courage

Nous considérons souvent le courage comme un acte téméraire et audacieux. Mais ce n'est pas toujours tapageur ou ostentatoire ; cela peut être calme et prudent. En combinant le courage prudent et l'audace, nous progresserons dans la lutte contre les préjugés. Cette troisième partie du modèle de progrès propose quatre moyens de faire preuve de courage : le courage d'identifier les biais, le courage de les affronter, le courage de soutenir et le courage de défendre.

Mettre en œuvre dans le cycle de gestion des talents

La mise en œuvre du modèle de progrès sur les biais dans vos relations et au sein de vos équipes peut vous permettre, en tant que dirigeant, d'accéder à de meilleures performances. La capacité d'identifier les biais, de cultiver les relations et de choisir le courage tout au long du cycle de gestion des talents aura un effet bénéfique sur les performances de l'entreprise.

Quand on entend parler de la guerre des talents, comment garder les meilleurs et garantir la collaboration et l'innovation, c'est au moyen du cycle de gestion des talents qu'une entreprise peut atteindre ces objectifs. On considère souvent le cycle de gestion des talents comme un domaine relevant du droit et des ressources humaines ; mais pour garantir un cycle solide, *tous* les dirigeants doivent dépasser les simples questions de réglementation, de politique intérieure et de procédures figurant dans le vademecum de l'entreprise. Cette dernière composante du modèle de progrès sur les biais, qui englobe toutes les autres, veille à ce que les politiques s'appliquent réellement, contribuant à des résultats concrets.

Nous continuerons à expliquer et à explorer le modèle de progrès sur les biais tout au long de ce livre. Voici son organisation en quatre parties :

Partie 1 : Identifier ses biais
Partie 2 : Cultiver ses relations
Partie 3 : Choisir le courage
Partie 4 : Mettre en œuvre dans le cycle de gestion des talents

Le modèle de progrès sur les biais est tiré de la séance de travail de FranklinCovey intitulée « Les biais inconscients : comprendre ses biais pour libérer son potentiel », éprouvée sur le terrain par des milliers de dirigeants de tous niveaux et dans de nombreux secteurs, notamment les soins de santé, la banque, les technologies, le pétrole et le gaz, les services de police, le gouvernement et la vente au détail. En tant qu'architecte principal de cette session de travail, j'ai eu le privilège de concevoir et de présenter ce programme à de nombreux participants et j'ai travaillé avec une équipe brillante de consultants internationaux, affinant ce support en fonction de leurs commentaires et en enrichissant le contenu. J'ai constaté que, quels que soient les secteurs et les lieux, les dirigeants et les entreprises se heurtent à des biais qui entravent les performances, sans pour autant savoir comment réagir. Ce *Guide du dirigeant* est conçu pour résoudre ce problème.

Que serait un livre sur les biais et l'inclusion sans quelques perspectives ? Je suis accompagnée de mes deux co-auteurs, Mark Murphy et Anne Chow. Si je prête ma voix au texte principal pour en faciliter la lecture, il s'agit d'un travail d'équipe. Vous bénéficierez des remarques et des points de vue de Mark et d'Anne au fil de ces pages. Mark Murphy, consultant senior depuis vingt-huit ans chez FranklinCovey, s'assure que les consultants et les clients de FranklinCovey diffusent ce contenu dans le monde entier. Vous découvrirez son histoire et ses perspectives dans le cadre de son travail auprès de clients de différents secteurs. Par ses propres expériences de vie et ses nombreux voyages, Mark est un passionné des idées reçues et des biais. Il aide ses clients à créer de véritables cultures inclusives. En tant que membre de la communauté LGBTQ+, Mark est bien placé pour savoir que l'application de ces principes aide les gens à se consacrer pleinement à leur travail.

Anne Chow, PDG d'AT&T Business, une division d'AT&T de plus de 30 milliards de dollars qui, à elle seule, pourrait être classée dans les cinquante plus grosses entreprises, apporte son expérience en matière de direction d'équipes internationales et de transformation d'entreprises au cours de plus de trois décennies dans les secteurs des télécommunications et des technologies. Anne a commencé chez AT&T en tant qu'ingénieure et, depuis, a occupé plus d'une dizaine de postes dans l'entreprise, pour finir par devenir la première femme PDG d'AT&T Business et la première femme de couleur à occuper ce poste dans l'histoire d'AT&T, vieille de plus de cent quarante ans. Elle partage son expertise en matière de direction à tous les niveaux de la hiérarchie, de gestion du changement organisationnel, de service à la clientèle et de mise en œuvre du changement culturel. Anne est fière d'être une Asio-Américaine de deuxième génération, dont les parents ont émigré de Taïwan pour poursuivre le rêve américain. Elle est passionnée par le pouvoir de l'authenticité et de la communication dans la construction d'entreprises inclusives et performantes. Elle est également pianiste formée à Juilliard et elle met une touche d'excellence et une volonté sans faille dans tout ce qu'elle entreprend, comme ses contributions à ce livre.

À quoi vous attendre

Nous espérons qu'à la fin de ce livre, vous vous sentirez capable de faire preuve de vulnérabilité, d'empathie, de curiosité et de courage pour progresser dans la prise de conscience de vos biais et promouvoir une entreprise diverse, équitable et inclusive. Si vous êtes un professionnel de la diversité, de l'équité et de l'inclusion, dont le poste est dédié à cet objectif, nous espérons que ce livre vous donnera un nouvel élan et une corde supplémentaire à votre arc pour former des alliés et des membres actifs dans l'entreprise, et qu'il vous inspirera des pistes d'action pour aller de l'avant. Si vous avez des doutes quant à la diversité et à l'inclusion en tant que compétence essentielle d'un bon dirigeant, nous espérons que ce livre ouvrira votre esprit à ces idées, ne serait-ce qu'un peu. Et pour tous les autres, nous avons travaillé à la création d'une boîte à outils accessible, qui développera votre leadership afin de vous aider à toujours prendre en compte l'inclusion dans vos décisions. Voici deux bons conseils pour tirer le meilleur parti de notre livre :

- **Faites les exercices.** Vous trouverez un exercice ou un outil à la fin de chaque chapitre, sous forme de réflexions individuelles et de pistes de mise en application concrète pour les dirigeants. Nous vous encourageons à prendre un stylo et à écrire vos réponses dans le livre. Cela demande un peu de temps et d'efforts, mais si vous exploitez ces outils à votre disposition, vous ferez la différence entre un apprentissage passif et une mise en œuvre active en vue de meilleurs résultats.

- **Explorez davantage.** Vous lirez peut-être certaines idées qui ne vous sembleront pas intuitives. Creusez ces questions en les explorant plus avant. Cela peut vous demander de travailler avec une personne de votre réseau ayant un point de vue ou une histoire différents, ou de rechercher des perspectives disponibles dans d'autres formes de médias – livres, podcasts ou sites web.

Maintenant que le contexte est posé, nous allons aborder les questions qui vous brûlent certainement les lèvres à propos de ce livre.

Avec tout ce dont les dirigeants sont déjà responsables, est-ce vraiment si important de travailler sur les biais inconscients ?

Il existe une multitude de données démontrant le lien entre les biais et les performances. La réduction de ces biais pourra aider votre équipe et votre entreprise à obtenir de meilleurs résultats.

Les biais peuvent entraver la prise de décision, les performances, l'innovation et les résultats au travail. Une grande part de notre mission, tout au long de ce livre, consiste à réfléchir à la manière dont les biais peuvent inhiber ou au contraire accélérer les performances. Les employés qui se perçoivent comme cibles de préjugés sont trois fois plus susceptibles de taire certaines idées et de manquer d'implication pour finir par claquer la porte dans l'année qui suit.[7] Si vous avez été victime de préjugés vous-même, vous trouverez cela parfaitement logique. Dans le cas contraire, cela peut vous étonner de penser que vous avez peut-être contribué, sans le savoir, à ces perceptions ou à ces conséquences.

Il n'y a rien de plus fondamental pour la performance que la façon dont nous nous considérons et dont nous nous traitons mutuellement en tant qu'êtres humains. Voilà pourquoi il est important de comprendre, et bien souvent, de remettre en question ses propres biais.

Ce sujet n'est-il qu'une tendance ?

Les données démographiques sont claires. Nous vivons dans un contexte mondialisé qui nous demande de collaborer et d'établir des partenariats parmi toutes sortes d'identités.

S'attaquer aux biais inconscients est une tendance tout aussi importante que l'innovation, la capacité de changement et les compétences en matière de leadership. Quoique, pas tout à fait ! Ce n'est pas toujours aussi manifeste que les recettes et les coûts sur un bilan comptable, mais ces compétences stratégiques feront toute la différence dans la capacité d'une entreprise à obtenir des résultats concrets. Tant qu'il y aura des entreprises à gérer, nous devrons faire face à la partialité et à ses effets néfastes sur les performances.

Ne s'agit-il pas surtout de politique ou de politiquement correct ?

Alors que les biais prennent de plus en plus de place dans la conscience générale de la société, on pourrait avoir l'impression d'être mis sous un microscope. Nous avons tous des sentiments précis sur nos propres perspectives, qui se présentent parfois sous une forme politique. Je crois que, pour certaines personnes, l'exploration de la diversité, de l'inclusion et des préjugés correspond à leur politique. Mais je ne crois pas que ces sujets soient politiques en tant que tels. Dans ce livre, notre approche est axée sur le lien entre biais et performances au travail.

---

7 *Disrupt Bias, Drive Value.* Center for Talent Innovation, 2017; https://www.talentinnovation.org/_private/assets/DisruptBias-DriveValue_Infographic-CTI.pdf.

Les objectifs de cet ouvrage ne sont pas de pure forme, ni politiquement corrects, et nous ne cherchons pas à imposer des limites aux possibilités de chacun. Vous ne terminerez pas ce livre avec une liste de choses à dire et à ne pas dire. Notre intention n'est pas non plus de contrôler le langage ou les pensées de qui que ce soit. L'objectif d'explorer et de travailler sur ses propres biais n'est pas de vous censurer, mais de renforcer votre capacité à vous défaire de vos biais pour comprendre et être compris dans vos interactions avec les autres.

Ne risque-t-on pas de créer un biais inverse ?

Nous pensons qu'il n'existe pas de biais inverse. Le biais est une préférence, pour ou contre telle chose, telle personne ou tel groupe par rapport à tel autre. Que ce biais soit positif ou négatif, qu'il concerne tel groupe ou tel autre, il n'en reste pas moins un biais.

Tout au long de ce livre, vous trouverez des exemples couvrant un large spectre d'identités et de situations. Y a-t-il des exemples portant sur la race et le sexe ? La réponse est oui. Y a-t-il aussi des exemples axés sur la personnalité, le statut professionnel, le physique, la différence entre travail en présentiel et en distanciel, les accents et l'éducation ? Oui, aussi, et bien d'autres encore.

En fin de compte, nous avons tous fait l'expérience des préjugés un jour ou l'autre. Nous avons tous été affectés par cela, négativement ou positivement. Les préjugés vous concernent si vous avez une opinion impopulaire, selon que vous soyez gaucher, séduisant ou maladroit ; que vous soyez introverti, ou au contraire, que vous preniez trop de risques. Vous pouvez en souffrir si vous êtes un ancien combattant, membre d'une communauté rurale ou encore en situation de handicap. Vous pouvez être affecté par les préjugés en fonction de votre race, de votre sexe, de votre orientation sexuelle, de votre identité de genre et de votre QI.

Explorer tous ces biais ne revient pas à mépriser un groupe par rapport à un autre ni à projeter culpabilité, honte ou peur sur qui que ce soit. Il s'agit de progresser sur nos biais et de comprendre en quoi ils entravent nos possibilités, mais également celles des autres. Nous espérons que ce contenu créera une prise de conscience, une adhésion et un véritable engagement.

Rudine Sims Bishop, professeure émérite d'éducation de l'État de l'Ohio, plus connue comme la mère de la littérature multiculturelle pour enfants, a écrit : « Les livres sont parfois des fenêtres, offrant des points de vue sur des mondes réels ou imaginaires, familiers ou étranges. Ces fenêtres sont également des portes coulissantes en verre, que les lecteurs n'ont qu'à franchir par l'imagination pour rejoindre n'importe quel monde créé ou recréé par l'auteur. Cependant, selon les conditions d'éclairage, une fenêtre peut aussi devenir un miroir. La littérature transforme l'expérience humaine et nous la renvoie, et dans ce reflet, nous découvrons nos propres vies et expériences, englobées dans une expérience humaine plus vaste. La lecture est donc un moyen d'affirmation de soi, et les lecteurs cherchent souvent leur miroir dans les livres. »[8] Nous espérons que vous trouverez des fenêtres, des portes coulissantes et des miroirs dans cet ouvrage. En exploitant ces possibilités, vous enrichirez votre expérience au fil des pages et vous pourrez appliquer ces connaissances dans tous les aspects de votre vie.

---

8   Rudine S. Bishop, « Mirrors, Windows, and Sliding Glass Doors, » in *Collected Perspectives: Choosing and Using Books for the Classroom,* ed. Hughes Moir, Melissa Cain et Leslie Prosak-Beres. Boston : Christopher-Gordon Publishers, 1990.

« Tout le monde est biaisé. La vérité est que nous nourrissons tous des suppositions inconscientes qui peuvent entraver nos bonnes intentions et nous empêcher de construire des relations authentiques avec des personnes différentes. Avec une meilleure conscience de soi, nous pouvons contrôler les réactions instinctives, vaincre la peur de l'inconnu et la fermeture d'esprit. En fin de compte, notre message central est le suivant : vous n'êtes pas le problème, mais vous pouvez être la solution. »

—Dr Tiffany Jana, auteure, PDG et entrepreneure sociale

Partie 1 : Identifier ses biais

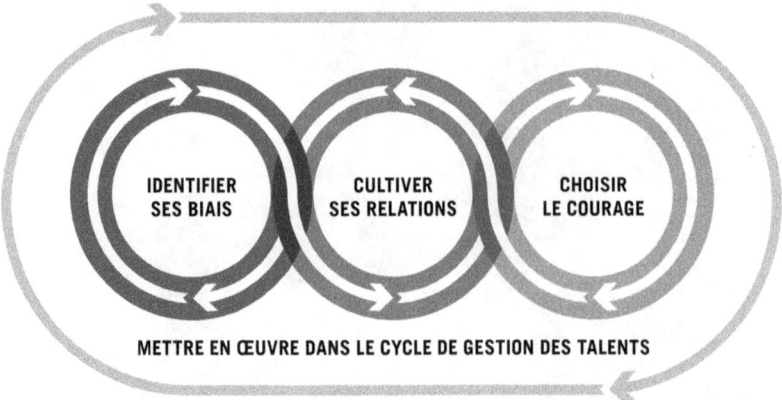

Les données concernant les biais peuvent être décourageantes – ce sont des chiffres macro-économiques qui semblent échapper à notre compréhension. Mais nous devons nous rappeler que ces nombres impressionnants sont l'accumulation de nombreuses actions individuelles, et que nous sommes en mesure de les influencer. Je ne peux pas planter un milliard d'arbres pour lutter contre les émissions de carbone, mais je peux recycler et faire du vélo plus souvent. De même, nous pouvons adopter de petits comportements afin de lutter contre les préjugés, notamment si cela entraîne une amélioration de nos propres chances et de celles des membres de notre équipe, de nos collègues et de nos clients. L'impact cumulé de tous nos changements comportementaux peut faire une vraie différence.

L'un de mes collègues, qui travaille dans le cinéma, m'a dit un jour que si un cameraman déplace l'objectif de seulement 5 degrés, il recadre entièrement le plan. De même, notre travail sur les biais ne vise pas à des bouleversements radicaux. Nous nous concentrerons plutôt sur le pouvoir des petits changements significatifs et en quoi ils peuvent influencer nos résultats en profondeur. Chaque partie de notre modèle de progrès sur les biais commencera par une déclaration de cadrage/recadrage visant à changer notre mentalité par 5 petits degrés métaphoriques.

Cadrage/Recadrage

Cadrage :	Recadrage :
Je ne suis pas biaisé. J'ai un point de vue objectif.	Tout le monde a des biais, y compris moi. Je réfléchis activement à la façon dont ces biais entrent en jeu dans les choix que je fais.

Le cadrage actuel sous-entend que nous sommes tous infaillibles. Pourtant, même les plus intelligents, les plus capables, les plus catégoriques d'entre nous ont des biais. Cela fait partie de notre programmation interne. Le recadrage prend simplement en compte cette réalité et nous permet d'analyser notre comportement, nos réactions et nos décisions afin d'être lucides sur nos propres biais et d'améliorer nos performances.

Le principe de la conscience de soi

Chaque élément de notre cadre en quatre parties est également associé à un principe. Le principe d'identification des biais est également appelé la conscience de soi, cette capacité humaine unique d'introspection. Le mot « conscience de soi » est peut-être galvaudé, mais il n'est pas uniquement question de décider si vous êtes introverti ou extraverti ni de procéder à une évaluation générale de votre personnalité.

Pour les besoins de ce livre, nous définissons la « conscience de soi » comme une démarche intellectuelle d'introspection. Une meilleure connaissance de soi peut nous permettre d'identifier nos biais. Dans ce contexte, le mécanisme de la conscience de soi consiste à faire une pause entre la réception d'une information et la réaction émotionnelle adéquate. Nous pouvons ainsi prendre du recul sur ces sentiments spontanés afin de comprendre *pourquoi* nous les éprouvons et nous demander s'ils sont productifs.

Si notre esprit s'oppose à la conscience de soi, c'est en partie parce qu'il est difficile d'admettre que, dans certains domaines, nous puissions nous améliorer. Pourtant, en pratiquant la conscience de soi, nous devenons de plus en plus attentifs. Alors, nous cessons d'agir par automatisme et commençons à prendre de meilleures décisions.

Comment donc passer du cadrage au recadrage et exploiter notre capacité à prendre conscience de nous-mêmes afin d'identifier nos biais ? Les quatre chapitres de la première partie vous guideront dans cette démarche. Nous commencerons par explorer notre propre identité. Ensuite, nous essaierons de comprendre les neurosciences en jeu. L'étape suivante consistera à reconnaître quand nous nous trouvons dans l'un des trois pièges tendus par nos biais. Enfin, nous adopterons la pleine conscience comme stratégie pour affiner en permanence ce principe de conscience de soi.

Chapitre 1 : Explorer l'identité

En premier lieu, les identités viennent avec des étiquettes indiquant pourquoi et à qui elles doivent être appliquées. Ensuite, votre identité façonne votre opinion sur le comportement que vous devez adopter ; et enfin, elle influence la façon dont les autres vous traitent. En fin de compte, toutes ces dimensions de l'identité sont discutables, contestables en permanence : qui est concerné, comment se définissent-ils, comment ils devraient se comporter et être traités.[9]

— Kwame Anthony Appiah, professeur de philosophie et de droit, Université de New York

La première étape pour identifier les biais consiste à se connaître et à examiner en quoi l'identité personnelle influence et est influencée par les biais.

Nos identités sont constituées de tout ce qui a été déversé en nous au cours de notre vie. Ces influences formatrices proviennent de toute part, d'une multitude de sources que notre cerveau regroupe afin de créer une définition de soi propre à chacun, et d'une certaine manière, la matrice à partir de laquelle nous prendrons des décisions pour nos interactions avec le reste du monde.

D'après le modèle d'identité de FranklinCovey, les sources qui composent nos identités comprennent :

- **L'information.** Ce que nous écoutons, ce que nous lisons, ce que nous entendons, ce que nous regardons... Toutes ces infor-

---

9   Kwame Anthony Appiah, *The Lies That Bind: Rethinking Identity*. New York: Liveright Publishing, 2018.

mations façonnent notre vision du monde, nos perspectives et nos biais. Par l'emploi de l'intelligence artificielle et des algorithmes dans les réseaux sociaux, ainsi que les biais de confiance inhérents à notre cerveau, nous recevons de plus en plus d'informations qui confirment nos convictions plutôt que de recevoir une large gamme d'informations diverses.

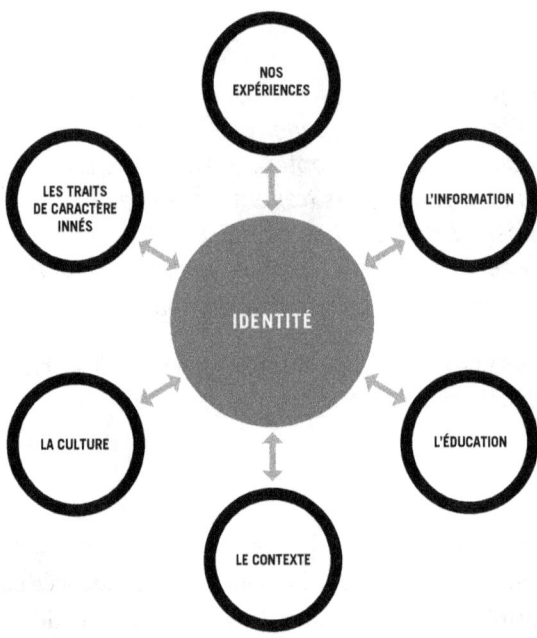

- **L'éducation.** Un avocat ne voit pas les choses par le même prisme qu'une personne qui a fait des études de droit pénal. Un scientifique regarde le monde par le prisme de la méthode scientifique. Un responsable en gestion des entreprises est formé pour résoudre des problèmes stratégiques. Notre niveau d'éducation (qu'il s'agisse du baccalauréat, d'un diplôme de commerce, d'une licence, doctorat ou toute autre validation), notre domaine d'études et les établissements d'enseignement spécialisés que nous avons fréquentés contribuent à notre sentiment d'identité, ainsi qu'à nos préférences et biais.

- **Le contexte.** L'identité peut changer en fonction de l'évolution de notre situation : lieu de vie, pratique religieuse, contexte professionnel (selon que l'on change d'entreprise ou d'équipe). Mon identité actuelle en tant que femme active et parent est certainement différente de la vision que j'avais de moi-même lorsque j'étais étudiante en deuxième année de fac. Les anciens combattants et autres professionnels de la défense témoignent souvent de ce changement de contexte. L'uniforme peut devenir une part essentielle de leur identité, une preuve du service rendu à la nation et de leur rôle en tant que combattants. Retrouver un contexte civil peut remettre en question cette identité, par exemple.

- **La culture.** Il peut s'agir de la race, de la religion, de l'origine ethnique ou de la situation géographique. Ces éléments culturels peuvent avoir un impact important, que vous soyez originaire d'un État à la personnalité affirmée comme le Texas ou d'un groupe ethnique relativement discret comme les Hmong Américains.

- **Les traits de caractère innés.** Certains d'entre nous prennent des risques, d'autres sont prudents. Certains sont protecteurs, d'autres non. En tant qu'introvertie, je suis encline à commander au service d'étage et à me coucher après une longue journée d'interaction et de consultation avec les clients, ce qui a un impact sur mes expériences lors des déplacements professionnels. Nous avons tous des préférences innées qui peuvent également contribuer à une vision biaisée et à la façon dont nous considérons les circonstances et les situations.

- **Nos expériences.** Combien d'histoires avez-vous commencées par : « Vous vous souvenez de la fois où... » ? Nos expériences nous accompagnent, laissant une empreinte durable. L'expérience d'un déménagement à l'autre bout du pays ou d'un voyage, d'un marathon ou d'une mission auprès d'un chef incroyablement inspirant... Ces expériences variées ont une influence sur notre manière d'aborder les expériences futures et les choix que nous faisons.

Ce sont des composantes de votre identité. Et vous remarquerez que, dans le modèle d'identité de FranklinCovey, les flèches vont dans les deux sens. Ces éléments influencent notre identité, *et* notre identité les influence en retour, créant ainsi des biais.

L'information est un parfait exemple de cette dynamique. Mes parents ont grandi sous un dictateur fasciste en République dominicaine. Mon père considérait les Cubains comme un modèle, car ils ont renversé leur dictateur fasciste, Fulgencio Batista, dans les années 1950. Depuis, sa vision politique a influencé la mienne. Cette partie de mon identité oriente les informations et les médias auxquels je m'intéresse. À son tour, cette consommation de l'information renforce, confirme et influence mon identité, façonnant mes préférences et mes préjugés. Bien entendu, si j'admets cette vision étroite du monde, je dois l'ouvrir de manière proactive en m'intéressant aux médias de tout le spectre politique et en m'assurant de fréquenter des personnes qui ne sont pas d'accord avec moi sur le plan politique. Certes, c'est plus facile à dire qu'à faire, mais il s'agit aussi de prendre conscience de mes propres biais identitaires afin de les contrebalancer de manière proactive.

Le modèle d'identité est une voie à double sens, dynamique, qui subit l'influence des nouveaux éléments du modèle. Lorsque je travaillais dans l'humanitaire au début de ma carrière, je recherchais surtout des informations axées sur les stratégies de collecte de fonds et de subventions. Aujourd'hui, la plupart des informations que je consomme dans le cadre professionnel concernent l'apprentissage et le développement, la diversité et l'inclusion. Mes préférences et mes biais ont évolué en conséquence.

Le paradigme de la personne complète

Lorsque nous entendons le mot « Haïti », il nous vient à l'esprit un contexte commun : une pauvreté généralisée, exacerbée par le séisme catastrophique de 2010. Mais Chimamanda Ngozi Adichie, auteure et lauréate d'une bourse MacArthur Genius, souligne dans son exposé chez TED qu'il est dangereux de raconter une seule histoire. Nous définissons presque toujours Haïti comme le pays le plus pauvre de l'hémisphère occidental, mais rarement comme la première nation noire indépendante de l'hémisphère occidenta. [10]Et cette histoire, ce récit limitatif, est préjudiciable au fil du temps.

En ce qui concerne l'identité, nous pouvons nous sentir plus vulnérables sur certaines composantes, plus fiers sur d'autres. Parfois, ces composantes sont claires à première vue, et parfois moins.

ANNE

Aucun d'entre nous n'est unidimensionnel. En me voyant, vous pourriez vous dire : « C'est une femme et elle est Asiatique. » Vous pourriez remarquer ma corpulence ou mes vêtements. Si vous travailliez avec moi, vous diriez sans doute aussi : « Elle est passionnée par les clients, elle est cheffe d'entreprise et elle se soucie profondément de son personnel et de ses relations. »

Je suis aussi une mère, une épouse, une ancienne pianiste, fière représentante de la génération X, et je vis au carrefour de toutes les expériences uniques que j'ai vécues tout au long de ma vie. Cette nature multiforme de mon identité s'applique à chacun d'entre nous. Certaines de ces composantes de mon identité sont associées à des stéréotypes. Je prends soin de ne pas tomber dans ces stéréotypes à mon propre sujet et de réfléchir aux stéréotypes que j'entretiens sur les autres. Ils sont limitatifs, souvent nocifs, et très certainement, ils nous détournent d'une valorisation saine des diverses compétences, expériences et potentiels chez les autres.

Avez-vous déjà entendu les affirmations suivantes ?

- Les filles ne sont pas douées en maths.
- Les hommes manquent de sensibilité.
- La plupart des Asiatiques/Noirs ne sont pas de bons communicants.

---

10   Chimamanda Ngozi Adichie, « The Danger of a Single Story. » TED talks, juillet 2009; https://www.ted.com/talks/chimamanda_adichie_the_danger_of_a_single_story.

- Il/elle n'est plus aussi vif(ve) qu'il/elle l'était quand il/elle était plus jeune.
- Les personnes de petite taille ne peuvent pas jouer au volley-ball/au basket-ball/occuper le devant de la scène.

Chacun de ces commentaires est sous-tendu par un stéréotype. Et ils sont blessants pour les personnes et les communautés auxquelles ils font référence. Dans un environnement professionnel, ils sont également préjudiciables aux performances des individus et des équipes, car ils peuvent présupposer une dynamique sous-optimale, et donc entraver le plein potentiel des contributions et performances. L'une de mes citations préférées sur ce sujet est celle de Martina Navratilova, considérée comme l'une des meilleures joueuses de tennis de tous les temps. Elle a dit un jour : « Les étiquettes servent à classer. Les étiquettes concernent les vêtements, pas les gens. »

Personne ne se résume à une seule histoire, pourtant dans les interactions quotidiennes, nous pouvons être limités à une seule composante de notre identité, une composante qui ignore la complexité que chacun d'entre nous apporte par son individualité. On peut être à la fois un parent attentif et un employé très performant qui voyage dans le monde entier, avoir une voix douce et s'imposer comme leader visionnaire et influent, paraître d'une sérénité sans faille tout en étant victime d'un handicap émotionnel important, comme l'anxiété ou la dépression.

Une image couramment employée pour décrire cette complexité est celle de l'iceberg. En moyenne, environ 10 % d'un iceberg se trouvent au-dessus de la surface alors que 90 % sont immergés, invisibles à l'œil. Il en va de même de l'identité. Lorsque deux personnes se rencontrent ou quand nous rencontrons un groupe, nous ne voyons qu'une part superficielle de l'identité – souvent l'âge, la race, le genre, la culture, l'apparence physique et, éventuellement, la capacité physique ou l'appartenance religieuse, entre autres.

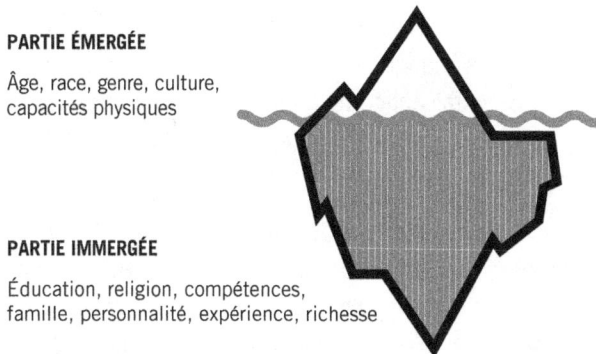

PARTIE ÉMERGÉE

Âge, race, genre, culture, capacités physiques

PARTIE IMMERGÉE

Éducation, religion, compétences, famille, personnalité, expérience, richesse

Une grande partie de ce que nous ne pouvons pas voir est pourtant d'une importance capitale, formatrice de notre identité : l'éducation, certaines religions, les compétences, le statut familial, les facettes moins visibles de la personnalité, l'expérience ou encore la richesse. Comme nous le rappelons dans les statistiques de l'introduction, bon nombre des biais limitatifs proviennent des 10 % d'identité visible : âge, race, sexe, culture, capacité physique. Il y a souvent un décalage entre ce que les gens perçoivent à notre sujet et la façon dont nous nous définissons. En avez-vous fait l'expérience vous-même ?

Chacun d'entre nous est une personne complète, avec des identités complexes, en relation avec d'autres personnes complètes aux identités tout aussi riches. Le danger d'une histoire unique n'est pas seulement de limiter nos propres possibles, mais également d'imposer ce prisme aux autres.

Pour identifier nos biais, nous devons creuser plus profondément dans les éléments identifiants, émergés comme immergés, et entreprendre ainsi un important travail d'introspection. Seulement ainsi pourrons-nous comprendre en quoi ces éléments affectent notre expérience en matière de biais.

MARK

Je passe beaucoup de temps à animer nos séances de travail sur les biais inconscients avec les clients. Comme c'est souvent le cas, je travaillais avec un client, et la directrice des ressources humaines était également présente. Elle m'a dit que l'on pouvait vite être isolé en tant que responsable des RH dans une entreprise. Lorsqu'elle entre dans une pièce, les gens changent souvent de conversation, parlent à voix basse ou même se taisent complètement. On la cantonne souvent à sa fonction, jusqu'à omettre son nom – « Voilà la RH » ou « Attention, les ressources humaines sont là ! »

Vous êtes-vous déjà surpris à réagir ainsi ? Il peut sembler tout à fait naturel d'adopter par défaut des stéréotypes sur les fonctions professionnelles. Il y a plusieurs années, on m'a demandé de parler à un groupe d'une centaine de comptables en Oklahoma. Passionnant, n'est-ce pas ? Si vous avez répondu non, vous avez probablement les mêmes préjugés que moi quand je suis arrivé devant l'assistance. Je dois avouer que j'entretenais plusieurs idées reçues vis-à-vis des comptables (et de l'Oklahoma). En toute honnêteté, je redoutais ce jour. Je m'attendais à m'arracher les cheveux devant un groupe impassible, et à repartir épuisé et découragé par mes efforts.

J'étais loin de la vérité. C'était un groupe énergique, très impliqué et désireux de participer, si bien que la journée est passée en un éclair. Depuis, je prête tout particulièrement attention aux préjugés qui m'accompagnent dans chaque session de travail.

Trouver l'origine de ses biais

L'un des principaux objectifs de l'exploration des biais est de faire remonter l'inconscient à la surface afin d'améliorer la qualité de nos décisions et de nos relations. Une fois que l'inconscient est identifié et nommé, nous pouvons en faire une analyse. Ce biais m'est-il bénéfique ? Limite-t-il mes possibilités ou le potentiel de ceux qui m'entourent ? A-t-il un impact sur une décision à prendre ? Et si oui, comment éviter à l'avenir de prendre des décisions ou de me comporter en fonction de ce biais négatif ? Si nous sommes en mesure d'expliquer l'origine de ce biais – d'où il vient dans notre vie –, alors nous sommes plus susceptibles d'y réfléchir la prochaine fois que nous le rencontrons.

Par exemple, un biais dont je parle assez souvent concerne l'éducation. Pendant longtemps, je me suis d'abord intéressée à l'éducation dans l'analyse des CV, reconnaissant la valeur des diplômes prestigieux délivrés par des établissements prestigieux. C'est mon mari qui m'a poussée à remettre en question mes perceptions à ce sujet. Il appréciait les gens qui suivaient une voie moins traditionnelle que l'obtention d'un diplôme en quatre ans : la validation des acquis par le travail, un brevet technologique, des cours à temps partiel ou la réorientation. Son argument était que la capacité et la détermination nécessaires pour obtenir un diplôme tout en travaillant étaient un bien meilleur indicateur d'éthique professionnelle que le simple prestige. Cela m'a fait réfléchir à l'origine de mes biais en matière d'éducation. En tant qu'enfant d'immigrés de la République dominicaine, j'ai toujours considéré l'éducation, et notamment les diplômes délivrés par les établissements de renom, comme une valeur marquante. J'ai été élevée avec la conviction que seul le meilleur diplôme possible témoignerait de mon éthique professionnelle. Mon mari et moi accordons tous deux une grande importance à la valeur travail, bien sûr, mais mon histoire personnelle limitait ma façon d'étudier un CV. En reconnaissant cela, je peux désormais examiner les CV sous un angle différent et trouver d'autres éléments de valeur : accomplissements, promotions, recherche... en un mot, tout ce qui dépasse le cadre strict de l'université et du nombre de diplômes obtenus.

ANNE

Qu'est-ce qui vous vient à l'esprit quand vous pensez à un vendeur ?

Avant d'en devenir une, j'avoue que mon stéréotype était celui du vendeur de voitures d'occasion. Quand je pensais à ma vie professionnelle, la vente était loin de me venir à l'esprit en premier. Plus de cinq ans après le début de ma carrière, j'ai occupé un poste de responsable des ventes, et contre toute attente, j'en suis tombée amoureuse. Je n'aurais jamais imaginé me lever le matin avec une vision claire et nette de mes objectifs : servir mes clients et développer des relations avec tout ce que cela comporte.

Avez-vous des préjugés sur différentes professions – vendeurs, avocats, comptables, enseignants, ingénieurs, développeurs informatiques ou même stagiaires ? Derrière toutes ces dénominations se trouvent pourtant des êtres humains complexes et uniques. Les préjugés de métier nous poussent à l'ignorer pour nous concentrer exclusivement sur des stéréotypes. Quand on commence à parler de « nous » et d' « eux » — par exemple, les ventes en opposition au marketing, ou les acquisitions en opposition aux opérations —, c'est un signe certain qu'un préjugé de métier intervient dans notre jugement.

En tant que dirigeant, veillez à votre vocabulaire. Vos mots sont-ils inclusifs au-delà des limites de votre équipe ? Cherchez-vous à recadrer vos perspectives en adoptant le point de vue de quelqu'un d'autre ? Quand vous entendez l'emploi de ce « ils », notamment dans le contexte des barrières, des problèmes, des conflits et des inquiétudes, encouragez-vous votre équipe à réfléchir ce qu' « ils » sont et pourquoi « ils » agiraient ou réagiraient comme on s'y attend ? Même des commentaires apparemment anodins tels que « nous portons tous le même badge » ou « nous cherchons tous le même résultat » peuvent encourager votre entourage professionnel à travailler de manière constructive sur ces préjugés de métier.

Portez une attention particulière à l'origine des biais qui vous limitent. Il y a quelques années, j'ai bénéficié des conseils de ma supérieure à l'occasion d'un dîner. Dans le cadre de notre discussion, j'ai passé une dizaine de minutes à me décrire – ou du moins, comment je me considérais à l'époque. J'ai mis l'accent sur mon éthique professionnelle et mon esprit stratégique, mais la façon dont je parlais de moi laissait entendre que je n'étais pas capable de tisser de bonnes relations de travail. « Je suis difficile, ai-je dit. Je suis plutôt intense, et je sais que les gens n'apprécient pas cela. »

Ma responsable est tombée des nues. Elle m'a dit sans hésitation qu'elle n'avait aucune idée de ce dont je parlais. Selon elle, j'étais une personne charmante, et au sein de l'entreprise, j'avais une réputation de sociabilité et de compétence. Nous avons eu une longue conversation sur les raisons pour lesquelles je m'étais attribué l'étiquette d'une collègue désagréable.

En réfléchissant à l'énergie que j'avais consacrée à cette idée fausse, j'ai été atterrée. Cette pensée était née d'un biais auto-dénigrant, selon lequel je n'étais pas une personne que l'on apprécie. Il me venait d'environnements professionnels antérieurs, où j'avais travaillé dur et accompli beaucoup de choses, mais où je n'avais jamais eu le sentiment d'être à ma place ou de faire partie de la bande. Maintenant, chaque fois que je pense à mes interactions avec de nouveaux collègues, clients ou associés et que cette idée commence à s'insinuer, je reviens sur l'origine de ce biais auto-dénigrant. Je me rappelle alors que je ne travaille plus au même endroit et que je ne dois pas me comporter comme si c'était toujours le cas. Cela ne ferait que me limiter.

MARK

J'ai passé la première moitié de ma vie à croire que je n'étais pas suffisant, que je ne serais probablement jamais à la hauteur, et qu'au fond de moi, je n'étais pas digne de réussir ni même d'être heureux. C'est un biais auto-dénigrant. J'ai grandi dans un environnement avec des idées bien arrêtées sur ce qui était digne de valeur – et l'homosexualité ne correspondait certainement pas à cet idéal. C'était une partie de mon identité impossible à déterminer d'après mon apparence physique, un aspect immergé pour reprendre l'image de l'iceberg, et je me suis attaché à ce qu'il le reste.

Après de nombreuses années de combats internes et de thérapie, j'ai maintenant pleinement accepté cette composante majeure de mon identité. Mais cette impression d'insuffisance continue son travail de sape, à certains égards, avec un effet limitatif. J'ai surcompensé par des tendances perfectionnistes. Si tout pouvait paraître parfait, alors personne ne connaîtrait mon secret. Ainsi, on m'estimerait digne de valeur, même si je n'avais pas l'impression de l'être.

C'est une collègue et amie proche qui a eu le courage de m'aider à comprendre combien l'origine de cette opinion sur ma propre valeur, ou mon manque de valeur en l'occurrence, m'avait limité. Elle m'a dit avec une grande bienveillance : « Mark, ton désir d'être perçu comme parfait t'empêche d'apprendre et de grandir. Tu as peur d'essayer quelque chose de nouveau, parce que tu n'en auras pas une maîtrise parfaite. L'apprentissage est un processus compliqué, il faut être prêt à connaître des échecs avant de réussir. » Cela a été une révélation pour moi.

C'est un combat que je poursuis encore aujourd'hui. Nos biais auto-dénigrants sont très puissants et peuvent être incroyablement déstructeurs lorsqu'ils ne sont pas contrôlés. Parfois, nous avons besoin de l'aide d'une personne qui tient à nous et qui nous aide à réécrire cette histoire.

Chapitre 1 : Explorer l'identité
Réflexion individuelle

Découvrir les déclarations de type « Je suis ».

1. Creusez dans votre propre identité. Complétez dix énoncés commençant par « Je suis » sur la personne que vous représentez, à la fois d'un point de vue émergé (âge, race, sexe, culture, capacités physiques) et immergé (éducation, religion/spiritualité, compétences, relations familiales, personnalité, expériences déterminantes, etc.). Ne réfléchissez pas trop à ces éléments, contentez-vous de noter les premières choses qui vous viennent à l'esprit.

   Je suis ....

   Je suis ....

   Je suis ....

   Je suis ....

   Je suis ....

   Je suis ....

   Je suis ....

   Je suis ....

   Je suis ....

   Je suis ....

   Je suis ....

   Je suis ....

   Je suis ....

2. À présent, réfléchissez bien à ces éléments identifiants susceptibles d'alimenter un biais inconscient (ou conscient) envers les autres. Mettez une croix à côté de ces éléments. Par exemple, un lecteur passionné peut avoir un biais négatif envers ceux qui n'ouvrent jamais un livre ou n'écoutent jamais de livres audio. Soyez honnête sur la façon dont vos éléments identifiants peuvent influencer votre jugement, vos décisions, vos relations et vos rapports aux autres.

3. Mettez un rond à côté des éléments identifiants qui, selon vous, pourraient fausser (ou ont déjà faussé) l'opinion des autres à votre égard. Certains éléments peuvent présenter à la fois une croix et un rond.

Écrire l'origine des biais

4. Examinez la corrélation entre votre identité et vos biais potentiels ou confirmés. Limitent-ils vos possibilités ou au contraire les étendent-ils ? Vous servent-ils ou vous empêchent-ils d'atteindre vos objectifs ? Vous influencent-ils à remettre des décisions à plus tard ou vous incitent-ils à vous jeter à corps perdu dans des actions que vous regrettez la plupart du temps ?

....

....

....

....

....

5. Analysez en quoi vos déclarations de type « Je suis » sont liées à ce que vous valorisez et ce qu'elles vous font ressentir (vulnérabilité, fierté, indifférence, etc.).

....

....

....

....

....

6. Choisissez une déclaration de type « Je suis » marquée d'une croix et indiquez d'où cela peut provenir (médias, parents, semblables, société, éducation, contexte, culture, trait de caractère, etc.).

....

....

....

....

....

7. Identifiez toutes les facettes de votre identité (personnalité, expériences, etc.) qui ont pu renforcer vos biais potentiels ou révélés.

....

....

....

....

....

N'oubliez pas que tous ces éléments identifiants faussent d'une manière ou d'une autre notre rapport aux autres. Nous faisons passer nos valeurs avant celles des autres, ce qui nous expose à la partialité, tout comme les autres font passer leurs valeurs avant les nôtres.

Chapitre 1 : Explorer l'identité
Mise en œuvre par les dirigeants

Nos biais ont un impact sur notre rapport aux autres et nos implications, en tant qu'individus, sur nos prises de décision et les valeurs que nous attribuons. Quand nous occupons un poste de direction, nos équipes subissent directement nos biais divers et variés.

1. Choisissez une origine que vous avez identifiée dans les pages précédentes et superposez-la à votre équipe. Cela concerne peut-être vos priorités, votre intégrité, votre ambition, votre éthique professionnelle, le rôle de la famille dans votre vie, ou autre.

2. Inscrivez ci-dessous les noms de vos subordonnés directs. (Si vous n'en avez pas, réfléchissez aux membres de votre équipe).

   ....
   ....
   ....

3. À présent, pour chaque nom sur cette liste, considérez l'impact du biais choisi sur votre vision de cette personne, votre relation avec elle et la façon dont vous prenez des décisions avec elle ou à son sujet. Si cela produit un effet négatif, en quoi l'admission de ce biais peut-elle vous permettre de changer votre façon de penser et votre comportement ? (Écrivez vos réponses ci-dessous).

   ....
   ....
   ....

4. Pour tirer le meilleur parti de cet exercice, répétez-le avec vos clients, vos responsables et vos collègues.

Chapitre 2 : Comprendre les neurosciences

Si vous êtes conscient [de vos biais], vous pouvez alors exercer toute votre intelligence et votre esprit critique... Nous sommes tous capables de les contrôler.

—Lasana Harris, maître de conférences en psychologie expérimentale, University College de Londres

Vous vous souvenez de ces problèmes de maths, au collège, sur la vitesse d'un train ? Des chercheurs américains ont donné à un groupe d'individus un ensemble de problèmes similaires.[11] Ils leur ont fait passer un test de base pour évaluer leurs compétences en mathématiques, puis leur ont donné un problème à résoudre sur les soins dermatologiques et un autre sur le contrôle des armes à feu. Les résultats sont fascinants. Si la réponse au problème du contrôle des armes à feu allait à l'encontre des convictions politiques de l'individu, ce dernier échouait à le résoudre. C'était valable pour les conservateurs comme pour les libéraux. Leur capacité à résoudre le problème changeait en fonction de leurs convictions. En résumé, leurs compétences en mathématiques, la capacité de réflexion de leur cerveau, dépendaient du contexte.

Pour revenir au problème, les chercheurs ont découvert que plus les participants étaient doués en mathématiques, plus il leur était dif-

---

11 Dan M. Kahan, Ellen Peters, Erica Dawson et Paul Slovic, « Motivated Numeracy and Enlightened Self-Government. » *Behavioural Public Policy* 1 (8 septembre 2013): 54–86; Yale Law School, Public Law Working Paper No. 307; https://ssrn.com/abstract=2319992 or http://dx.doi.org/10.2139/ssrn.2319992.

ficile de résoudre un problème en contradiction avec leurs convictions politiques. Surprenant, n'est-ce pas ?

Comme beaucoup d'entre vous, je me considère comme plutôt vive d'esprit. C'est donc avec stupeur que j'ai découvert que mon intelligence et ma vivacité d'esprit me rendraient, en réalité, *moins* encline à accepter des faits que je ne voulais pas considérer comme vrais. Pourtant, en réfléchissant, c'est parfaitement cohérent. Prenez cela comme une habitude. Si nous avons l'habitude d'avoir raison, alors les systèmes établis dans notre cerveau prendront ce fait pour acquis et auront tendance à le confirmer.

Certaines de nos croyances peuvent limiter nos capacités, alors que d'autres limiteront la façon dont nous voyons et définissons celles des autres – l'idée reçue selon laquelle les vendeurs doivent être extravertis, par exemple. Ces croyances peuvent être si profondément ancrées dans notre cerveau que nous peinons à croire qu'elles puissent être erronées, même lorsqu'elles sont confrontées à des faits réels. Pour progresser dans la lutte contre les préjugés, nous devons souvent examiner les répercussions de nos propres pensées et de nos croyances les plus enracinées.

Comment notre cerveau crée des biais

N'oubliez pas que c'est au moyen des biais que notre cerveau nous permet de passer chaque journée sans être paralysés par l'avalanche d'informations qui nous submergent. Quel processus dans notre cerveau entraîne la création des biais ? Pour répondre à cette question, nous devons comprendre les trois principaux systèmes du cerveau : primitif, émotionnel et cognitif.

Le **cerveau primitif** est le foyer de nos instincts de type combat, fuite ou immobilisation. C'est la partie du cerveau où résident nos pulsions d'hommes et femmes des cavernes, celle qui nous pousse à nous protéger des intempéries, d'éviter de toucher le feu et de nous mettre en quête de nourriture quand nous avons le ventre vide. De nos jours, ces instincts demeurent axés sur la survie. L'un de nos besoins humains les plus fondamentaux est celui d'appartenance – si nous faisons partie d'un groupe, nous sommes plus en sécurité et nous avons de bien meilleures chances de survie. Ainsi, notre cerveau primitif place automatiquement les gens, les lieux et les choses dans des catégories. Telle personne ou telle chose va-t-elle m'aider ou entraver ma survie ? On dit souvent que l'on ressent quelque chose « dans ses tripes », alors qu'en réalité, c'est le cerveau primitif qui entre en jeu. Quand j'anime une réunion, on m'oppose parfois cette idée : Ne devrais-je pas suivre mon instinct viscéral ? Or si nous appelions cet instinct par son véritable nom, nous penserions sans doute autrement. En suivant les instincts viscéraux, c'est en réalité à notre cerveau reptilien que nous obéissons, la partie la moins évoluée de notre cerveau, celle qui ne s'intéresse qu'à une question : si nous allons mourir ou non. Ces instincts sont conçus pour nous faire éviter les menaces et pour nous préserver, non pour prendre des décisions logiques et faire preuve d'esprit critique.

Le **cerveau émotionnel** abrite la mémoire et l'expérience. Quand nous venons au monde, c'est une ardoise vierge, qui se programme par la suite en fonction de nos valeurs, de nos croyances, de nos suppositions et de nos expériences. Souvent, ce n'est même pas conscient ; nous réagissons simplement à partir de nos émotions. Les problèmes surviennent quand la programmation ne nous est pas bénéfique ou limite notre capacité à interpréter correctement le monde qui nous entoure et à nous y engager pleinement. Le cerveau émotionnel nous permet d'avoir de l'empathie et de nous sentir connectés aux autres, mais il peut aussi nous rendre irrationnels dans nos réactions à des stimuli suscitant en nous une émotion forte.

Enfin, le **cerveau cognitif** est le théâtre de processus plus évolués, comme le traitement de données, la résolution de problèmes et la créativité. À bien des égards, cette partie du cerveau sépare les humains du reste du monde animal. Nous avons la capacité de nous détacher de nos propres valeurs, croyances, hypothèses et expériences. Nous pouvons voir le monde par les yeux de quelqu'un d'autre. Il est intéressant de noter que, même quand la partie cognitive du cerveau est concentrée sur des opérations complexes, les parties primitives et émotionnelles sont toujours en activité. Elles reçoivent des informations et n'hésitent pas à mettre un frein à la pensée si elles se sentent menacées. Dans certaines circonstances, la puissance de ces parties primitives et émotionnelles du cerveau, leur désir écrasant de nous protéger, peuvent prendre le dessus sur le cerveau cognitif et notre capacité à réfléchir et à agir sciemment.

Les biais peuvent activer les parties primitives et émotionnelles du cerveau

Imaginez le scénario suivant. Vous faites le bilan de votre travail avec votre responsable. Elle a soigneusement réfléchi au cadre de votre entretien, a suivi une formation sur les discussions sensibles et lu toutes sortes d'articles sur les bilans efficaces. C'est au niveau de son cerveau cognitif que tout s'opère. Vous vous asseyez ensemble et elle commence à vous faire part de ses impressions.

Dès que vous entendez le mot « bilan », vous sentez votre cœur battre plus vite. Vous souffrez d'un handicap qui nécessite un aménagement et, depuis peu, vos collègues se plaignent du traitement spécial dont vous bénéficiez. Vous êtes convaincu que cet échange a pour but d'essayer de vous supprimer votre aménagement. En écoutant votre responsable, vous songez à toutes les discriminations que vous avez déjà subies : l'accent mis sur votre handicap plutôt que sur vos résultats, le manque de reconnaissance dans votre travail. Pressentant une menace, c'est la partie émotionnelle, voire primitive, de votre cerveau qui entre en jeu. Avant même le début de la conversation, vous vous basez sur une partie de votre cerveau tandis que votre responsable se base sur une partie différente.

MARK

J'ai appris à parler assez couramment l'espagnol quand je vivais en Argentine. Maintenant, j'habite au Texas, qui compte une importante population hispanique. J'aime saisir toutes les occasions qui me sont offertes de pratiquer mon espagnol.

Je déjeunais avec des amis à San Antonio dans une **taquería** populaire – le cadre idéal pour pratiquer mon espagnol, me suis-je dit. Tout le personnel était hispanique. Quand je suis arrivé au comptoir pour passer ma commande, j'ai décidé de m'adresser à la serveuse en espagnol, espérant qu'elle percevrait cela comme une marque de respect envers sa culture. Au lieu de quoi, à ma grande surprise, elle s'est sentie offensée et a répondu très sèchement : « Je parle anglais, vous savez ! » J'ai rapidement essayé de lui expliquer mon intention, mais le mal était fait.

En fait, ce ne devait pas être la première fois qu'elle vivait quelque chose de semblable, et chaque fois, l'expérience devait être négative pour elle. Qui sait combien de fois son identité a été remise en question de cette manière ?

Quand les biais – ou ne serait-ce que la menace des biais – entraînent des réactions dans les différentes parties de notre cerveau, c'est l'incompréhension assurée, ce qui aggrave souvent la situation au lieu de l'améliorer. Nous basculons alors dans la zone de limitation ou de détérioration plutôt que dans la zone de haute performance.

Sécurité psychologique

Pour éviter d'activer les parties émotionnelles ou primitives de notre cerveau, nous devons nous sentir psychologiquement en sécurité – l'inverse de la menace. Les chercheurs définissent la sécurité psychologique au travail comme « la certitude de ne pas être puni quand on commet une erreur ».[12] Cette erreur peut aller d'une faute technique à une phrase ou un acte néfaste pour l'environnement de travail.

MARK

Certaines entreprises se disent prêtes aux erreurs et à la « défaillance rapide », mais leurs pratiques et les expériences de leurs employés témoignent d'une tout autre histoire. J'ai travaillé avec un hôpital qui considère l'innovation comme l'une de ses valeurs fondamentales. Ils nous ont engagés dans cette optique, afin de créer et d'exécuter un programme de développement conçu pour favoriser une plus grande innovation.

J'ai eu une conversation franche avec la cliente, qui m'a fait part des défis qu'elle entrevoyait dans le développement des compétences autour de la question d'innovation. Notamment, elle craignait que les

---

12 Laura Delizonna, « High-Performing Teams Need Psychological Safety. Here's How to Create It. » *Harvard Business Review*, 24 août 2017; https://hbr.org/2017/08/high-performing-teams-need-psychological-safety-heres-how-to-create-it.

occasions d'innovation soient limitées en raison de leur culture très prudente et de l'intolérance envers les erreurs. En d'autres termes, la sécurité psychologique était très faible.

Mes conversations avec plusieurs employés ont confirmé ce qu'elle m'avait dit. L'un d'eux a déclaré : « Ils nous demandent d'être créatifs dans notre approche de la résolution des problèmes, mais si nous essayons quelque chose de nouveau et que le problème n'est pas résolu immédiatement et à la perfection, nous sommes recadrés, et parfois même publiquement ! » Le biais de la hiérarchie pour l'évitement des risques à tout prix passait avant leur besoin d'innover dans la pratique quotidienne.

Pour que les employés puissent donner le meilleur d'eux-mêmes, ils doivent savoir qu'ils seront soutenus, même s'ils manquent parfois leur cible.

L'Equal Employment Opportunity Commission (EEOC), l'agence fédérale américaine chargée de prévenir la discrimination au travail, a déterminé les facteurs de risques qui rendent un environnement plus sensible au harcèlement et à la discrimination. Ces facteurs s'articulent autour des dynamiques de pouvoir : une dynamique « nous contre eux » susceptible de se manifester entre les cadres supérieurs et les employés sur le terrain ; lorsque « le client est roi » au détriment des employés ; ou encore quand les entreprises ne comptent que quelques employés particulièrement précieux. Selon que je travaille avec un supérieur ou un collègue de même niveau, les probabilités que je soulève un problème seront bien différentes. Quand le pouvoir présente un déséquilibre, et que le statu quo perdure, on risque d'entrer dans la zone de détérioration du modèle de performance. Lorsque le pouvoir est déséquilibré dans le cadre d'une conversation, la sécurité psychologique n'est pas assurée. Nous sommes plus susceptibles de nous comporter de manière biaisée ou d'être victimes de biais, selon notre position dans cette dynamique de pouvoir. Ces idées se superposent – la sécurité psychologique nous permet d'atteindre la zone de haute performance, et ainsi, de fonctionner avec la partie cognitive de notre cerveau.

Alors, comment assurer la sécurité psychologique ? Comment faire passer nos processus décisionnels des parties émotionnelles et primitives du cerveau à la partie cognitive ? La réponse réside dans l'égalité des dynamiques de pouvoir. Nous avons tous une autorité formelle et informelle dans les conversations professionnelles. Que nous soyons au bas de l'échelle ou au sommet de la hiérarchie, nous pouvons créer des contextes favorables à la sécurité psychologique. Tenez compte des éléments suivants lorsque vous vous efforcez d'établir la sécurité psychologique dans vos interactions avec les autres, notamment avec vos subordonnés directs ou les employés de statut inférieur dans l'entreprise :

- Sommes-nous dans mon bureau, dans votre bureau ou dans un troisième espace neutre ?

- Sommes-nous tous les deux assis ou debout ?

- Si je suis touché émotionnellement par un sujet, avons-nous communiqué par e-mail avant la conversation pour nous assurer que nos attentes soient claires et que nous disposions tous les deux des informations nécessaires ?

- Ai-je précisé l'importance que revêt cette question pour moi et les raisons pour lesquelles elle me tient à cœur ?

- Y a-t-il quelqu'un d'autre dans l'entreprise que je devrais faire venir pour favoriser un point de départ neutre ?

La promesse de la neuroplasticité

Le *Harvard Business Review* a mené des recherches sur l'efficacité de la formation à la diversité et aux biais inconscients traditionnels. Il s'avère que l'efficacité est moindre lorsque la formation est obligatoire. En se penchant sur cette étude, on se rend compte que c'est notamment parce que la plupart des formations sur les biais inconscients sont spécifiquement axées sur la dédiabolisation des biais[13].

---

13   Edward H. Chang et al. « Does Diversity Training Work the Way It's Supposed To? » *Harvard Business Review*, 9 juillet 2019; https://hbr.org/2019/07/does-diversity-training-work-the-way-its-supposed-to.

Si l'on apprend seulement que les biais sont un fonctionnement naturel du cerveau et si l'on nous dit que les raccourcis cognitifs sont immuables, alors nous sommes déchargés de cette responsabilité. *J'ai des biais. J'ai certaines préférences. Ainsi va la vie.* Mais c'est loin d'être la fin de l'histoire, grâce à la neuroplasticité.

La neuroplasticité est la capacité du cerveau à créer des changements durables à tout âge. Grâce à la conscience de soi, nous pouvons prendre du recul et déterminer si notre cerveau agit ou non à partir de sa partie primitive ou émotionnelle. Nous pouvons ainsi évaluer l'impact des biais sur nous-mêmes et sur les autres. Ensuite, nous pouvons choisir la marche à suivre. Ce processus crée de nouvelles voies neuronales dans le cerveau et devient partie intégrante de notre prise de décision.

ANNE

Ce n'est pas facile d'adopter la conscience de soi. Les contraintes de temps, notre dépendance aux moyens de communication numériques, la nature dynamique du monde qui nous entoure peuvent nous amener à penser : « Ce n'est pas grave. Je n'ai pas le temps de m'arrêter pour y réfléchir maintenant. Allons de l'avant. »

J'ai constaté que, pour prendre conscience de soi, il fallait se poser quelques questions :

- Accordez-vous un moment de réflexion et demandez-vous pourquoi. Pourquoi ai-je choisi de dire cela ? Pourquoi ai-je pensé cela ? Pourquoi cette personne a-t-elle réagi ainsi ?

- Quels sont mes présupposés ? Mes suppositions sont-elles basées sur des faits ou des expériences, ou sur quelque chose de moins concret ? Sont-elles basées sur les croyances ou les expériences de quelqu'un d'autre plutôt que sur les miennes ?

Si le pourquoi n'est pas clair, demandez à un collègue de confiance. Selon votre poste, il se peut que vous ne receviez pas de véritable retour. Demandez-le explicitement. Vous créerez ainsi un environnement dans lequel vous pourrez donner et recevoir vos impressions en toute sécurité.

Nous pouvons employer la neuroplasticité pour forger de nouvelles voies qui nous aideront à atténuer les biais négatifs. Ainsi, si le biais est un élément naturel du fonctionnement du cerveau, la neuroplasticité l'est tout autant. En identifiant les biais dans nos opinions, nos interactions ou nos prises de décision, nous sommes en mesure d'agir. Nous pouvons alors utiliser le modèle de performance pour réfléchir au résultat de ces biais.

Si l'impact est négatif, dans la zone de limitation ou de détérioration, nous pouvons nous appuyer sur la capacité du cerveau à créer de nouvelles habitudes pour passer à la haute performance. Le biais éducatif dont j'ai parlé plus tôt en est un bon exemple. D'après la valeur que j'accorde à l'éducation, mon cerveau avait l'habitude de se tourner directement vers les diplômes quand j'étudiais un CV. Je me suis donc efforcée consciemment d'examiner avec soin le dernier emploi de la personne. Maintenant, j'ai tellement l'habitude de procéder ainsi que je dois parfois revenir en arrière pour me pencher sur les diplômes. La neuroplasticité nous donne de l'espoir, car elle nous permet de recadrer notre réflexion sur les biais et sur ce que nous pouvons faire pour avoir un impact positif.

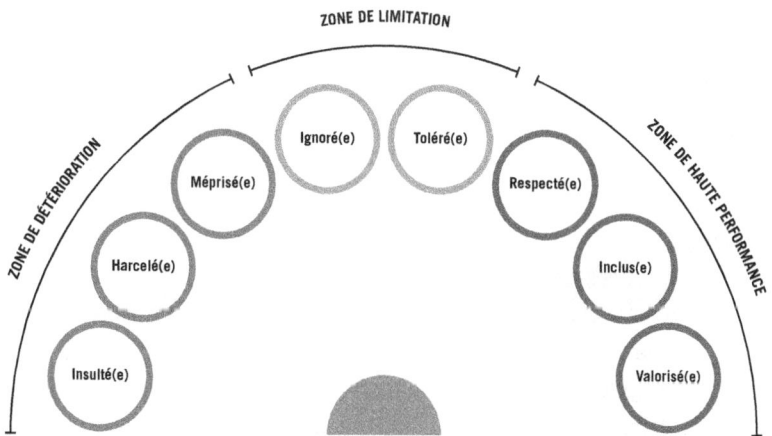

ANNE

Selon la hiérarchie des besoins d'Abraham Maslow, la sécurité est l'un de nos besoins fondamentaux en tant qu'êtres humains. Nombreux sont ceux qui se tournent vers les besoins évidents de sécurité physique, matérielle et de santé, mais la sécurité psychologique est primordiale dans la quête de l'appartenance, de l'estime de soi et du potentiel. Si les gens ne se sentent pas dans un environnement sûr, où ils peuvent s'exprimer, être respectés pour ce qu'ils sont et avoir confiance dans l'intégrité du système et de leur entourage, le plein potentiel de la personne, de l'équipe et de l'entreprise ne sera jamais atteint.

Pensez-y. Vous êtes-vous déjà trouvé dans un environnement où vous aviez peur de prendre la parole ? Tout au long de ma carrière, je ne compte plus le nombre de fois où j'ai ressenti cela. Pourquoi et comment cela se produit-il ? Avec le recul, je me suis souvent sentie trop jeune, trop inexpérimentée, trop bête, trop novice, trop différente, trop timorée pour assumer les conséquences d'un point de vue divergent, ou trop convaincue que je n'étais pas à ma place.

Comment surmonter ce biais d'autodénigrement ? Les trois étapes les plus importantes sont l'acceptation de votre authenticité, le soutien des autres et l'assurance d'être dans un environnement qui fait ressortir le meilleur de vous-même.

Quel est le rôle du dirigeant dans la création d'un environnement sûr où les équipes et les individus peuvent s'épanouir ? Les grands leaders doivent créer une culture d'intégrité, de confiance, de transparence, de collaboration et de communication dans laquelle l'échec est normal, considéré comme une partie intégrante de la prise de risque responsable. On met alors l'accent sur l'action et l'amélioration. Les dirigeants savent que l'échec fait partie de l'apprentissage sur la voie du succès. Les meilleurs savent créer un environnement propice, où la formation continue est primordiale et où l'on peut apprendre de n'importe qui, n'importe où, n'importe quand, à tous les niveaux de l'entreprise. Associées à une vision et un objectif clairs et convaincants, ces équipes attirent ainsi les meilleurs talents et produisent les résultats les plus innovants et les plus durables.

Chapitre 2 : Comprendre les neurosciences
Réflexion individuelle

De nombreuses situations, personnes ou sujets déclenchent souvent l'une des trois parties de notre cerveau (primitive, émotionnelle et cognitive). Voilà pourquoi les conversations peuvent rapidement déboucher sur la frustration et le conflit. En connaissant les neurosciences à l'origine de nos réactions, nous pouvons mieux identifier ce qui est en œuvre et ajuster notre approche.

1. Souvenez-vous d'une conversation ou d'une interaction que vous croyiez pragmatique et logique, mais au cours de laquelle votre interlocuteur s'est montré émotif. Décrivez ce que vous avez observé chez l'autre : le ton de la voix, les expressions de son visage, son langage corporel, sa posture, ses mots. Comment la conversation s'est-elle terminée ?

   ....

   ....

   ....

   ....

2. Pensez maintenant à une conversation où vous aviez des idées bien arrêtées et où votre interlocuteur vous a paru calculateur ou froid, incapable de comprendre pourquoi tel ou tel point était si important pour vous. Décrivez ce que vous avez alors observé chez l'autre : le ton de sa voix, les expressions de son visage, son langage corporel, sa posture, ses mots. Comment la conversation s'est-elle terminée ?

   ....

   ....

   ....

   ....

Chapitre 2 : Comprendre les neurosciences
Mise en œuvre par les dirigeants

Garantir la sécurité psychologique consiste à équilibrer les degrés de pouvoir dans les interactions humaines. Bien que les dirigeants et les managers détiennent une certaine autorité au travail, faire usage de ce pouvoir pour dominer les conversations peut s'avérer néfaste.

1. Avant de vous engager dans une conversion importante, prenez en compte ces différentes composantes du pouvoir et les conseils fournis pour chacune d'entre elles :

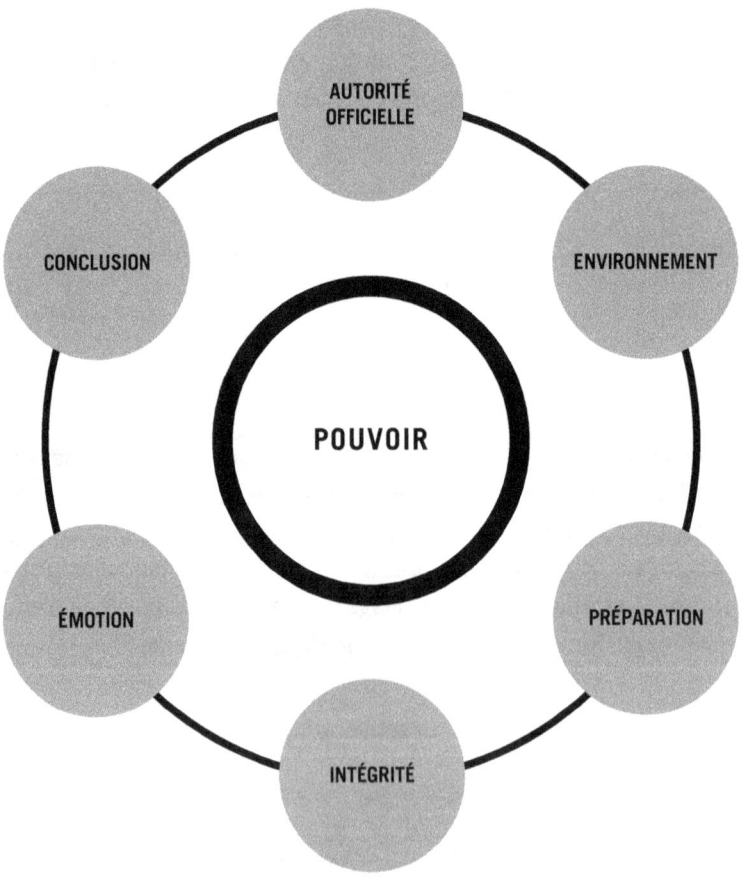

L'autorité officielle. Reconnaissez votre degré d'autorité officielle et soyez clair quant aux possibilités. Par exemple : « Cette décision a déjà été prise, et le fait est que nous allons poursuivre dans cette direction. Mais j'aimerais connaître vos préoccupations afin que nous puissions y remédier ensemble. » En déclarant votre intention dès le début de la conversation et en fixant les limites du possible, vous établissez des attentes raisonnables.

L'environnement. Il s'agit des réalités physiques de la conversation. Où a-t-elle lieu : dans mon bureau, dans votre bureau ou dans un espace neutre ? Êtes-vous derrière le bureau ? S'agit-il d'une réunion à distance ? Est-elle privée, ou dans un espace plus public ? Réfléchissez à ce que l'environnement reflète quant à la dynamique du pouvoir en jeu.

La préparation. En cas de surprise, la personne va immédiatement se retrancher dans la partie primitive de son cerveau. Satisfaire une demande impromptue ou devoir répondre à une question inattendue nous place en mode défensif. Ménagez un espace entre le déclencheur et le besoin de réponse, en envoyant un message préalable ou en prévoyant des réunions de suivi.

L'intégrité. Veillez à pratiquer l'intégrité et à vous comporter d'une manière qui corresponde à l'intention que vous avez établie dès le départ. Avez-vous tendance à interrompre ? Écoutez-vous avec empathie ? Reformulez votre intention et ce que vous entendez pour vous assurer que vos actions soient en accord avec vos paroles.

L'émotion. Assurez-vous de comprendre vos émotions et celles de l'autre personne. Une voix qui monte dans les aigus ou qui tremble, des yeux larmoyants, quelqu'un qui se lève ou qui parle avec des gestes plus exagérés que d'habitude sont autant de signes qu'il est temps de faire une pause et de remettre la fin de la conversation à plus tard. Donnez-vous (ou donnez à votre interlocuteur) l'occasion de revenir sur le plan cognitif de son cerveau.

La conclusion. La clarté joue un grand rôle dans la sécurité psychologique. Que convenez-vous de faire à la suite de cette conversation ? Êtes-vous tous deux à l'aise avec le résultat ? Une future conversation est-elle à prévoir pour revenir sur la question ?

2. Identifiez deux ou trois conversations importantes que vous avez prévues pour les jours ou les semaines à venir. Réfléchissez à la manière dont ces conversations affecteront votre ou vos interlocuteur(s). Sont-elles susceptibles de faire appel au cerveau primitif, émotionnel ou cognitif ? Prenez le temps de planifier ces conversations à l'avance, puis répétez-les avec un collègue de confiance ou un ami. Que pouvez-vous dire ou faire pour assurer la sécurité psychologique ?

....

....

....

....

....

....

....

....

....

....

....

....

....

....

....

....

Chapitre 3 : Reconnaître les pièges liés aux biais

Nous pouvons être aveugles à l'évidence, et aveugles à notre cécité.

—Daniel Kahneman, économiste et psychologue, lauréat du prix Nobel

Les pièges liés aux biais sont des circonstances dans lesquelles nous sommes plus susceptibles de pencher vers une pensée biaisée. En les identifiant, nous sommes en mesure de les reconnaître et de les éviter au besoin. Nos cerveaux sont de puissants ordinateurs avec un problème de capacité. Comme nous l'avons mentionné dans l'introduction, nous sommes confrontés à environ onze millions d'informations par minute, mais nous ne pouvons en traiter qu'une quarantaine sur le plan conscient. Les raccourcis cognitifs nous permettent ainsi de traiter la différence.

D'un point de vue pratique, si nous devions lister chaque étape pour une action du type « enfiler son pantalon le matin », nous serions probablement tous encore en pyjama. Une partie de cette gestion de données, de ce travail presque informatique, est utile et souhaitable. C'est ce qui nous aide à traverser le monde sans prêter attention à ces onze millions de données qui s'y bousculent.

Si vous avez déjà entendu parler des différents types de biais, vous êtes familiers avec les termes « biais de confirmation », « biais de négativité » ou « effet de halo ». Ce sont des termes employés pour désigner les biais spécifiques que notre cerveau utilise pour arriver à des conclusions. En fait, les chercheurs ont identifié et défini plus de

180 biais ou raccourcis cognitifs différents. Examiner ces 180 types de biais serait un exercice fastidieux. Vous ne les retiendriez pas et, de toute façon, nous ne sommes pas neuroscientifiques.

Afin de mieux identifier nos biais, évoquons trois pièges, trois circonstances professionnelles courantes dans lesquelles notre cerveau est le plus susceptible de céder à ses biais et de se heurter à l'un des écueils possibles : l'excès d'informations, les sentiments avant les faits, et le besoin de rapidité. Dans ces circonstances, le cerveau a tendance à écarter des informations pour se concentrer sur les quarante données qu'il est en mesure de traiter activement. Ce faisant, il écarte parfois des informations importantes. Quand vous êtes débordé, particulièrement émotif ou pressé par le temps (pour certains d'entre nous, c'est assez fréquent), votre cerveau est plus enclin à se laisser aller à ces raccourcis.

Définissons plus en détail chacun de ces pièges et associons-les à des biais spécifiques susceptibles de survenir dans ces circonstances. Nous vous recommandons de faire une pause après chaque exemple pour réfléchir à une expérience vécue ou dont vous avez été témoin. Comme pour toutes les compétences présentées dans cette section, faites appel à votre capacité à prendre conscience de vous-même et à explorer les différentes possibilités.

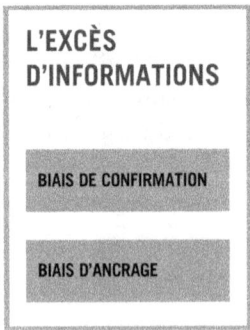

L'excès d'informations

Confrontés à une quantité écrasante de renseignements ou de données, nous risquons l'**excès d'informations**. Notre cerveau a appris à les filtrer automatiquement, y compris celles qui pourraient nous être utiles. Par exemple, devant des centaines de CV à parcourir, nous risquons d'avoir recours à des biais pour nous aider à effectuer des évaluations rapides. Deux exemples de raccourcis cognitifs qui surviennent en cas d'excès d'informations sont le biais de confirmation et le biais d'ancrage.

Le **biais de confirmation** est notre tendance à rechercher des informations qui confortent nos croyances existantes. C'est une forme de filtre qui permet une meilleure concentration. Par exemple, quand nous souhaitons nous tenir au courant des actualités, nous ne consultons pas toutes les informations disponibles et nous effectuons rarement nos propres reportages d'investigation. Comme mentionné au chapitre 1, nous regardons généralement le journal télévisé qui correspond le mieux à nos orientations politiques afin d'obtenir des perspectives en accord avec les nôtres. Dans le cadre du travail, imaginons qu'une responsable fasse partie de l'équipe chargée d'évaluer les nouveaux systèmes informatiques ou un nouvel équipement pour une opération de fabrication. Elle plaide fortement en faveur du système A plutôt que du système B. Trois mois après la mise en œuvre, elle a recueilli quinze exemples confortant ce choix comme étant le meilleur. Malgré cela, les retours qu'obtient le comité exécutif sont essentiellement négatifs. C'est parce qu'elle ne recherche que les informations confirmant la supériorité du système A, celui qu'elle estime meilleur.

Il est intéressant de noter, d'après les études sur le sujet, que « les gens éprouvent un véritable plaisir, une bouffée de dopamine, lorsqu'ils traitent des informations qui confortent leurs croyances. » Ainsi, le psychiatre Jack Gorman écrit : « On se sent bien en «campant sur ses positions», même si l'on a tort. »[14]

Le **biais d'ancrage** est notre tendance à nous fier à la première information trouvée pour prendre des décisions. Imaginons que votre équipe de communication vous présente trois options pour un nouveau logo. Le biais d'ancrage vous donnera une préférence automatique pour le premier, quelle que soit sa valeur réelle.

Le biais d'ancrage est ce qui sous-tend l'effet de première impression. Nous portons une multitude de jugements sur le caractère, l'in-

---

14   Sara E. Gorman et Jack Gorman, *Denying to the Grave: Why We Ignore the Facts That Will Save Us*. UK: Oxford University Press, 2016.

tellect, les capacités, etc. dès les premières minutes, voire secondes, après la rencontre. Ce que nous a appris l'image de l'iceberg, c'est qu'il ne faut pas se fier aux premières impressions. Et une fois que ces biais sont là, il peut être terriblement difficile de les remplacer.

Avez-vous vu ces biais à l'œuvre dans le cadre de votre travail ou dans votre propre façon de diriger ? Et même ailleurs, dans vos relations en dehors du travail ?

Les sentiments avant les faits

Beaucoup d'entre nous diront que nos convictions sont fondées sur des faits (on le voit souvent dans les débats passionnés !).

Mais bien sûr, nos perceptions ne sont pas toujours exactes. Visualisez la taille des États-Unis par rapport à l'Afrique. Pensez aux cartes que vous avez vues. Est-ce beaucoup plus grand ? De superficie à peu près similaire ? Minuscule ? Imaginez maintenant la Chine, l'Inde et le Royaume-Uni. Quelles sont leurs tailles ? La Chine et l'Inde ont des densités de population parmi les plus élevées au monde. Consultez maintenant la carte de la page 52. Non seulement elle compare ces pays au continent africain, mais mis tous ensemble, ils atteignent tout juste sa superficie. Dans quelle mesure vos perceptions étaient-elles correctes ?

La plupart des gens sous-estiment considérablement la taille de l'Afrique, car notre *ressenti* sur l'importance d'un continent dans le monde prime sur les faits. Il est vrai que ce sentiment est alimenté par ce à quoi nous avons été exposés dans le passé. Les Américains apprennent l'histoire, la politique et la culture à travers le prisme de l'Amérique et avec l'Amérique au centre – la plus importante, disons. Ce constat est valable pour la plupart des pays et des continents.

Alors que notre cerveau absorbe les informations, les parties émotionnelles et primitives prévalent sur la partie cognitive et transforment nos croyances en faits. Nous l'avons évoqué au chapitre 2, quand les participants à la recherche ne pouvaient pas résoudre des problèmes mathématiques si la réponse entrait en conflit avec leurs convictions politiques. En l'absence d'informations, notre cerveau remplit les blancs, s'appuyant souvent sur nos ressentis par rapport à une situation donnée. Nous fonctionnons alors comme si c'était un fait établi.

ANNE

Ressentir, c'est être humain. Il ne s'agit pas d'étouffer ses sentiments. Après tout, les dirigeants progressistes contemporains sont connus pour leur empathie, leur humilité, leur authenticité et leur bienveillance.

Nous devons cependant prendre conscience que nos sentiments peuvent être sources de biais. Nous sommes conçus pour chercher des relations avec autrui. Il est donc naturel que chacun d'entre nous s'oriente vers les personnes qui partagent des expériences communes, qu'il s'agisse d'une même université, d'une ethnie, d'un genre, d'une religion ou d'une entreprise. Que nous identifions des dirigeants à fort potentiel, réalisions des évaluations de performances ou proposions des suggestions, ou encore que nous prenions des décisions financières pour les membres de notre équipe, il nous faut toujours veiller à ce que nos sentiments et nos biais ne viennent pas limiter une vision plus globale et équilibrée de la situation. Comment ? Chacun d'entre nous a besoin de conseillers de confiance sur son lieu de travail. Qu'il s'agisse de vos partenaires en ressources humaines, de votre équipe juridique ou d'un collègue, il est important de soumettre vos décisions à d'autres personnes qui auront probablement un point de vue différent. En ce qui me concerne, ce qui fonctionne le mieux, ce sont les discussions structurées sous la forme d'entretiens individuels – surtout si je passe peu de temps au quotidien avec les personnes concernées – combinées à des sessions impromptues de type : « As-tu cinq minutes pour parler ? » Et notez bien qu'il s'agit d'une discussion... pas d'un texto, d'un e-mail, d'une session via messagerie instantanée ou autre. Parler en personne avec quelqu'un permet une interaction, une réaction, une émotion, une perspective et une relation authentiques qui ne peuvent pas être remplacées par d'autres supports numériques.

Alors, comment ce piège des sentiments avant les faits intervient-il sur nos biais éventuels ? Deux biais parmi les plus courants sont les biais au sein du groupe et les biais de négativité.

Les **biais au sein du groupe** sont notre tendance à favoriser les gens que nous aimons ou ceux qui nous ressemblent, excluant ceux qui sont différents. Supposons que je sois un responsable chargé d'un nouveau projet et que l'on m'annonce que je dois constituer mon équipe parmi mes collègues. Par les biais au sein du groupe, j'aurai inconsciemment envie de choisir ceux qui agissent comme moi, qui sont d'accord avec moi ou qui me ressemblent. S'il y a un autre introverti dans l'équipe, je le choisis. S'il y a une femme, je la choisis. De même s'il y a une autre Hispanique. C'est confortable, certes, mais cela ne donne pas les meilleurs résultats. Les biais au sein du groupe peuvent être particulièrement insidieux dans les pratiques d'embauche, les constitutions d'équipes et l'implication auprès de la clientèle.

Une étude récente a mis en évidence un autre exemple de biais au sein du groupe en constatant que 71 % des dirigeants favorisaient les employés prometteurs de la même race et du même sexe qu'eux.[15] La tendance à rechercher la similitude comme ligne directrice pour le parrainage et les conseils professionnels peut avoir un impact important sur la réserve de leaders et la préparation de la relève au sein d'une entreprise.

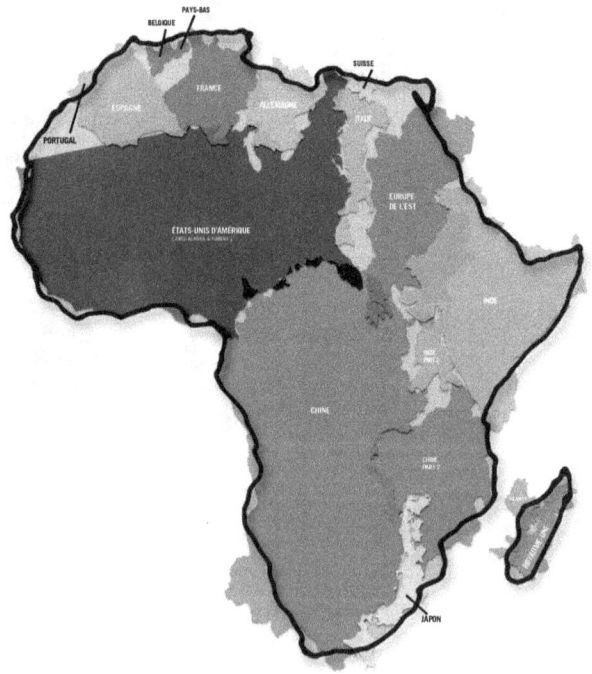

---

15   The Sponsor Dividend, Center for Talent Innovation, 2019; https://www.talentinnovation.org/publication.cfm?publication=1640.

MARK

J'ai travaillé avec un client qui s'est rendu compte que les biais au sein du groupe avaient des répercussions négatives sur d'importants projets. Traditionnellement, les projets « importants » étaient confiés à des employés plus expérimentés, selon le principe qu'ils avaient une meilleure vision. Pour lutter contre cela, ils ont décidé que lorsque certains projets atteignaient le seuil d'importance requis, ils devaient intégrer au moins un membre dans l'équipe avec moins de six mois d'ancienneté. Suite à cette initiative, ils ont appris qu'une grande partie des réflexions les plus innovantes provenaient du nouvel employé qui ignorait comment les choses étaient « censées » se passer. Ce regard neuf a apporté un avantage considérable. Dans le même ordre d'idées, des recherches ont démontré que la présence de « nouveaux arrivants socialement distincts » pouvait stimuler la réflexion et favoriser les progrès dans un groupe.[16]

Le **biais de négativité** vient de notre tendance à être plus fortement affectés par les expériences négatives que positives. Rappelez-vous quand vous étiez enfant. Vous vous souvenez certainement mieux de la fois où vous avez été puni que de toutes les fois où vous n'avez pas eu de problèmes. Nous mettons l'accent sur l'expérience négative, et non sur le tableau d'ensemble. Dans un contexte de vente, vous pouvez atteindre vos objectifs chaque trimestre, mais il suffira d'un échec pour que votre réputation soit ternie. Nous nous focalisons sur ce seul résultat négatif au lieu des nombreuses réussites qui l'ont précédé.

De même, nous pouvons travailler avec un collègue sensiblement différent. Peut-être parle-t-il avec un accent, occupe-t-il une autre fonction ou n'a-t-il pas les mêmes qualifications que nous. Disons que nous avons déjà travaillé avec lui sans le moindre souci. C'est alors qu'il commet une erreur. Il y aurait un biais de négativité en jeu si nous mettions l'accent sur cette erreur, balayant ainsi tous ses succès. Nous pourrions même l'étendre à l'identité de la personne. Par exemple : «

---

16 Katherine W. Phillips, Katie A. Liljenquist et Margaret A. Neale, « Is the Pain Worth the Gain? The Advantages and Liabilities of Agreeing with Socially Distinct Newcomers. » *Personality and Social Psychology Bulletin* 35, no. 3 (2009); https://doi.org/10.1177/0146167208328062.

Cela ne serait jamais arrivé si on avait nommé un responsable plus âgé » ou « Il aurait mieux valu confier cela à un spécialiste des finances. »

ANNE

Le pouvoir de la négativité est réel dans un monde numériquement marqué par les réseaux sociaux, où nous avons accès à l'information en temps réel. Pensez à votre comportement d'achat aujourd'hui, qu'il s'agisse de votre évaluation d'un produit ou d'un service, ou même de votre décision quant au nouveau restaurant à essayer. Nous sommes maintenant formés pour recueillir les réactions, les points de vue et les évaluations d'autrui – de parfaits inconnus, pour la plupart ! Avec une évaluation négative, nous ne laissons parfois même pas une chance à tel restaurant, tel produit ou telle marque.

Les biais de négativité sur le lieu de travail sont particulièrement puissants si nous en avons nous-mêmes fait l'expérience. Je me souviens d'une époque où j'ai pris une décision déterminante en matière de personnel. C'était risqué : accorder un poste essentiel à un employé du secteur de la vente qui n'avait connu que le terrain. Le résultat s'est avéré catastrophique. La faute peut être imputée à tous les acteurs impliqués, y compris moi. J'admets que cette expérience a brouillé mon point de vue pour l'avenir. Même si l'employé était compétent à son poste précédent et que celui-ci ne lui correspondait tout simplement pas, les aspects négatifs de l'expérience m'ont fait hésiter à renouveler un tel risque. Pendant un certain temps après cet échec, j'ai dû faire l'effort conscient de ne pas partir du principe qu'un autre employé, dans les mêmes circonstances, échouerait immanquablement. Pour renverser le préjugé négatif, il faut reconnaître qu'il n'y a jamais deux situations identiques et que des facteurs sous-jacents (souvent invisibles) entrent également en jeu.

MARK

En tant que consultant senior, je demande souvent à mes participants de remplir des évaluations à la fin d'une session de travail afin de mesurer leurs réactions à chaud. Dans une classe de vingt-cinq personnes, je peux recevoir vingt-quatre évaluations élogieuses, il n'empêche que je serai invariablement obsédé par le seul commentaire négatif. Les clients font de même avec les évaluations à 360 degrés et les bilans annuels des performances. C'est le biais de la négativité en œuvre ! Vous entendrez souvent dire que la mise en place d'une culture de coaching et d'évaluations joue une part importante dans l'implication et la performance des employés. Or cet instinct, ce biais de négativité dans lequel nous pouvons tomber lorsque nous avons de fortes émotions (les sentiments avant les faits) a un effet délétère qui nous empêche d'avancer.

Le besoin de rapidité

Le **besoin de rapidité** se manifeste lorsque nous prenons des raccourcis pour agir plus vite. Ce gain de temps est souvent basé sur des biais qui peuvent être simplistes, égocentriques, voire contre-productifs.

Une partie du besoin de rapidité nous vient de l'instinct de survie, du cerveau primitif, ou du réflexe de « combat, fuite ou immobilisation ». Mais le besoin de rapidité peut également entrer en jeu sur le plan organisationnel et entraîner des jugements hâtifs, des préjugés et des perceptions erronées. Il faut pourvoir un poste immédiatement, voilà pourquoi nous embauchons la nièce d'un collègue au lieu de procéder à un recrutement par voie de concours. Un article doit paraître cet après-midi, voilà pourquoi nous dressons des hypothèses critiques au lieu de puiser dans les sources et de mener des entretiens basés sur des faits avérés. Un client est en colère et nous déclarons que c'est un éternel insatisfait afin de passer au suivant dans la file d'attente au lieu de ralentir pour prendre le temps de nous attaquer à la racine du problème.

MARK

Cet écueil du besoin de rapidité peut également entraver la capacité d'un dirigeant à exercer son personnel à la performance ou à déléguer. La transition entre collaborateur individuel et leader qui atteint l'excellence par l'intermédiaire de son équipe réside dans ce dilemme :

> « Je peux le faire plus vite et mieux moi-même maintenant, ou je peux ralentir et prendre le temps de former mon équipe pour qu'elle le fasse elle-même plus vite et mieux encore à l'avenir. » Quand nous sommes pris par le temps, nous choisissons par défaut la première option. Or si elle est plus rapide sur le moment, elle s'avère inefficace à long terme. Comme nous le rappelons dans notre programme pour cadres supérieurs, *Les 4 rôles essentiels du leadership* : « Dire crée de la dépendance ; former crée des capacités. »

Deux biais courants, quand le besoin de rapidité se fait sentir, sont le biais d'attribution et le biais des coûts irrécupérables. Le **biais d'attribution** est le fait de juger les autres sur leurs actions, tout en se jugeant soi-même sur ses intentions. Si je commets une erreur, j'ai une très bonne explication et je sais que mon intention était bonne. Si les ligues de football font une erreur, en revanche, c'est qu'elles sont fondamentalement imparfaites – désorganisées, négligentes ou désinvoltes. En d'autres termes, nous nous accordons le bénéfice du doute et du temps supplémentaire pour apporter notre contribution, sans étendre naturellement ce bénéfice aux autres. Comme l'écrit Stephen M. R. Covey, auteur du best-seller *La Vitesse de la confiance* : « Nous avons tendance à nous juger selon nos intentions, et à juger les autres selon leur comportement observable. »

Prenez en compte la dynamique d'équipe. Supposez qu'un nouveau membre occupe un rôle que vous aviez l'habitude de tenir. Il met beaucoup plus de temps à soumettre un rapport que vous ne le faisiez à sa place. Vous commencez à le trouver lent, sans tenir compte du fait que vous avez occupé ce poste bien plus longtemps que lui. Dans de telles circonstances, vous pouvez même en attribuer la raison à des caractéristiques intrinsèques à la personne, comme sa génération, son ethnie ou sa fonction.

Le **biais des coûts irrécupérables** est notre tendance à poursuivre notre ligne de conduite actuelle pour la simple raison que nous y avons investi du temps, de l'argent ou de l'énergie. C'est l'idée que nous avons atteint un point de non-retour. Ce biais peut se manifester dans notre vie personnelle, quand nous avons du mal à nous défaire de biens coûteux, même lorsqu'ils ont dépassé leur durée d'utilité. Il se manifeste également sur le plan professionnel, depuis le protocole immuable « parce qu'on a toujours fait comme ça » jusqu'aux projets voués à l'échec et dans lesquels nous continuons à injecter du temps et de l'argent, parce que notre ego est convaincu que c'est toujours la « meilleure » idée.

ANNE

Pour les entreprises, les équipes et les responsables, le biais des coûts irrécupérables peut s'avérer particulièrement préjudiciable. Bien que l'expérience soit une valeur précieuse, elle peut parfois jouer en votre défaveur. Quand on entend : « Nous nous sommes déjà engagés à procéder de cette manière, et il est trop tard pour changer de cap », c'est un signe que le biais des coûts irrécupérables est à l'œuvre.

Dans ces marchés dynamiques où l'innovation, le changement et la transformation ne font que s'accélérer, je cite souvent ce vieil adage selon lequel « ce qui nous a amenés ici ne nous emmènera pas là-bas ». La barre est constamment placée plus haut — par les clients, les concurrents, les forces de plus grande ampleur comme l'économie et l'environnement juridique — et la forme que revêt la notion de succès ne cesse d'évoluer. Les biais peuvent nous conduire à passer à côté de ces signaux extérieurs, nous empêchant ainsi d'être proactifs.

Chapitre 3 : Reconnaître les pièges liés aux biais
Réflexion individuelle

Les pièges liés aux biais sont l'excès d'informations, les sentiments avant les faits et le besoin de rapidité. Dans ces circonstances, nous sommes dépassés, nous faisons primer la force de nos émotions sur les faits avérés, ou nous succombons à l'impulsion des raccourcis pour agir rapidement. Afin d'éviter ces écueils, la meilleure stratégie consiste à en prendre conscience, à faire l'effort de désamorcer ces instincts, puis à reprendre le contrôle de son processus de décision. Pour chaque piège, nous avons donné deux exemples de biais spécifiques dans lesquels nous risquons de tomber selon les circonstances. Par exemple, en cas d'excès d'informations, nous sommes susceptibles de céder aux biais de confirmation et d'ancrage.

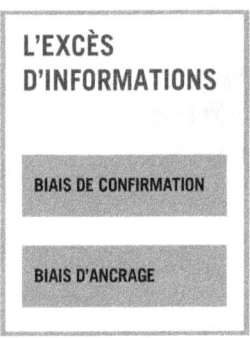

Choisissez l'un des pièges ci-dessus afin de l'approfondir tout en gardant à l'esprit les deux biais proposés comme exemples.

- Biais de confirmation (considérer uniquement les informations qui soutiennent une croyance enracinée).
- Biais d'ancrage (s'appuyer sur la première information pour prendre une décision).
- Biais au sein d'un groupe (favoriser les gens que nous aimons ou ceux qui nous ressemblent).

- Biais de négativité (être plus affecté par les expériences négatives que positives).

- Biais d'attribution (s'accorder le bénéfice du doute sans étendre cette faveur aux autres).

- Biais des coûts irrécupérables (résister au besoin de changer de cap au motif de l'investissement déjà accompli).

Éviter le piège

1. Choisissez un piège dans lequel vous êtes susceptible de tomber. Puisez dans votre conscience pour indiquer comment, où, quand et ce qui déclenche ce biais chez vous.

   ....
   ....

2. Que pouvez-vous entreprendre pour marquer une pause entre ce qui déclenche l'intervention de ce biais et votre réaction (par exemple, prendre vos distances avec la « caisse de résonnance » des réseaux sociaux peut vous aider contre le biais de confirmation) ?

   ....
   ....

3. Prenez le contrôle de votre prise de décision en évaluant les coûts (et les avantages potentiels) de votre biais. Réfléchissez aux mesures que vous pouvez prendre pour atténuer, éviter ou mieux contrôler le piège qu'il vous pose. Dressez une liste des comportements à arrêter, modifier ou multiplier.

   ....
   ....

Chapitre 3 : Reconnaître les pièges liés aux biais
Mise en œuvre par les dirigeants

Pour les dirigeants, un second niveau de questions révélera l'impact sur la vie de l'entreprise de ces trois pièges liés aux biais.

1. En tant que dirigeant, vous prenez au quotidien des décisions d'une grande portée. En prenant le temps d'évaluer l'impact de ces décisions, vous pouvez faire en sorte de ne pas tomber dans les pièges tendus par vos biais. Évaluez cet impact en répondant aux questions suivantes :

- Cette décision a-t-elle un impact sur les ouvertures professionnelles d'une personne ou son évolution future ?

    ....

    ....

    ....

- Cela a-t-il des répercussions financières importantes pour vous ou l'entreprise ?

    ....

    ....

    ....

- S'agit-il d'un changement qui aura un impact sur d'autres personnes ou sur l'entreprise ?

    ....

    ....

- S'il est utile, est-il toutefois essentiel pour obtenir des résultats ?

   ....

   ....

   ....

2. Si la réponse à l'une de ces questions est oui, prenez le temps et créez un espace de réflexion avant la décision ou l'interaction.

- Demandez le point de vue d'un collègue ou d'un ami de confiance.

   ....

   ....

   ....

- Prenez des notes pour ou contre la décision : avancez vous-même les arguments opposés.

   ....

   ....

   ....

- La nuit porte conseil, attendez le lendemain si possible. Ainsi, vous prendrez un véritable recul entre vos émotions et la décision.

   ....

   ....

   ....

   ....

Chapitre 4 : Adopter la pleine conscience

À peu près tout se remet à fonctionner si on le débranche pendant quelques minutes. Y compris vous.[17]

—Anne Lamott, auteure à succès de *Bird by Bird*

Certaines personnes considèrent que la pleine conscience n'est pas assez sophistiquée ou « pointue » pour être une compétence de leadership. Elles associent cette expression à un ashram, dans un pays lointain, ou aux moments de détente extrême. Pourtant, la pleine conscience est l'une des compétences les plus importantes pour identifier les biais, chez soi et chez les autres. Notre esprit est toujours enclin à s'éloigner du moment présent, si bien que nous passons presque la moitié de notre journée à penser à autre chose qu'à ce que nous faisons réellement.[18] Sans la pleine conscience, les décisions deviennent automatiques. Nous classons souvent les gens de manière binaire : ils sont bons ou mauvais, importants ou sans importance, ils représentent une valeur ajoutée ou une perte de temps, un bien ou un mal.

Qu'est-ce que la pleine conscience et comment l'utiliser pour corriger ses biais ? La pleine conscience est un état d'esprit, que l'on

---

17   Anne Lamott, « 12 Truths I Learned from Life and Writing. » TED Talk, avril 2017; https://www.ted.com/talks/anne_lamott_12_truths_i_learned_from_life_and_writing.

18   Matthew A. Killingsworth et Daniel T. Gilbert, « A Wandering Mind Is an Unhappy Mind. » *Science* 330, no. 6006 (12 novembre 2010), 932; doi: 10.1126/science.1192439.

obtient en se concentrant sur le moment présent, sur nos sentiments, nos pensées et nos sens pour mieux comprendre notre implication avec les autres et réagir aux stimuli.

Les chercheurs Christina Congleton, Britta Hölzel et Sara Lazar écrivent : « La pleine conscience ne devrait plus être considérée comme un simple atout pour les cadres. C'est un incontournable : un moyen de garder notre cerveau en bonne santé, de favoriser l'autorégulation et la capacité de prendre des décisions efficaces, et de nous protéger contre le stress toxique », ce qui peut avoir un impact sur notre faculté de discernement et la correction de nos biais inconscients.[19]

L'objectif est d'essayer de ménager une pause entre l'arrivée de l'information et nos réactions émotionnelles. Comme nous l'avons déjà établi, notre cerveau est un formidable ordinateur et sa programmation automatique a un impact sur nos décisions, petites et grandes. La pratique de la pleine conscience peut atténuer les éventuels effets négatifs de nos biais. Par exemple, je suis gauchère, ce qui signifie qu'en conférence, je tends inconsciemment à accorder plus d'attention à la partie gauche de la salle. Avec la pleine conscience, j'ai pris l'habitude volontaire d'être attentive à tout l'espace disponible lors de mes présentations. Je peux me déplacer de l'autre côté de la salle pour faire une remarque, donner des instructions ou demander l'opinion de l'assistance. Ce n'est pas grand-chose, mais cela peut faire une différence, selon que mon auditoire se sent attiré par l'échange, ou au contraire, exclu par mon langage corporel.

Une pratique intensive de la pleine conscience nous aide à devenir plus attentifs à nos propres pensées et sentiments. D'après mon expérience, beaucoup se décrivent comme pleinement conscients, alors qu'en réalité, c'est rarement le cas – moi la première. Nous connaissons tous des dirigeants qui se prétendent ouverts aux idées des autres, mais qui se ferment à toutes les propositions. Ce manque de conscience de soi est parfois plus subtil, comme lorsque l'on reproche à un système un biais que l'on a en réalité soi-même : « Je suis très attaché à la diversité, seulement, on ne trouve aucun candidat qui remplisse les conditions requises. » (Pour information, il existe des candidats qualifiés issus de la

---

19   Christina Congleton, Britta K. Hölzel et Sara W. Lazar, « Mindfulness Can Literally Change Your Brain. » *Harvard Business Review,* 8 janvier 2015; https://hbr.org/2015/01/mindfulness-can-literally-change-your-brain.

diversité pour tous les types de postes, même si, pour les trouver, il faut parfois changer de méthode de recrutement.) Cette prise de conscience n'est pas facile. Elle exige une introspection sérieuse, que le journaliste Chris Hayes a décrite comme une quête intellectuelle, la lourde tâche de regarder à l'intérieur de soi et de trier ce que l'on y trouve. C'est un véritable défi, mais comme pour toute compétence, il est possible de l'améliorer avec la pratique. C'est l'essence même de la neuroplasticité.

Stratégies pour renforcer vos aptitudes à la pleine conscience

Mon fils a un jeu de cartes intitulé « Mindfulness Matters » (L'importance de la pleine conscience : le jeu qui utilise les compétences de la pleine conscience pour une meilleure adaptation à la vie quotidienne). Il permet de développer les capacités d'attention, d'observation et de concentration. Vous distribuez les cartes, puis vous effectuez à tour de rôle une activité de pleine conscience, comme « utiliser des objets dans la pièce pour raconter une histoire ». Nous y jouons en raison de la neurodiversité de mon fils. Quand il était en primaire, on a diagnostiqué chez lui un trouble déficitaire de l'attention avec hyperactivité (TDAH) et des caractéristiques associées au spectre autistique. Le terme « neurodiversité » est utilisé plus communément pour définir « l'idée que les différences neurologiques, comme l'autisme et le TDAH, sont le résultat d'une variation normale et naturelle du génome humain ».[20] Au lieu de considérer ces handicaps comme un obstacle, la communauté médicale et les entreprises du monde entier reconnaissent l'intérêt d'aborder les problèmes et les idées par ce prisme différent. De plus en plus, la neurodiversité est au cœur des programmes d'inclusion.

Si la neurodiversité de mon fils lui offre un avantage en matière de réflexion critique et de faculté à résoudre les problèmes, mon mari et moi devons être proactifs pour développer ses aptitudes à réagir aux signaux sociaux et à interagir avec les autres. Plus je joue à ces jeux avec lui, plus je me rends compte que, moi non plus, je ne sais pas pratiquer la pleine conscience – comme la plupart des adultes !

---

20   Robert D. Austin et Gary P. Pisano, « Neurodiversity as a Competitive Advantage. » *Harvard Business Review,* mai-juin 2017; https://hbr.org/2017/05/neurodiversity-as-a-competitive-advantage.

Une pratique efficace de la pleine conscience, qui soit fiable et durable, est propre à chacun. La mienne ne ressemblera pas à la vôtre, et la vôtre ne ressemblera à celle de personne d'autre. Il peut être difficile de savoir par où commencer, voilà pourquoi nous vous présentons ci-dessous quelques conseils pratiques. Considérez-les comme un ensemble de points de départ à essayer comme bon vous semble.

Développer une pratique régulière de la méditation

En comparaison avec les personnes qui n'exercent pas la méditation, ceux qui la pratiquent sont plus à même de réguler leurs pensées et leurs émotions et de se concentrer sur des objectifs tout en résistant aux distractions. Dans l'ensemble, ils sont plus performants dans les tâches qui requièrent une attention soutenue.[21] Si vous n'êtes pas emballé à l'idée de rester assis sur un coussin de méditation, ne baissez pas les bras : le *Cambridge Dictionary* définit la méditation comme « l'acte d'accorder son attention à une seule chose, en tant qu'activité religieuse ou comme un moyen de trouver le calme et la sérénité » ou « une pensée ou étude sérieuse, ou le produit de cette activité ». La méditation inclut donc la relaxation, la concentration, la réflexion, la pensée, etc.

On peut consacrer à la méditation quelques instants ou beaucoup plus longtemps. Les applications et les podcasts ne manquent pas pour vous guider dans la méditation, que vous soyez débutant ou confirmé, dans de nombreux styles différents. Faites vos propres expériences jusqu'à en trouver un qui vous convienne.

> **ANNE**
>
> Avec l'âge, j'en suis venue à accorder beaucoup de valeur à ma santé et à lui donner la priorité. J'ai également pris conscience que ma santé mentale et émotionnelle était liée à ma santé physique. Ainsi, ma capacité à être attentive est en lien direct avec mon bien-être physique. Après un anniversaire charnière, je me suis rendu compte que je n'étais

---

21 P. A. van den Hurk et al., « Greater Efficiency in Attentional Processing Related to Mindfulness Meditation », *Quarterly Journal of Experimental Psychology* 63, no. 6 (juin 2010): 1168–80; doi: 10.1080/17470210903249365.

pas au mieux de ma forme. Ma carrière était au beau fixe sur tous mes critères extérieurs, mais je m'étais perdue en chemin. Mon niveau de stress était au plus haut et je me sentais déprimée. La cause profonde était que je ne prenais pas soin de moi : de mon esprit, de mon corps et de mon âme. Je laissais les voix dans ma tête me dépasser, et des pensées négatives sur moi-même commençaient à façonner mon identité. Cet anniversaire m'a servi de catalyseur pour me remettre sur les rails.

Cette année-là, je me suis découvert une nouvelle passion : la boxe fitness. S'il s'agit du meilleur sport que j'aie jamais pratiqué en matière de cardio, il a également eu pour avantage inattendu de me faire découvrir le pouvoir de la pleine conscience et de la concentration sur le moment présent. En boxe, pour bien pratiquer, il faut rester inébranlable, concentré sur ce que l'on fait. La concentration mentale associée à la détente émotionnelle et à l'effort physique m'a permis de me rebooster et, sans aucun doute, de développer une approche beaucoup plus délibérée de la pleine conscience. J'ai réalisé que, parfois, il suffisait de lâcher prise pour être mieux conscient. Si vous ne trouvez pas d'exutoires – qu'ils soient mentaux, émotionnels ou physiques (ou, dans mon cas, tous les éléments ci-dessus) – les sources de déconcentration et les tensions vont contribuer à vous éloigner de l'instant présent et vous empêcher d'être pleinement conscient.

Trouvez quelque chose qui vous recentre.

Faire une pause et décrire

Avez-vous déjà fait une « réunion après la réunion » avec un collègue, décrivant ce qui venait de se passer pour vous entendre opposer l'exact contraire par votre interlocuteur ? Par exemple, je pourrais quitter une réunion et dire : « Vous avez entendu l'intonation de Kate ? Visiblement, elle était contrariée que mon projet ait reçu le feu vert et pas le sien. » Ce à quoi ma collègue pourrait répondre : « Je pense qu'elle était déçue que son projet n'ait pas été approuvé, mais elle a dit aussi qu'elle était contente pour toi et impatiente de s'associer aux prochaines étapes. Tu as entendu cette partie ? » Nous sommes parfois trop occupés à créer un récit dans notre esprit pour voir ce qui se passe réellement.

Quand vous êtes en réunion ou dans une situation donnée, prenez un moment pour sortir de votre tête et prêtez attention aux détails qui vous entourent. Les gens sont-ils impliqués ? Quelles sont leurs expressions faciales ? Quel est le ton de leurs voix ? Vous pouvez même vous concentrer sur des détails concrets comme la couleur de la chemise qu'ils portent ou ce qu'ils utilisent pour écrire, ne serait-ce que pour vous entraîner à exercer votre concentration. (En prime, essayez de regarder les séries télévisées *Elementary* et *The Mentalist* pour voir ce pouvoir d'observation en action).

Faire un break avec la technologie

La plupart des smartphones vous permettent de calculer le temps passé sur votre téléphone et dans quel but – le mien me dit pendant combien de temps j'ai été productive, combien de temps j'ai passé sur les réseaux sociaux, à lire ou à faire de l'exercice physique. La dernière version de Microsoft Outlook vous enverra un rapport mensuel sur votre bien-être, indiquant combien de jours sur les trente derniers vous avez fermé votre messagerie électronique en dehors des heures de travail traditionnelles. Ces applications et ces analyses peuvent nous aider à nous fixer un objectif afin de réduire notre dépendance à la technologie, notamment dans les moments qui nuisent à notre concentration. Jetez un coup d'œil à ces analyses, puis envisagez de réduire votre utilisation de ces applications ou appareils à certains moments de la journée. Les individus sont souvent étonnés par ce qu'ils remarquent dans le monde extérieur lorsqu'ils décident d'employer la technologie avec parcimonie.

MARK

J'ai un cercle d'amis qui se réunit pour dîner au moins une fois par mois. Nous avons institué ce que nous surnommons affectueusement l' « empilement de Dallas ». Au début du dîner, nous mettons tous nos téléphones portables au milieu de la table, et ils y restent jusqu'à ce que l'addition soit payée. Si quelqu'un prend son téléphone pour une raison quelconque avant que l'addition n'arrive, il paie pour toute la tablée. Nous sommes beaucoup plus présents dans la conversation quand les outils technologiques sont inaccessibles. Vous pouvez utiliser cette même stratégie autour d'une table de conférence. Dans ce cas, il n'y a pas d'addition à payer, mais peut-être qu'une petite compétition amusante encouragera ce comportement positif.

La technologie, comme nous le savons tous, a une incroyable capacité à détourner notre attention au détriment de notre concentration et de nos relations. Nos smartphones sont peut-être l'un de nos principaux obstacles à la pleine conscience. Comme le dit mon collègue et expert en productivité chez FranklinCovey, Kory Kogon, « surmontez votre impulsion naturelle à répondre à chaque bip et sonnerie, pour agir consciemment avec un point de vue clair et centré ».

Planifier

Nous survolons souvent nos journées, trop survoltés, à réagir à toutes les urgences qui se présentent. Cela nous rend plus vulnérables aux biais liés au besoin de rapidité. Comme l'a écrit notre collègue et auteure Victoria Roos Olsson dans *Tout le monde mérite un excellent manager* : « Il semble contre-intuitif de passer plus de temps à planifier si vous êtes déjà occupé au point de ne plus réussir à effectuer vos tâches les plus importantes. Pourtant, si vous ne planifiez pas votre semaine, vous êtes à la merci des vents du changement, réagissant à ce qui se présente au lieu de décider ce qui est important et ce que vous voulez accomplir. » Nous pourrions ajouter que vous seriez également à la merci des pièges liés aux biais. Une bonne planification préalable vous permet de consacrer du temps à la réflexion et à l'analyse. Ainsi, vous ne commencerez pas une réunion déterminante encore émotionnellement engagé dans la réunion précédente, car vous aurez pris trente minutes pour analyser la première et vous préparer à celle qui vous attend.

Prenez quelques minutes avant le début de votre journée pour noter une ou deux priorités, puis inscrivez-les dans votre agenda. Veillez à ménager du temps de préparation et des temps morts dans votre emploi du temps pour ne pas être débordé. Vous trouverez peut-être utile de noter ce que vous ne ferez pas ce jour-là afin de vous concentrer sur vos priorités. Heidi Grant Halvorson de l'Université Columbia déclare :

« Quand les gens s'engagent dans la planification efficace, leur taux de réussite augmente en moyenne de 200 à 300 %. »[22]

Prendre du recul pour avoir une vue d'ensemble

MARK

Nous sommes parfois tellement obnubilés par les détails que nous passons à côté du but ou de la vision d'ensemble. En nous concentrant sur les étapes individuelles, nous risquons de manquer complètement la destination finale. On pourrait parler de schémas. Les biais inconscients peuvent être tellement enracinés qu'il ne suffira pas d'un seul élément pour les mettre au jour — par exemple une conversation difficile, un commentaire déplacé ou une question douteuse qui paraît accusatrice —, mais ce comportement récurrent, une vue d'ensemble de l'expérience de cet employé, peut raconter une histoire bien plus intéressante en ce qui concerne les biais. Nous pouvons prendre ce recul dans toutes sortes de contextes. Quand je délivre à nos intervenants des certifications pour enseigner notre contenu, je précise qu'il ne sert à rien d'apprendre par cœur l'intégralité du guide de l'animateur, mais plutôt de connaître le plan d'ensemble de ce qu'il convient d'enseigner, avec les transitions associées d'une diapositive à l'autre. Il faut d'abord comprendre l'objectif final ou l'image d'ensemble, puis compléter avec les détails. Ainsi, on peut rester attentif et se concentrer sur la conversation qui se déroule sur le moment, plus que sur l'exactitude technique de chaque mot prononcé.

Déterminer son intention

Pour travailler ses biais, il suffit parfois simplement d'amorcer la pompe. Faites remonter l'inconscient à la conscience en affirmant votre intention d'atténuer vos biais. On peut améliorer la conscience de soi par ce que l'on dit, ce que l'on pense et ce que l'on fait avant une interaction ou une décision. Par exemple, la NBA, la ligue américaine de

---

22 Heidi Grant Halvorson, *9 Things Successful People Do Differently*. Brighton, MA: Harvard Business Review Press, 2012.

basket-ball, a découvert que ses arbitres interpellaient plus les joueurs de races différentes des leurs, dans des proportions étonnantes. Contre toute attente, ce problème n'a pas demandé d'intervention majeure ou coûteuse. Il a suffi d'attirer l'attention des arbitres sur ce problème pour que l'impact des préjugés raciaux inconscients semble se dissiper. Comme l'écrit le journal *Time* : « Certes, il y a eu un problème de biais implicites dans le passé. C'est parfaitement compréhensible, car les biais implicites sont monnaie courante. Mais depuis que le problème a été évoqué publiquement, il semble que ces préjugés aient disparu. C'est une bonne nouvelle pour tout le monde, car cela suggère que les biais implicites – qui, comme nous l'avons noté, sont inconscients – peuvent être surmontés si l'on en est conscient. »[23]

Avant votre prochain appel, entretien ou négociation, réfléchissez à ce que vous ressentez et prenez la résolution de rester dans la partie cognitive de votre cerveau. Par exemple, avant d'examiner un CV, vous pourriez dire : « Je ne vais pas faire de suppositions basées sur le patronyme des gens. » Dans une certaine mesure, cette seule intention vous permettra d'écarter les interférences inconscientes.

À force de vous y exercer, ces pratiques deviendront une seconde nature, une habitude. Le fonctionnement automatique de notre cerveau en matière de biais peut être problématique s'il est laissé au hasard. La pratique de pleine conscience intentionnelle créera un réflexe positif visant à contrebalancer les réflexes négatifs, permettant ainsi une meilleure auto-régulation. On ne réagira plus instinctivement à ses émotions et l'on sera plus efficace dans ses prises de décision. On aura une meilleure vue d'ensemble et non une vision myope, aussi pratique ou confortable qu'elle puisse être.

---

23 David Berri, « What NBA Referees Can Teach Us About Overcoming Prejudices. » *Time,* 16 décembre 2014 ; https://time.com/3635839/implicit-bias-nba-referees/.

Chapitre 4 : Adopter la pleine conscience
Réflexion individuelle

Les habitudes se construisent lentement. Pendant que vous cherchez le meilleur moyen de développer votre pratique de la pleine conscience, prenez l'engagement d'alterner chaque jour entre les deux exercices suivants :

Appuyer sur *reset*

Chaque jour, nos biais et nos habitudes influencent les milliers de décisions que nous prenons. Dans une étude de l'Université de Cornell, les scientifiques ont estimé que nous prenons environ 221 décisions par jour rien qu'en matière d'alimentation. Il peut être difficile de s'en rendre compte sur le moment, mais réfléchir aux décisions du quotidien peut nous aider à voir plus clairement nos biais et nos habitudes.

1. Passez cinq minutes par jour à réfléchir à vos décisions, conversations et actions. Qu'avez-vous fait aujourd'hui qui aurait pu être influencé par des biais, des habitudes ou des paradigmes inexacts ? Que pourriez-vous faire différemment demain ? Pensez à prévoir un rappel récurrent, dans votre emploi du temps, pour vous consacrer à cette tâche à la fin de chaque journée.

S'analyser

La métacognition consiste à penser à ses propres pensées. C'est une compétence essentielle pour changer ses biais et ses habitudes, plus facile à acquérir avec de la pratique et des efforts.

2. Concentrez-vous d'abord sur les pensées désagréables. Lorsqu'elles surviennent, faites une pause et réfléchissez à votre propre pensée. Cette pensée désagréable vous concernait-elle ou concernait-elle quelqu'un d'autre ? Cette pensée était-elle fondée sur des faits ? Ou, au contraire, était-elle basée sur une expérience ou une habitude sans rapport avec le sujet ? Pouvez-vous faire en sorte de mieux vous renseigner sur la situation avant de prendre des décisions ou d'agir ?

Chapitre 4 : Adopter la pleine conscience
Mise en œuvre par les dirigeants

Créez les conditions dans votre équipe pour favoriser ces stratégies. Demandez-vous en quoi vous pourriez prendre chacune de ces mesures :

- Passez les quinze premières minutes d'une réunion d'équipe à partager votre expérience de la pleine conscience et à encourager les autres à réfléchir à la place qu'ils pourraient accorder à cette pratique dans leur vie quotidienne. Demandez-leur de partager, à tour de rôle, un exemple de pleine conscience (une « minute pleine conscience », pourquoi pas ?) au début d'une réunion hebdomadaire.

....

....

....

....

....

....

....

- Proposez une formation officielle à votre équipe. En consacrant du temps et des ressources à la mise en œuvre d'une pratique de la pleine conscience, vous indiquez à votre équipe que c'est un sujet important et vous lui donnez les compétences nécessaires pour une application immédiate. C'est plus efficace que de leur demander de se débrouiller seuls.

....

....

- Lorsque vous déléguez des tâches ou lancez de nouveaux projets, pensez à laisser un espace entre l'annonce et l'action. Par exemple, en cas de nouveau projet, réunissez-vous votre équipe pour vous lancer tête la première dans le travail ? Ou prévenez-vous votre équipe en amont afin de leur laisser le temps de mûrir l'idée avant d'aller de l'avant ?

« C'est là que la paix commence – pas seulement dans les projets des dirigeants, mais dans le cœur des gens. Pas seulement dans les processus soigneusement élaborés, mais dans les relations quotidiennes. »[24]

—Barack Obama, ancien président des États-Unis

---

[24] Barack Obama, « Remarks of President Barack Obama to the People of Israel », La Maison Blanche, Gouvernement des États-Unis d'Amérique, 21 mars 2013. https://obamawhitehouse.archives.gov/the-press-office/2013/03/21/remarks-president-barack-obama-people-israel.

Partie 2 : Cultiver ses relations

En établissant délibérément des liens avec les autres, nous comblons les lacunes de notre cerveau, cet ordinateur puissant, laissant ainsi moins de place aux hypothèses et plus de place à la complexité et aux nuances humaines.

Dans cette section, nous apprendrons à viser une meilleure performance en entrant en relation avec les autres et en comprenant leurs points de vue, ce qui nous aidera à explorer, réviser ou même changer nos propres opinions.

En cultivant des liens avec les autres au moyen de l'empathie et de la curiosité, on se déplace, ainsi que ceux avec qui l'on est en relation, vers la zone de haute performance. Créer des liens peut sembler un jeu d'enfant et vous pensez peut-être que cela ne vaut pas la peine d'y consacrer du temps. Mais il est possible d'améliorer la qualité de ses relations en un laps de temps étonnamment court.

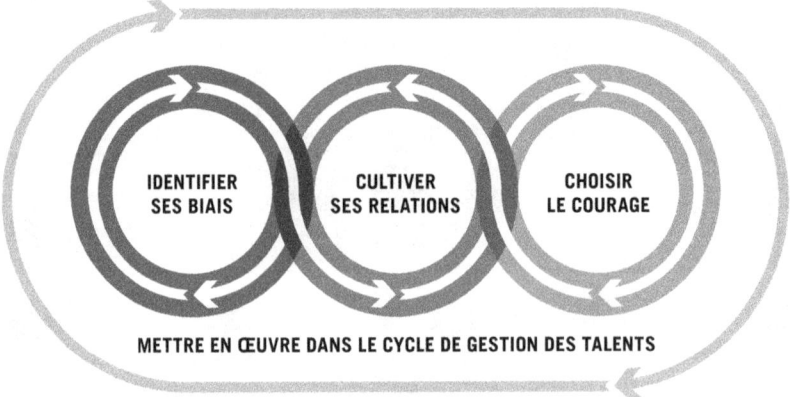

Cadrage/Recadrage

Cadrage :	Recadrage :
Si je comprends mes biais, je peux les corriger moi-même	Ce n'est qu'en cultivant des relations significatives que je suis en mesure de voir mes anciens biais et d'accorder de la valeur aux personnes qui m'entourent.

Vous connaissez sûrement cette expression : « avoir le nez dans le guidon ». On ne peut pas voir ses propres préjugés à moins de prendre du recul, de faire preuve d'empathie envers les autres, de mettre entre parenthèses ses propres croyances, objectifs et intérêts dans un effort pour comprendre ceux des autres. En un mot, faire de la place pour permettre de véritables avancées.

Le principe d'ouverture

Quand nous sommes ouverts avec les gens, notamment ceux qui portent sur le monde un regard différent du nôtre, nous dépassons plus facilement nos propres biais. Être ouvert exige une certaine vulnérabilité, un sentiment qui va à l'encontre de nos instincts naturellement protecteurs. En incitant la partie émotionnelle de notre cerveau à s'ouvrir, à se montrer vulnérable et à créer des liens, nous pouvons dépasser ces réactions instinctives et entrer dans la zone de haute performance.

Alors, comment établir des liens significatifs et importants susceptibles de conduire à de véritables progrès ? Commençons par nous concentrer sur l'appartenance et notre moi authentique, en faisant délibérément preuve d'empathie et de curiosité, puis nous exploiterons la puissance des réseaux et nous chercherons le moyen de conduire efficacement certaines conversations difficiles au sujet des biais pour atteindre une meilleure compréhension.

Chapitre 5 : Mettre l'accent sur l'appartenance

Je te parle comme je l'ai toujours fait – comme à l'homme sobre et sérieux que j'ai toujours voulu que tu sois, qui ne s'excuse pas d'avoir des sentiments humains, qui ne s'excuse pas pour sa taille, ses longs bras, son beau sourire. Tu t'éveilles à la conscience et mon souhait pour toi, c'est que tu n'aies pas besoin de te restreindre pour que les autres se sentent à l'aise. De toute façon, cela n'y changerait rien. Je n'ai jamais voulu que tu sois deux fois meilleur qu'eux, mais plutôt que tu attaques chaque jour de ta brève et éclatante existence en luttant... Je voudrais que tu sois un citoyen conscient de ce monde à la fois terrible et beau.

—Ta-Nehisi Coates, auteur lauréat du National Book Award[25]

Cultiver ses relations est un effort à double sens. Cela implique la capacité de créer des liens avec les autres et l'acceptation que les autres entretiennent des relations avec nous. De quelque côté que l'on se place, cette initiative a un impact sur les performances.

Avez-vous déjà éprouvé le besoin de vous intégrer quelque part ? J'imagine que nous avons tous ressenti cela à un certain degré. Le collège est malheureusement connu pour être une période de la vie où personne ne se sent vraiment à sa place – notre corps grandit plus vite que notre mentalité et que notre âge, bien souvent, nous sommes tous maladroits, et pourtant pas assez matures pour faire preuve d'empathie

---

25 Ta-Nehisi Coates, *Between the World and Me*, New York: One World, 2015. (Ndt : *Une colère noire. Lettre à mon fils*)

les uns envers les autres. Beaucoup d'entre nous n'éprouvent aucune tendresse quand ils pensent à leurs années collège. C'est une période où notre cerveau travaille d'arrache-pied pour se sentir compris et connecté à ceux qui nous entourent. C'est difficile à identifier sur le moment, mais il suffit de passer du temps avec un collégien pour constater que ce désir d'appartenance entraîne de véritables défis en matière de performances. On peut en dire autant des adultes au travail.

Cette aspiration profonde ne change pas vraiment avec l'âge. Notre cerveau essaie constamment de déterminer si nous sommes à notre place. La plupart des chercheurs estiment que le besoin d'appartenance est un besoin psychologique essentiel. Si l'on pense au cerveau primitif et aux circonstances dans lesquelles il s'est développé, c'est cohérent. Êtes-vous plus en sécurité quand vous êtes seul ou au sein d'un groupe ? Est-il seulement possible de répondre à ces besoins psychologiques dans un contexte d'isolement ? Un cas extrême de ce genre nous est proposé dans le film de Tom Hanks, *Seul au monde*. Le personnage principal, échoué sur une île déserte, a entretenu une relation avec un ballon de volley-ball, Wilson, afin de conserver un certain équilibre mental et répondre à ses besoins psychologiques.

Et pourtant, à bien des égards, les structures au travail ne favorisent pas l'appartenance ni les relations. Combien de fois avez-vous entendu des gens utiliser le mot « adapté » dans le cadre professionnel ? Lors d'un entretien d'embauche, certains candidats ne se sentent pas « adaptés », ou bien quelqu'un démissionne et l'on dit alors : « C'est mieux ainsi ; il n'était pas adapté, de toute façon. » Nous demandons aux gens de s'adapter à nos besoins ou de se sentir à l'aise avec nous, au lieu de créer des environnements de travail où les gens pourront naturellement s'épanouir. De nombreuses entreprises ont l'art de façonner des talents à leur image au lieu de laisser leurs employés utiliser leurs talents et leurs points de vue uniques.

Pourquoi accorder de la valeur à l'appartenance ?

Nous avons déjà défini la notion de biais, mais d'autres termes seront tout aussi pertinents au fur et à mesure de notre progression. Commençons par les bases : qu'est-ce que la diversité et qu'est-ce que l'inclusion ? Les termes diversité et inclusion sont souvent employés comme s'il s'agissait d'un seul et même mot, alors qu'en réalité, ils s'apparentent davantage à un double au tennis : ils sont tous deux distincts par leur approche et leurs acceptions et, bien sûr, ils fonctionnent mieux ensemble. La **diversité** est une question d'identité et de représentation, de composition des effectifs. Par représentation, il est question de parité : si vous regardez le recensement américain et les pourcentages de chaque race, origine géographique, genre, handicap, statut militaire et autres marqueurs sociaux, vos effectifs reflètent-ils ces chiffres ? L'**intégralité** de la société est-elle représentée dans les effectifs de votre entreprise ? L'inclusion soutient l'idée qu'au lieu de devoir se fondre dans une même culture, chacun peut apporter ses points de vue et opinions dans un groupe plus étendu, sans crainte de rejet. Vernā Myers, vice-présidente de la stratégie d'inclusion chez Netflix et fondatrice de la société Vernā Myers, le formule ainsi : « La diversité, c'est être invité à la fête ; l'inclusion, c'est être invité à danser. »

Trois autres mots ont récemment fait leur apparition dans les débats sur la diversité et l'inclusion : appartenance, engagement et équité. L'**appartenance** est un besoin humain, tout comme le besoin de se nourrir et de se loger. Réfléchissez à ce que vous ressentez quand vous n'êtes pas le bienvenu. Vous entrez dans une pièce et la conversation s'arrête, ou bien vous prenez la parole lors d'une réunion et votre patron rejette votre idée. Obtenir un lieu d'appartenance, où chacun peut contribuer de son mieux, tel est le but ultime de la diversité et de l'inclusion.

L'**engagement**, c'est le pouvoir que l'on vous accorde, le fait que l'on vous demande votre avis. Dire aux gens qu'ils peuvent s'exprimer, ce n'est pas la même chose que modifier la dynamique du pouvoir et les inviter à s'exprimer, en leur demandant avec sincérité : « J'aimerais connaître votre avis sur cette idée » ou « J'ai besoin de votre point de vue sur ce problème. » Il ne s'agit pas seulement d'être encouragé ou interrogé, mais d'être réellement écouté.

Enfin, l'**équité** consiste à combler le fossé des chances. Parler d'équité peut mettre mal à l'aise, en raison de la stratification de la société selon laquelle certaines personnes ont plus de chances que d'autres. Ces chances résultent parfois d'un biais en faveur d'un trait de caractère recherché. Pensez à la propension avec laquelle nous associons la taille au pouvoir, par exemple, ou à notre tendance à nous adresser aux personnes attirantes plutôt qu'à celles qui le sont moins (cela commence dès le berceau !). Parfois, ces chances sont affectées par la géographie, comme le soutien scolaire dont je pouvais bénéficier en tant qu'adolescente dans la ville de New York, contrairement à mes homologues en milieu rural, ou le nombre de musées gratuits à Washington, D.C., par opposition aux musées payants dans d'autres parties du monde. Et parfois, ces chances dépendent de caractéristiques plus importantes comme la race, le genre, l'origine et la situation socio-économique. Par exemple, Hasan Minhaj, l'animateur de *Patriot Act*, une émission hebdomadaire de comédie sur Netflix, a comparé le fait d'être diplômé d'université grâce à un prêt étudiant exorbitant à rembourser avec « le début d'une course, si le type avec le pistolet de départ s'en servait pour vous tirer dans la jambe »[26]. L'équité consiste à reconnaître que ces grands écarts de société existent et à fournir des pistes pour les surmonter. L'équité consiste à combler le fossé des chances et à s'assurer de ne pas prendre de décisions basées sur le prestige ou la facilité d'accès. Au lieu de quoi, nous considérons le talent et les capacités de manière plus globale.

Le général Martin Dempsey, ancien président du comité des chefs d'état-major interarmées, a écrit : « Si les gens n'ont pas l'impression d'appartenir à votre groupe, département, entreprise ou société, ils trouveront facilement autre chose en quoi croire et à intégrer. La responsabilité la plus importante des dirigeants, quels que soient leur niveau d'activité et leurs autres priorités, est de faire en sorte que les leurs se sentent à leur place. »[27]

Alors, qu'est-ce que l'appartenance et comment la favoriser ? Les chercheurs R. F. Baumeister et M. R. Leary définissent l'appartenance comme « le sentiment de sécurité et de soutien, pour un membre d'un certain groupe ou d'un certain lieu, quand il existe une impression d'acceptation, d'inclusion et d'identité, et comme l'impulsion élémentaire fondamentale de former et d'entretenir des relations durables,

---

26 Hasan Minhaj, auteur et créateur ; Richard A. Preuss, réalisateur. « Student Loans », *Patriot Act*, saison 2, épisode 3, diffusé le 24 février 2019. Los Gatos, CA : Netflix Studios.

27 Martin Dempsey et Ori Brafman. *Radical Inclusion: What the Post-9/11 World Should Have Taught Us About Leadership*. Missionday, 2018

positives et significatives avec les autres ».[28] Aujourd'hui, bon nombre d'entre nous sont récompensés non pas pour leur capacité à faire bouger les choses d'un point à un autre, mais pour leur capacité à penser, à résoudre des problèmes et à obtenir des résultats au travers des autres. Considérant ce que nous savons sur le cerveau, nous ne pouvons pas proposer nos meilleures idées si nous sommes relégués aux parties primitives ou même émotionnelles de notre cerveau. Nous avons besoin de ce sentiment d'appartenance pour accéder à la zone de haute performance, et pour y rester, il nous faut établir des relations.

Dans ce chapitre, nous allons nous concentrer sur l'appartenance à travers deux prismes. Premièrement, comment insister individuellement sur l'appartenance par l'authenticité au travail ? Faire preuve d'authenticité renforce son sentiment d'appartenance et crée les conditions idéales pour que les autres en fassent de même. Deuxièmement, quels sont les symboles de lien et d'appartenance qui existent dans votre entreprise ? Ma collègue Catherine Nelson, directrice générale de notre bureau australien, affirme ainsi : « Les dirigeants créent toute une culture au travers de leurs actions et inactions, y compris ce qu'ils disent et ne disent pas. » En tant que dirigeants, nous devons nous demander comment nous perpétuons le sentiment d'appartenance au moyen du vocabulaire, des règlements et procédures, et de la représentation au sein de l'entreprise. Nous savons que les gens sont incapables de donner le meilleur d'eux-mêmes s'ils n'ont pas le sentiment d'être à leur place, s'ils ont l'impression de ne pas pouvoir être authentiques par crainte de ne pas s'intégrer ou que cela puisse jouer contre eux quand ils envisagent la suite de leur carrière. La création active d'un sentiment d'appartenance au sein de l'entreprise peut favoriser de meilleures performances.

L'authenticité au travail

L'auteure et militante Marianne Williamson a déclaré : « En laissant briller notre lumière intérieure, nous donnons inconsciemment aux

---

28 R. F. Baumeister et M. R. Leary, « The Need to Belong: Desire for Interpersonal Attachments as a Fundamental Human Motivation. » *Psychological Bulletin* 117, no. 3 (1995): 497–529. https://www.talentinnovation.org/publication.cfm?publication=1640.

autres la permission de faire de même. Une fois libérée de notre propre peur, notre présence libère automatiquement les autres. »[29]

Au début de sa carrière, ma belle-sœur ne portait pas son alliance aux entretiens d'embauche, de peur que cela n'entrave ses chances de décrocher le poste. Elle avait constaté cet impact négatif chez d'autres, quand il arrive qu'un employeur choisisse une candidate qui n'a pas de famille et donc supposément plus encline à donner la priorité au travail. En raison de ces expériences, elle ne se sentait pas capable d'être authentique au travail.

Catalyst, une organisation mondiale à but non lucratif qui travaille avec certaines des plus grandes entreprises du monde pour créer des lieux de travail favorables aux femmes, définit la taxe émotionnelle comme « l'expérience renforcée d'être différent de ses homologues au travail en raison de son genre et/ou de sa race/son origine ethnique et les effets néfastes associés sur la santé, le bien-être et l'épanouissement professionnel ».[30] Cette taxe existe pour toutes sortes d'éléments identifiants et facteurs de différenciation, depuis le handicap jusqu'au fait d'être la seule personne non diplômée au sein d'une équipe.

Ce sentiment de devoir être constamment sur ses gardes perturbe les habitudes de sommeil, réduit le sentiment de sécurité psychologique et diminue la capacité à contribuer au travail. Par exemple, un participant noir, dans l'une de nos sessions sur les biais inconscients, a expliqué comment il s'adaptait aux personnes blanches, dans sa vie personnelle et professionnelle, en se faisant plus petit, en parlant doucement et en évitant les mouvements brusques. Lorsqu'il a partagé son expérience, mon propre rythme cardiaque est monté en flèche. Mon mari, de près d'un mètre quatre-vingt-quinze et bâti comme un joueur de football américain, avait partagé une expérience similaire avec moi. Il est intensément conscient de sa place dans le monde, jusqu'aux détails de sa position dans une pièce, au volume de sa voix et à ses moindres mouvements. Ce type d'autosurveillance a un impact énorme.

---

29 Marianne Williamson, *A Return to Love: Reflections on the Principles of "A Course in Miracles."* San Francisco: HarperOne, 1996.

30 Dnika J. Travis et Jennifer Thorpe-Moscon, *Day-to-Day Experiences of Emotional Tax Among Women and Men of Color in the Workplace*. Catalyst, 15 février 2018 ; https://www.catalyst.org/research/day-to-day-experiences-of-emotional-tax-among-women-and-men-of-color-in-the-workplace/.

S'il incombe aux employeurs de créer les conditions qui nous permettront d'être authentiques, il existe également un mouvement et une tendance de plus en plus marqués en faveur de l'authenticité au travail sur le plan individuel. Cette initiative des employés eux-mêmes a influencé les entreprises, qui donnent de plus en plus la priorité à l'authenticité afin de rester compétitives dans le recrutement et la conservation des meilleurs talents. L'effort de dissimulation de certaines parties de soi empêche l'ouverture et la vulnérabilité, des prérequis pour toute relation. Les personnes qui pratiquent l'authenticité sont capables de modifier leurs conditions de travail en profondeur, autant que les mesures prises par une équipe de direction.

Ma propre expérience professionnelle, notamment dans mes années de formation, est très différente de celle de ma belle-sœur. À l'université, j'avais une responsable formidable, Martine, qui m'a montré comment être authentique. Je travaillais au centre d'activités pour étudiants (Office of Student Life) de l'Université George Washington. J'étais chargée du soutien aux programmes étudiants axés sur l'inclusion, et avec ma responsable, je travaillais au lancement d'une série intitulée REAL Conversations, dont les sujets allaient de la race à la socio-économie. Martine et moi, nous nous rencontrions chaque semaine pour passer mes tâches en revue, mais elle a rapidement proposé une réunion trimestrielle plus importante encore. Elle a rédigé une fiche de travail et m'a demandé de définir mes objectifs, non seulement en tant que coordinatrice des activités étudiantes, mais aussi dans d'autres aspects de ma vie : les finances, la famille, les études, les voyages et le travail. Chaque trimestre, nous nous réunissions non seulement pour revoir mes objectifs, mais également les siens. Elle me confiait ses propres combats et ses réussites, tout en me conseillant. Ce simple dialogue ne prenait pas beaucoup de temps, mais il a eu sur moi un impact prépondérant. Martine m'a montré qu'il y avait une place pour toute ma personne au travail et que tous mes objectifs étaient intrinsèquement liés. Elle savait que je ne pouvais pas être dans la zone de haute performance si mon téléphone portable était coupé (encore !) ou si je m'inquiétais pour un cours qui me posait problème. En un mot, elle m'a donné la permission d'être authentique.

Même si je n'ai pas passé d'entretien d'embauche depuis plusieurs années, j'ai toujours eu pour habitude de ne jamais m'excuser pour ma famille ou la plupart des aspects qui me constituent. Ce n'était pas le cas pour Mark, un baby-boomer, ni Anne, membre de la génération X. Un changement radical s'est opéré au travail dans le domaine du bien-être et de l'authenticité. La norme culturelle, maintenant, est plutôt de « venir au travail tel qu'on est vraiment ». Il n'y a plus de frontière stricte entre le travail et la vie. Je parle volontiers de mes enfants, qui font partie de mon histoire. Mon aîné m'a motivée à obtenir mon master en gestion. Mon plus jeune m'a aidée à trouver un équilibre entre vie professionnelle et vie privée (parce qu'un tout-petit se fiche que vous soyez fatiguée en rentrant de voyage d'affaires !). Je considère mes enfants comme des forces. Ils m'inspirent et m'aident à faire mieux et à être meilleure. Je tiens à ce que tous ceux pour qui je travaille sachent que nous formons un tout indissociable. Ils constituent une part essentielle de ce que je m'efforce d'être. Imaginez combien ce serait réducteur si je n'avais pas le sentiment de pouvoir parler d'eux. Dans l'industrie du divertissement, l'artiste Janelle Monáe, lauréate d'un Grammy Award, se distingue comme un exemple d'authenticité. Quand le monde l'a rencontrée pour la première fois, elle portait un « uniforme » noir et blanc. « Cela s'explique en grande partie parce que je voulais avoir un uniforme comme la classe ouvrière, comme ma mère et ma grand-mère », a déclaré Janelle Monáe au *Huffington Post*.[31] Dans ce cas, Monáe apporte son contexte familial dans sa présence professionnelle, associant sa réalité actuelle de star mondiale de la musique à son identité et son milieu.

Être authentique au travail est le premier pas vers l'appartenance. C'est l'ouverture, quand vous êtes transparent et honnête sur votre identité : qui vous êtes, ce qui vous nourrit et comment vous communiquez. En quelque sorte, vous ouvrez la porte à vos collègues : ils connaissent le nom de votre partenaire, votre amour pour les sports d'hiver et votre enthousiasme pour l'achat d'une nouvelle voiture. Ils savent que vous vous inquiétez pour votre grand-mère et que vous avez des sentiments forts pour X, Y ou Z. Et ils connaissent votre ressenti par rapport au travail que vous faites, quelles sont les idées et les projets qui vous passionnent le plus. Le contraire de l'authenticité est un

---

31 Julee Wilson, « Janelle Monáe Honored at Essence Dinner Party, Explains Signature Black-And-White Style. » *Huffington Post,* 5 avril 2013 ; https://www.huffpost.com/entry/janelle-monae-essence-dinner-party_n_3021450.

environnement où vous devez vous excuser d'exister. S'excuser pour son corps, ses éléments identifiants, son histoire ou sa personnalité est très limitatif, voire délétère. Cela signifie-t-il qu'il n'y a plus de frontières entre travail et vie personnelle ? Certainement pas. Le mouvement en faveur de l'authenticité s'écarte des normes traditionnelles concernant la séparation du travail et de la vie privée, mais ce n'est pas pour autant que ce qui concerne votre vie devient public. Disons plutôt que vous ne ressentez pas le besoin de cacher des éléments importants ou des perspectives que vous pourriez avoir et qu'il serait utile de partager. Nous ne devrions pas avoir à choisir entre notre authenticité et notre contribution à l'entreprise.

Indicateurs d'appartenance

C'est aux entreprises et aux dirigeants de fixer les conditions d'appartenance. Cette idée peut sembler vague ou abstraite, alors comment, en tant que dirigeants, pouvons-nous agir dessus ? Vous pouvez désigner quelques critères au travail, que vous utiliserez comme indicateurs afin d'évaluer des niveaux d'appartenance sains ou malsains. Utilisez-les comme points de départ pour progresser.

Le vocabulaire

Récemment, j'ai présenté notre session de travail sur les biais inconscients à un client, et nous avons discuté de questions pertinentes pour la communauté LGBTQ+. Un participant a levé la main pour demander : « Qu'est-ce que ça veut dire, PIA ? » Il avait vu l'acronyme LGBTQPIA dans un autre contexte. J'ai expliqué que cela signifiait « pansexuel, intersexuel et asexué ». Il a alors exprimé sa frustration de devoir apprendre et utiliser autant de termes nouveaux, en constante évolution. Je lui ai répondu : « Je comprends que l'on puisse avoir l'impression que c'est un nouvel alphabet à apprendre, mais prenez les choses sous cet angle : par exemple, je m'appelle Pamela, et c'est important pour moi. C'est plus qu'une simple étiquette, c'est une partie de mon identité et de ce que je suis. Prendre le temps d'apprendre mon prénom est une marque de respect, la base de la courtoisie, et je ferai de mon mieux pour vous rendre la pareille. »

Alors que notre conversation se poursuivait, il est devenu clair que sa préoccupation n'était pas de devoir réapprendre les mots, mais de savoir s'il s'agissait d'une nouvelle étape dans le « politiquement correct » et s'il allait employer le bon terme. Avec l'expression « politiquement correct », il est utile de prendre du recul. Notre identité nous est aussi personnelle que notre nom. Ainsi, tout comme vous appelleriez quelqu'un d'autre par le nom qu'il vous a donné en se présentant, vous devriez également utiliser les identifiants qu'il vous demande d'utiliser. Si vous n'êtes pas certain du pronom ou de l'identifiant à employer, suivez ce que la personne vous demande. En cas de doute, l'emploi de son prénom fonctionnera très bien aussi.

Tout comme dans les domaines de l'orientation sexuelle et de l'identité de genre, les mots que nous utilisons pour décrire les déficiences intellectuelles et développementales ont changé. En 2009, deux jeunes cadres ont lancé une campagne intitulée *Spread the Word to End the Word*, qui, selon leur site web, avait pour but « la lutte contre une forme particulièrement puissante d'exclusion : le mot *attardé*. En dix ans, ils ont recueilli des millions d'engagements numériques et physiques pour mettre fin à ce mot. Dirigeants comme individus reconnaissaient les dégâts causés par ce terme et s'engageaient à faire preuve de respect, dans leurs paroles et leurs actes, envers les personnes souffrant de déficiences intellectuelles et développementales. Grâce au rayonnement de Special Olympics et de Best Buddies International, et au soutien de centaines d'autres organismes de défense des droits, la campagne a commencé par une poignée d'événements en 2009 pour toucher des milliers d'écoles en 2018. Elle s'appelle désormais *Spread the Word : Inclusion.* »[32]

Voilà des exemples de termes en perpétuelle évolution. Avec un peu de curiosité et une recherche rapide sur Internet, on peut connaître quel terme est privilégié à tel autre, le plus courant ou le plus approprié. En réalité, la plupart des groupes ne sont pas monolithiques et, dans certains cas, il n'existe aucun terme « correct ». Les groupes raciaux et ethniques peuvent être désignés de différentes manières : par exemple, Premières Nations, Indigènes ou Amérindiens ; Hispaniques, Latinos ou Chicanos ; Noirs ou Afro-Américains (et cette liste est loin d'être

---

32 À propos de Spread the Word (25 février 2020). Consulté sur https://www.spreadtheword.global/about.

exhaustive). En cas de doute, cherchez une indication dans le discours de votre interlocuteur ou demandez-lui franchement sa préférence. N'oubliez pas que ce vocabulaire d'identification est une question de préférence personnelle et ne doit pas être généralisé. L'une de mes amies m'a dit : « Un collègue m'a demandé sincèrement s'il fallait dire Afro-Américain ou Noir, parce qu'il m'avait entendue dire les deux. J'ai expliqué que nous étions tous différents, mais qu'en ce qui me concernait, il pouvait employer le terme Noir. Environ un mois plus tard, il était content de m'apprendre qu'il avait dit à un autre collègue blanc : On peut dire Noir ! J'ai dû alors lui répéter qu'il pouvait l'utiliser avec moi, mais que nous étions tous différents. »

L'impact du vocabulaire est évident dans les politiques officielles au travail. La différence entre des termes comme « congé de maternité ou de paternité » et « congé parental ou congé sabbatique » est significative. Dans cet exemple, le vocabulaire ouvre les limites de cette prestation pour inclure les nombreuses circonstances dans lesquelles une personne est susceptible d'accueillir un enfant. Ces pratiques plus favorables se résument à la notion de « priorité à la personne » : le vocabulaire qui met la personne au premier plan est plus ouvert que celui qui réduit le champ. Il existe par exemple des mots plus inclusifs au lieu de « Mesdames et Messieurs », comme « Chère équipe ».

MARK

Récemment, j'ai réservé un Uber pour l'aéroport. L'application m'a confirmé que j'étais bien pris en charge, avec la marque et le modèle de la voiture, le numéro de la plaque d'immatriculation et le nom du chauffeur. Je demande toujours la confirmation de ce nom au moment de monter dans le véhicule, pour des raisons de sécurité.

Cette fois, le prénom était très inhabituel. Je l'ai répété plusieurs fois avant l'arrivée du chauffeur pour m'assurer de le prononcer correctement. Quand je suis monté, j'ai demandé : « Ogoguantua ? » Il m'a répondu : « Oui, vous êtes Mark ? » J'ai dit oui, et nous avons continué notre route.

Après quelques rues, il m'a demandé : « Vous pouvez répéter mon prénom ? » À sa demande, je l'ai répété. Il m'a alors répondu : « Merci.

J'ai quitté l'Afrique pour venir ici il y a un peu plus d'un an. Je suis chauffeur Uber depuis six mois, et vous êtes le premier à prononcer mon prénom. »

Les noms peuvent avoir une grande portée. C'est certainement le mot que les gens ont le plus besoin d'entendre, et quand on prend le temps de bien le prononcer, on communique implicitement aux autres qu'ils sont à leur place.

ANNE

Dans les années 1990, j'ai travaillé pour un dirigeant qui parlait toujours de ses employés selon les termes « les femmes et les hommes de notre équipe ». Il commençait toujours les réunions, importantes comme mineures, par « Mesdames et Messieurs ». Il avait un passé militaire et j'ai toujours respecté l'élégance avec laquelle il occupait sa fonction. Bien sûr, je me suis mise à l'imiter. À mon sens, l'emploi de ces termes m'aidait à incarner le leadership de manière élégante.

Revenons aujourd'hui. J'ai lu récemment une affirmation selon laquelle 25 % des membres de la génération Z (nés entre 1995 et 2019) changeront d'identité sexuelle au moins une fois dans leur vie.[33] J'ai réalisé que le vocabulaire qui avait fait écho en moi dans les années 90 était aujourd'hui involontairement excluant. Consciemment, j'ai donc modifié mon propre langage en conséquence pour m'assurer de démontrer mon engagement envers tous les gens. Je dis maintenant « Mesdames, Messieurs et tout le monde », ainsi que « elle, lui ou eux », et je prends soin d'ajouter explicitement l'expression « tous les membres de l'équipe » dans mes conversations et mes discours lorsque je fais référence à des groupes — qu'il s'agisse de mon équipe ou des autres.

Les mots sont importants. Ce qui est considéré comme approprié et inclusif évolue et change au fil du temps. Il est donc essentiel d'écouter, d'observer, d'apprendre, de s'engager et de se réengager.

---

33 Sylvia Ann Hewlett, Ripa Rashid et Laura Sherbin, *Disrupt Bias, Drive Value: A New Path Toward Diverse, Engaged, and Fulfilled Talent*. Los Angeles: Rare Bird Books, 2017.

Les politiques et procédures

Les politiques et les procédures d'une entreprise ont un impact aussi réel que divers sur les personnes qui la composent. Mark Kaplan et Mason Donovan, consultants en gestion de la diversité, racontent l'histoire d'un client qui a essayé de réduire ses frais de déplacement, avec des conséquences imprévues :

> Une mesure facile était l'interdiction du stationnement payant dans les aéroports. Une politique a ainsi été mise en place pour obliger tous les employés à utiliser le parking premier prix...
>
> Au lieu de constater une diminution des frais de déplacement, la société a commencé à voir ceux-ci augmenter pour certains employés, tandis que pour d'autres ils chutaient comme prévu. Lors d'une de nos séances avec le client, le sujet a été abordé et nous avons rapidement découvert que les employées passaient une journée supplémentaire en déplacement pour pouvoir rentrer le matin au lieu du soir. Elles ne voulaient pas se rendre sur un parking isolé à une heure tardive. De plus, les employés handicapés ont rapporté que la gestion des bus et des parkings immenses représentait un défi physique de taille, ce qui les amenait à renoncer à certains déplacements qui auraient pu faire avancer l'entreprise. Par la suite, un prisme inclusif était soigneusement appliqué à toutes les décisions en matière de politique de déplacements. Sur ce sujet-là, l'entreprise a simplement ajouté la phrase suivante : « Nous sommes convaincus que les employés prendront la meilleure décision possible en ce qui concerne cette politique, en fonction de leur sécurité ou de leurs limites physiques. »[34] [Notez que pour être encore plus inclusive, cette entreprise pourrait employer le terme « capacités physiques » plutôt que « limites physiques ».]

De même, il y a quelques mois, je travaillais avec un centre hospitalier dans le nord de l'État de New York pour explorer cette idée de politiques inclusives. Nous avons évoqué une formation en ligne obliga-

---

34 Mark Kaplan et Mason Donovan, *The Inclusion Dividend: Why Investing in Diversity and Inclusion Pays Off*, 2nd ed. Salisbury, NH: DG Press, 2019, 89.

toire sur la sécurité, à renouveler chaque année. Certains employés de l'hôpital n'avaient pas besoin de bien savoir lire l'anglais pour faire leur travail, mais la formation était tout de même requise. Ainsi, chaque année, on demandait à certains membres du personnel s'ils savaient lire l'anglais, pour la simple raison qu'ils n'avaient pas suivi la formation obligatoire. Ils étaient alors invités à participer à une session en direct pour se conformer aux exigences, où le tutoriel était projeté sur un écran et péniblement lu à haute voix, une expérience que toutes les personnes concernées appréhendaient un peu. L'un des administrateurs du système de gestion d'apprentissage (SGA) du centre hospitalier a fait preuve de créativité en réponse à cette situation, décidant d'ajouter une voix-off à la formation, avec un choix de plusieurs langues. Cette décision, qui relevait de ses fonctions, n'était pas une mesure coûteuse, et elle a eu un impact notable sur les groupes traditionnellement invisibles à l'hôpital. Cette pratique a également étendu les sujets d'apprentissage auxquels ce public a désormais accès, puisque l'équipe du SGA l'a intégrée plus largement dans son catalogue de formation.

Dans le but de rendre vos politiques et procédures plus inclusives, faites circuler des versions préliminaires au sein de votre équipe, en demandant leur avis à des collègues représentants de différents éléments identifiants et contextes. Attention, toutefois : pour obtenir un retour d'information honnête, il faut une culture de confiance dans laquelle les gens se sentent en sécurité pour dire la vérité. Avez-vous créé cet environnement ? Quand les employés ont fait part de leurs préoccupations au sujet de vos politiques dans le passé, les dirigeants ont-ils écouté leurs commentaires, les ont-ils évalués avec soin et y ont-ils donné suite ?

La représentation

La représentation est importante. Comme l'a dit l'auteur Junot Díaz, lauréat du prix Pulitzer : « Si vous voulez faire d'un être humain un monstre, refusez-lui, sur le plan culturel, toute réflexion sur lui-même. »[35]

Je travaille parfois avec des entreprises qui me disent : « Nous avons une culture très inclusive, mais homogène. Vous ne verrez pas

---

35 Junot Díaz, discours au Bergen Community College, Paramus, New Jersey, 19 octobre 2009; https://www.nj.com/ledgerlive/2009/10/junot_diazs_new_jersey.html.

de diversité, mais nous sommes inclusifs dans toutes nos pratiques, et c'est un excellent endroit pour travailler. » Je mettrais un bémol là-dessus. Si l'entreprise n'est pas diversifiée, peut-elle vraiment être inclusive ? Le sentiment d'appartenance est la clé de notre bien-être global en tant qu'êtres humains. Quand les gens se retrouvent dans la « seule » catégorie – lorsqu'ils ne se voient pas reflétés dans l'entreprise, dans la clientèle ou dans sa direction –, ce manque peut avoir un impact sur la vision qu'ils auront de leurs chances. De nombreuses personnes peuvent en témoigner : c'est en travaillant pour des personnes comme eux qu'ils ont appris à voir et à croire en leurs propres chances. Par sa représentation, une entreprise prouve qu'elle maintient au moins une infrastructure favorisant les liens : chacun doit pouvoir être reflété de manière significative à travers l'entreprise et sa clientèle. Les clients aussi doivent se reconnaître dans votre marketing et vos publicités, dans les contacts avec lesquels ils travaillent. Dans le secteur public, cela inclut les électeurs qui se voient représentés dans les politiques et les décisions prises par leurs élus et autres fonctionnaires. Il ne s'agit pas seulement de ceux qui constituent l'entreprise, mais également de ceux qui prennent les décisions en son sein.

L'une de mes collègues animait notre séance de travail sur les biais inconscients au siège d'une grande entreprise de prêt-à-porter. Dans le cadre de sa préparation, elle a consulté son site web et a vu un drapeau arc-en-ciel et des vêtements au même motif avec le logo de la société. Elle a ensuite appelé son magasin local pour demander s'ils avaient ces articles en stock. Son interlocuteur était formel : il ne vendait pas cette collection et ne savait même pas qu'elle existait ! C'est dans des situations comme celle-ci que l'authenticité se ressent au niveau de l'organisation. La plupart des entreprises font des campagnes de relations publiques diversifiées et présentent de beaux sites web avec de bonnes photos parfaitement équilibrées, mais cette représentation est-elle répandue dans toute l'entreprise ? Est-elle bien réelle ? Si ce n'est pas le cas, en tant que dirigeant, réfléchissez à ce que vous pouvez faire pour influencer ou modifier délibérément cette situation.

ANNE

Vous avez peut-être entendu la phrase : « On ne peut pas être ce que l'on n'a jamais vu. » Y croyez-vous ? Si nous voyons plus de personnes qui nous ressemblent dans divers contextes, rôles et postes autour de nous, il est évident que nous aurons un sentiment d'appartenance renforcé. Pourquoi ? Parce que nous nous sentons « connectés » à eux en raison d'un certain terrain commun. Il ne s'agit pas simplement d'une déclaration de genre, d'ethnie ou de génération. Pensez-y. N'avez-vous pas une affinité spontanée avec ceux qui ont fréquenté la même université que vous ? N'êtes-vous pas plus attirés par ceux qui ont suivi les mêmes études ? Et si vous êtes originaires de la même ville ? Vous voyez où je veux en venir… En tant qu'êtres humains, nous aspirons à ces relations, nous sommes faits pour rechercher ce qui nous est familier et trouver une base commune pour nos rapports avec les autres. Quand nous avons des points communs, nous nous sentons automatiquement plus connectés.

J'ai récemment eu l'occasion de présenter une auteure à succès du *New York Times* lors du lancement de ma session sur le leadership. À l'occasion de notre rencontre dans les coulisses avant son discours, et ensuite, lors d'une discussion plus prolongée, nous avons découvert que nous étions toutes deux des Sino-Américaines du New Jersey, diplômées d'une université de l'Ivy League, mères de deux filles, et mariées à des non-Asiatiques. Nous avions toutes les deux un frère ou une sœur médecin. Si nous étions de parfaites inconnues au début de la journée, notre connexion authentique était évidente et a influencé positivement notre conversation informelle.

Après notre entretien, de nombreuses femmes de couleur de mon entreprise m'ont dit combien elles se sentaient en confiance en nous voyant sur scène ensemble. Les réactions du public en général ont été positives, mais ces femmes en particulier ont été inspirées. La représentation est importante. La connexion est essentielle.

Chapitre 5 : Mettre l'accent sur l'appartenance
Réflexion individuelle

Pour mieux progresser vers l'appartenance, prenez d'abord conscience de votre point de départ.

Réfléchissez à votre capacité à être authentique au travail et à votre propre sentiment d'appartenance, puis répondez aux questions suivantes par oui ou non.

		Oui	Non
1.	C'est lundi matin et vos collègues racontent leurs week-ends. Vous vous sentez parfaitement à l'aise pour partager le vôtre.		
2.	Quand vous avez une idée à partager, vous êtes certain(e) qu'elle sera prise au sérieux.		
3.	Quand vous n'êtes pas d'accord avec quelqu'un au travail, vous êtes à l'aise pour partager votre point de vue.		
4.	Vous avez hâte d'aller travailler.		
5.	Lorsque vous pensez à votre avenir dans cette entreprise, vos objectifs vous paraissent réalisables.		
6.	Si vos collègues et vos amis se rencontraient, vous pensez qu'ils s'entendraient bien.		
7.	L'entreprise traite tout le monde de manière équitable.		
8.	Vous avez des photos de votre famille et/ou de vos amis sur votre bureau.		
9.	Vous êtes connecté(e) à vos collègues sur les réseaux sociaux.		
10.	Vous avez des photos de votre famille et/ou de vos amis sur votre bureau.		

Prenez note de vos réponses négatives. Parfois, c'est parce que le cas ne s'applique pas à votre situation : par exemple, vous travaillez à domicile, il est donc moins pertinent d'avoir des photos sur votre bureau, ou bien vous n'êtes pas présent sur les réseaux sociaux et vous n'êtes donc pas en contact avec vos collègues par ce moyen. Pour chaque « non » pertinent, en revanche, il y a une certaine friction, un point de tension qui vous empêche d'être pleinement authentique et qui inhibe votre sentiment d'appartenance. Réfléchissez à la nature de ces frictions ou tensions.

....

....

....

....

....

....

....

....

....

....

....

....

En parcourant la suite de ce livre, réfléchissez aux compétences et aux outils que vous pourriez utiliser pour transformer chaque « non » en « oui », notamment au chapitre 11 : Le courage d'affronter. En résumé, le sentiment d'appartenance est un élément essentiel de la haute performance, et s'il est compromis, nous nous devons de trouver ou de créer des conditions de travail où le changement est possible.

Chapitre 5 : Mettre l'accent sur l'appartenance
Mise en œuvre par les dirigeants

Si vous demandez directement aux membres de votre équipe s'ils se sentent à leur place, vous n'obtiendrez peut-être pas de réponse franche. Quand vous les aidez, concentrez-vous sur les signes d'appartenance abordés dans ce chapitre.

1. En préparant votre prochaine réunion, trouvez quelques exemples concrets de vocabulaire, de politiques et procédures, et de représentation au sein de votre équipe et de votre entreprise, qui incluent ou excluent des éléments d'appartenance.

    - Le vocabulaire :

      ....
      ....
      ....

    - Les politiques et procédures :

      ....
      ....
      ....

    - La représentation :

      ....
      ....
      ....

2. Au cours de la réunion, expliquez la signification de chaque concept, puis partagez un exemple précis de la manière dont cet élément se manifeste dans votre équipe ou votre entreprise. Proposez ensuite une discussion de groupe :

    - Dans quelle mesure notre équipe est-elle inclusive en ce qui concerne cet élément ?
    - Que faisons-nous de bien ?
    - En quoi pouvons-nous nous améliorer ?

    Inscrivez vos notes ci-dessous pour préparer la réunion.

    ....

    ....

    ....

3. À la fin de la réunion, vous pourrez partager les résultats de votre propre déclaration d'appartenance de la rubrique « Réflexion individuelle » du chapitre 5. Donnez à votre équipe la possibilité de mener à bien cette même réflexion et proposez-leur de discuter de leurs résultats lors de vos prochains entretiens en tête-à-tête.

    ....

    ....

    ....

    ....

    ....

    ....

    ....

    ....

Chapitre 6 : Développer curiosité et empathie

> *Les recherches suggèrent que l'empathie relève à la fois de l'instinct et de la compétence acquise. Elle peut être développée au moyen du coaching et de la mise en pratique. Des études indiquent même que l'on éprouve divers degrés d'empathie en fonction de ses antécédents et que l'empathie peut s'apprendre et se renforcer à tout âge.*
>
> —Laura Belsten, experte de renommée internationale et auteure de l'outil Social + Emotional Intelligence Profile®

Récemment, j'ai eu un entretien avec deux candidats pour un poste ouvert en externe. Je suis descendue dans le hall d'entrée pour rencontrer la première candidate, qui était cachée dans un coin et parlait à voix basse au téléphone. J'ai souri en entendant des bribes de conversation, à propos de devoirs de mathématiques. Cela ressemblait beaucoup à mes échanges avec mon propre fils, élève de CM1. En approchant, j'ai établi un contact visuel et j'ai souri chaleureusement. La candidate s'est empressée de raccrocher et s'est excusée tout en rangeant maladroitement son téléphone dans son sac à main. Je l'ai aussitôt rassurée : « Je suis passée par là, moi aussi. Comme nous tous, n'est-ce pas ? »

Nous nous sommes rendues jusqu'à l'ascenseur en discutant de la vie des mères actives. Nous avons ainsi découvert que nous avions grandi non loin l'une de l'autre. Au début de l'entretien, la candidate a bégayé lors de sa première réponse et je lui ai donné l'occasion de se reprendre. « Les entretiens, c'est éprouvant pour les nerfs », lui ai-je dit, la rassurant quant à ses références excellentes et ajoutant qu'il n'y avait pas lieu de s'inquiéter. J'ai continué à l'encourager tout au long de l'entretien. La candidate s'est enfin ressaisie et a terminé avec brio. À la fin, je me sentais très proche d'elle et je me suis dit qu'elle conviendrait parfaitement à notre équipe. J'ai vraiment apprécié notre conversation. Elle m'a plu.

Une heure plus tard, je suis allée rencontrer le candidat suivant dans le hall.

C'était ma dernière réunion de la journée, et à ce moment-là, j'étais fatiguée et j'avais hâte de pourvoir le nouveau poste. J'avais recherché ce candidat sur LinkedIn et j'avais vu ses relations prestigieuses. Quand nous nous sommes serré la main, j'ai immédiatement remarqué sa montre haut de gamme. Trop chic pour quelqu'un de son niveau, me suis-je dit. Il n'a pas dû avoir à travailler beaucoup dans sa vie. Nous avons pris l'ascenseur dans un quasi-silence, en nous souriant poliment. Je n'avais aucun lien fort avec ce deuxième candidat.

Au début de l'entretien, j'ai posé les mêmes questions. Comme la première candidate, il a légèrement hésité sur sa réponse. J'ai pensé : « Il n'est pas préparé. Il devrait avoir une meilleure réponse que cela. Il savait qu'on l'interrogerait aujourd'hui et c'est une question assez classique. » Au fur et à mesure des questions, j'ai comparé ses réponses à celles de la candidate précédente. L'entretien n'a duré que trente minutes, par rapport à soixante-quinze minutes le matin. À la fin, je n'avais pas un bon pressentiment. Il ne serait tout simplement pas une bonne recrue dans notre équipe.

Quel candidat était le plus qualifié pour ce poste ? Il est impossible de le déterminer sur la simple base de cette histoire. J'ai très peu parlé des qualifications, des capacités ou de l'expérience de chacun. En revanche, j'ai longuement évoqué ce que chaque candidat me faisait ressentir et s'il était « adapté » à mon équipe.

Ce terme, « adapté », se rapproche beaucoup du sentiment brut, soumis aux biais. Souvent, les dirigeants diront : « Je peux apprendre à quelqu'un comment effectuer le travail, mais je ne peux pas lui apprendre à intégrer notre culture. » Il ne s'agit pas de discréditer complètement cette idée, mais toute cette emphase que l'on met sur l'adaptation ou l'inadaptation de tel ou tel, si l'on n'y prend pas garde, relève souvent plus de l'*affinité* que de la *compétence*.

Des chercheurs de Stanford et de Yale ont mené une étude sur ce point précis, en demandant aux sujets de penser à un projet important sur lequel ils devaient travailler, avant de classer un groupe de candidats hypothétiques dans l'ordre dans lequel ils les sélectionneraient pour intégrer leur équipe. Ils ont séparé les candidats en fonction de leurs compétences et de leur potentiel de sympathie.[36]

Les sujets de l'étude prétendaient qu'ils choisissaient en fonction des compétences plutôt que des affinités, mais les faits étaient bien différents. Leur préférence allait vers les personnes très compétentes et très sympathiques, comme l'on pouvait s'y attendre. Mais leur deuxième choix était axé sur la sympathie... quel que soit le degré d'incompétence ! Et ils préféraient encore réaliser le projet seuls que de travailler avec quelqu'un qui ne leur plaisait pas, que cette personne soit compétente ou non.

Le principal écueil dans cet exemple, comme avec mon histoire, c'est que le potentiel de sympathie n'est pas déterminé par des faits, mais par ce que nous ressentons pour une personne – ce qui, là aussi, est souvent basé sur sa similarité avec nous (biais d'affinité).

Les compétences de curiosité et d'empathie

À mesure que nous rencontrons des gens et que nous connaissons de nouvelles situations, notre cerveau fait du tri, notamment en fonction de nos réactions instinctives. Ce tri est en grande partie superficiel et basé sur les premiers instincts, mais les ramifications de ce classement initial peuvent être vastes.

Des compétences d'empathie et de curiosité peuvent alors nous aider à éprouver nos hypothèses et à explorer notre mécanique de pensée. Cela peut également nous permettre de remarquer certains biais, et ce faisant, de créer des relations sympathiques, terreau favorable pour atteindre la zone de haute performance.

L'**empathie** est une approche interpersonnelle qui consiste à se mettre à la place des autres. La **curiosité** est une approche intellec-

---

[36] Susan T. Fiske et al., « A Model of (Often Mixed) Stereotype Content: Competence and Warmth Respectively Follow from Perceived Status and Competition. » *Journal of Personality and Social Psychology* 82, no. 6 (2002): 878–902; https://doi.org/10.1037/0022-3514.82.6.878.

tuelle visant à cultiver des relations. Elle pousse à poser des questions perspicaces, à écouter réellement les réponses et à construire une conversation à partir de ces échanges et des points communs soulevés.

MARK

L'empathie seulement, aussi forte soit-elle, est trop centrée sur l'autre. Une grande curiosité, en revanche, est trop centrée sur soi. Une bonne interconnexion requiert l'équilibre des deux.

Dans mon histoire sur les entretiens d'embauche, j'ai éprouvé de l'empathie pour la première candidate. J'ai reconnu une partie de ma propre vie en elle, et en raison de ce point commun, j'ai été naturellement curieuse, je lui ai posé des questions et j'ai établi un contact visuel, attentive à ses réponses. Avec le deuxième candidat, je n'ai pas ressenti d'empathie dès le départ et je n'ai donc pas fait preuve de curiosité. Dans le cas contraire, j'aurais probablement trouvé un point d'entente. Nous avions peut-être une passion commune pour les parcours du combattant, des enfants du même âge ou simplement l'habitude de regarder la télévision tard le soir. Dans un contexte professionnel, nous avions peut-être tous les deux une vision similaire de la collaboration ou des points forts complémentaires. Peut-être aurais-je été plus stratégique, et lui, mieux axé sur les relations. En travaillant ensemble, nous aurions pu donner aux clients le sentiment d'être pris en charge tout en remplissant leurs objectifs en matière d'organisation. Comme je n'ai pas développé ma curiosité, je ne le saurai jamais.

ANNE

Parmi ce que j'ai appris à faire au début de ma carrière, il y a la gestion de mes frustrations. Cela vous paraît bizarre ? Pensez-y : quand vous êtes frustré, c'est souvent à cause d'une personne, dans une situation donnée. Prenez un moment pour réfléchir aux raisons de cette frustration. C'est ce qui m'a permis de faire remonter à la surface certains de mes biais inconscients, sur lesquels j'ai pu ensuite travailler de manière ciblée afin d'obtenir un meilleur résultat.

Voici un exemple. Dans l'un de mes précédents postes, l'équipe qui travaillait sous ma supervision directe était en grande partie composée de personnes du même âge que moi, sauf une. Cette personne-là avait près de vingt ans de plus. Notre groupe fonctionnait principalement par échanges d'e-mails et parfois même de textos. Cette personne m'appelait constamment au téléphone, désireuse de parler. Au début, je trouvais cela agaçant et moins efficace. Je me suis pourtant rendu compte qu'il y avait là une leçon à tirer. J'ai dû surmonter mon biais selon lequel les moyens de communication choisis par le groupe étaient meilleurs. Au contraire, prendre le temps de discuter nous a permis d'établir et de consolider notre relation. Comme j'ai adopté l'approche qu'il souhaitait, nous avons pu construire une solide relation qui a permis à notre groupe de réaliser des progrès incroyables. À partir de ce moment de ma carrière, j'ai intégré les bienfaits de son approche, qui m'a aidée à devenir une meilleure dirigeante.

Stratégies pour l'empathie et la curiosité

Mettez-vous à la place des autres

Il est très facile de critiquer autrui sans avoir une vue d'ensemble. Par exemple, un dirigeant de chez FranklinCovey, « Sonya », a remarqué que l'un de ses employés arrivait de plus en plus souvent en retard au travail après des années de ponctualité irréprochable. Sonya allait lui faire des remontrances, mais elle a décidé de creuser davantage pour comprendre ce qui se passait. À l'occasion d'un tête-à-tête, elle a appris que la conjointe de l'employé en question venait d'être diagnostiquée diabétique et qu'elle avait du mal à se faire administrer des injections d'insuline chaque matin. Il devait choisir entre arriver à l'heure au travail et aider sa femme. Sonya et lui ont alors discuté des moyens d'assouplir ses horaires de travail. En prenant un peu plus de temps pour écouter son histoire, Sonya a réglé de manière optimale son problème de performance et amélioré le bien-être de son employé.

Le responsable de l'un de mes anciens collègues était connu pour son manque impressionnant de perspective et son incapacité à adopter un point de vue différent du sien. « Quand j'approchais de la soixantaine, m'a dit mon collègue, j'ai été invité à intégrer un nouveau service. J'ai eu l'impression que c'était une véritable reconnaissance, preuve que j'avais les compétences et le talent que cette équipe recherchait. Mon nouveau patron était formidable, mais il a commencé très tôt à me demander : «Alors, à quand la retraite ?» Au bout d'un certain temps, il posait même cette question devant les autres. Enfin, à l'occasion d'une conversation privée, alors qu'il m'avait posé la question une fois de plus, je lui ai répondu : «Est-ce que vous voulez que je m'en aille ? Vous n'arrêtez pas de me poser cette question.» Pendant un certain temps, ses interrogations ont cessé, du moins jusqu'à ce que nos ventes chutent brusquement, mettant un coup de frein à nos affaires. Il a recommencé à me demander dans combien de temps je comptais partir. Je pensais que c'était parce qu'il était chargé d'étudier les salaires et une éventuelle réduction du personnel. Peut-être était-ce le cas, peut-être pas, toujours est-il que cela m'a mis mal à l'aise et m'a rendu nerveux. Je suis devenu soucieux, allant jusqu'à remettre en cause mes propres compétences. Pensait-il que je n'étais pas capable ? Étais-je le choix tout désigné parce que je ne resterais pas plusieurs décennies encore dans l'entreprise ? Pouvait-il embaucher quelqu'un de plus jeune et le payer moins cher ? Cela nuisait-il à ma crédibilité ? Considérait-il que je faisais partie de la «vieille école», avec un pied déjà dehors ? Et comment pouvait-il ne pas comprendre ce que l'on ressentait en entendant cette question ? Si c'était son patron qui la lui posait ? »

Apprenez les histoires des autres

Y a-t-il une personne avec laquelle vous êtes actuellement en conflit, sur le plan personnel ou professionnel ? Et connaissez-vous l'histoire dans son ensemble ? Réfléchissez aux moyens de vous mettre en relation avec cette personne et apprenez son point de vue sur la situation. Vous pourriez être surpris par ce que vous apprendrez.

Continuez à explorer

Sortir de notre zone de confort nous permet de grandir et d'apprendre, et il existe de nombreuses façons de le faire, depuis nos médias de prédilection jusqu'à nos sujets de conversation. La question sous-jacente à se poser lors de l'exploration est la suivante : « Cela remet-il en cause mon paradigme ? » AllSides.com s'efforce d' « exposer les gens à des informations et des idées de tous les côtés du spectre politique afin qu'ils puissent mieux comprendre le monde – et se comprendre les uns les autres ». Une visite rapide de leur site web vous donnera les gros titres du jour d'un point de vue libéral, centriste et conservateur : les mêmes grandes lignes, mais une autre perspective, et donc, des mots différents.

Je consomme beaucoup de médias. La profondeur et la variété des histoires traitées à la télévision et dans les films, les livres et les podcasts bousculent constamment ma façon de penser au monde et à l'expérience des autres. Soyez curieux d'en savoir plus sur les nombreuses ressources disponibles. Vous pouvez, par exemple, dépasser la liste proposée par Netflix ou Hulu, vous engager à lire des livres d'auteurs de pays ou de milieux différents du vôtre, et rechercher des podcasts qui vous donneront un aperçu de la vie des autres communautés. Parmi les pistes d'exploration, vous pouvez entamer un dialogue avec votre voisin ou vous inscrire dans une association caritative ou d'entraide locale. Demandez-vous dans quels contextes vous pourriez avoir de nouvelles conversations de nature à favoriser cette exploration.

MARK

Au début des années 80, j'ai travaillé pour la Bank of Boston à Buenos Aires, en Argentine, où j'ai réalisé des études de faisabilité sur les distributeurs automatiques de billets proposés dans les succursales du pays. Je suis rapidement tombé amoureux du pays et de ses habitants.

C'était une période de troubles civils, avec une hyperinflation de près de 1000 % par an. Quand on recevait des pesos sur son compte en banque, on perdait la moitié de la valeur de son chèque de paie au moment où il était déposé. Une miche de pain coûtait 10 000 pesos ou plus. Le gouvernement a fini par tenter d'endiguer la marée en supprimant tous les zéros, prenant la mesure extrême de passer à une nouvelle monnaie appelée l'austral.

Avant de changer la monnaie, et pour tenter de retrouver une stabilité nationale, le président Leopoldo Galtieri a joué l'une des dernières cartes à sa disposition en envahissant les Malouines, un chapelet d'îles au large de la Patagonie, dont la souveraineté était contestée depuis un siècle avec le Royaume-Uni. La guerre n'a duré que 74 jours et a fait plus de 600 victimes avant que l'Argentine ne capitule.

C'était une époque fascinante pour vivre en Argentine et constater les effets des biais au niveau personnel et national. Les États-Unis s'étaient rangés du côté de Margaret Thatcher et des Britanniques pendant la guerre. J'étais un Américain, à une époque où mes compatriotes n'étaient pas très bien vus. J'ai fait de gros efforts pour me mettre à leur place, essayant de comprendre leurs histoires et utilisant l'empathie et la curiosité pour continuer à explorer. J'ai investi du temps et de l'énergie pour adopter la culture, depuis les vêtements locaux jusqu'aux coutumes autour desquelles j'organisais ma journée. Bien sûr, il était clair que j'étais américain. J'ai donc subi une certaine réaction de la part de la population locale.

Selon eux, j'étais dans le mauvais camp. Je ne compte pas le nombre de fois où l'on m'a crié dessus, où l'on m'a jeté des objets, où l'on m'a craché dessus, où l'on m'a refusé l'accès aux transports en commun, etc. Il y a même eu des bombes dans des écoles américaines et chez des ressortissants. La maison d'un voisin a été prise pour cible — heureusement, personne n'a été blessé. C'était la première fois de ma vie que j'étais victime de tels préjugés, très publiquement conscients, en l'occurrence.

Il fallait beaucoup d'énergie pour être constamment vigilant sur l'endroit où je me trouvais, la façon dont je me présentais et ce que je disais. L'impact émotionnel était important : difficile de faire confiance aux autres, et même à soi-même, quand on est victime de préjugés, difficile d'être au mieux de sa forme quand on consacre une grande part de son énergie à se préserver.

Depuis, j'ai appris que les biais ne devaient pas nécessairement représenter un danger mortel pour susciter les mêmes sentiments d'insécurité et d'inadéquation. Cette expérience a transformé ma vie, réveillant un sentiment d'empathie et de curiosité plus profond. À la suite de cette expérience, je me demande souvent : « Qui, dans mon environnement, peut se sentir comme un étranger, comme s'il était du mauvais côté, ou pas à sa place ? Comment puis-je soutenir son sentiment d'appartenance afin de combler ce fossé ? »

Chapitre 6 : Développer curiosité et empathie
Réflexion individuelle

Curiosité

1. Identifiez un collègue, un collaborateur ou un client que vous ne connaissez pas bien. Vous êtes professionnel et chaleureux avec lui (ou elle), mais vous ne comprenez pas ses motivations ou ses prises de décision. Écrivez ce que vous savez à son sujet. Qu'est-ce qui vous vient à l'esprit quand vous pensez à travailler avec lui ? Est-il coopératif, quel est son style de travail, en quoi est-il doué, quels sont ses goûts et ses préférences, et quelles sont ses difficultés ?

   ....

   ....

   ....

Empathie

2. La prochaine fois que vous serez avec cette personne en réunion ou au téléphone, consacrez les quinze premières minutes de la conversation à apprendre à la connaître un peu mieux. Ne commencez pas par la question la plus brûlante, mais progressez lentement pour y parvenir. Commencez en toute sécurité avant de creuser plus profondément.

   ....

   ....

3. Assurez-vous de faire preuve d'empathie : mettez-vous sur un pied d'égalité, concentrez-vous entièrement sur la conversation (pas de téléphone ni d'e-mails !) et ne portez aucun jugement. Faites preuve

de curiosité en posant des questions judicieuses, en vous appuyant sur ses mots et ses sentiments et en vous connectant à vos propres pensées et ressentis.

....

....

4. S'il ou elle vous interroge en retour, soyez ouvert et honnête. Veillez à ce que cette conversation soit bénéfique dans les deux sens et évitez que la personne ait l'impression de subir un interrogatoire.

....

....

Apprendre les histoires des autres

N'oubliez pas que l'emploi de l'empathie et de la curiosité pour créer des liens est un long processus. Il faudra plus d'une conversation, et beaucoup de réflexion et d'attention de votre part pour continuer à entretenir ces deux sentiments.

5. Après votre conversation, complétez ce qui suit :

- Quels biais, hypothèses ou préférences, positifs ou négatifs, ressortent de ce dialogue ?

....

....

- Sur quels points avez-vous bien réagi, sur quels autres avez-vous buté ?

....

....

Chapitre 6 : Développer curiosité et empathie
Mise en œuvre par les dirigeants

Je connais une entreprise qui a fait le choix de commencer chaque réunion par une minute de communication. C'était une entreprise de technologie. D'après les enquêtes sur l'implication des employés, ces derniers avaient l'impression que l'entreprise avait du mal à communiquer, notamment au niveau de la direction. Le dirigeant a donc décidé de passer la première partie de chaque réunion, qu'il s'agisse d'un entretien en tête-à-tête ou d'une conférence de mille personnes, à souligner un aspect de la communication, en prenant soin d'expliquer à ses employés en quoi cet aspect était important à ses yeux ou comment cet aspect particulier a affecté ses interactions récentes.

En tant que dirigeant, réfléchissez à la manière dont vous pourriez mettre en place une minute de ce type.

1. Consacrez les premières minutes de chaque réunion à consolider vos rapports avec les autres. Posez une question brève qui invite à l'empathie, à la curiosité et au dialogue.

    ....

    ....

    ....

    ....

2. En début de mois ou de trimestre, demandez à votre équipe de partager ce dont elle est la plus fière et pourquoi. Proposez-leur un brainstorming sur leurs objectifs pour la période à venir. Si l'équipe a des objectifs similaires, envisagez de créer un tableau de suivi afin que les employés se soutiennent mutuellement et puissent fêter leurs victoires.

....
....
....
....
....

3. Partagez une anecdote personnelle, une occasion où vous avez appris quelque chose, et demandez à l'équipe de vous faire part de toute expérience du même type.

....
....
....
....
....
....

4. Évoquez une interaction récente avec des clients ou des collaborateurs qui a compté pour vous et demandez à votre équipe d'en faire de même.

....
....
....
....
....
....

Chapitre 7 : Exploiter la puissance des réseaux

Nous ne demandons à personne de s'excuser pour ses succès. Mais nous disons : « Ouvrez une fenêtre et déverrouillez la porte pour les autres. »

—Kathryn Finney, PDG de la Genius Guild

En 2019, l'écrivaine, productrice et actrice Issa Rae a remporté le prix de l'entrepreneur émergent lors du gala annuel de Women in Film. Dans son discours, elle a déclaré avec sarcasme : « Je ferme toutes les portes derrière moi, alors si vous n'avez pas réussi, oups, c'est votre faute. Trouvez une solution. Le mot entrepreneur signifie : j'ai réussi par moi-même. »[37]

Issa Rae plaisantait, mais elle exprimait une croyance tacite (ou assumée !) répandue chez les personnes qui réussissent. On entend souvent des commentaires du type : « Personne ne m'a jamais rien donné » et « Je suis arrivé là où j'en suis grâce à un travail acharné ». Mais ce n'est qu'une erreur. À un moment donné, quelqu'un a donné une chance à chacun d'entre nous, nous a engagés ou a écouté nos idées, un collègue nous a proposé son avis, un professeur nous a encouragés.

Mon institutrice de CE2 a dit à mes parents que mon écriture était bien supérieure au niveau de la classe et que je deviendrais auteure un jour. Elle m'a donné l'assurance que je pouvais faire quelque chose

---

[37] Women in Film, Los Angeles. 13 juin 2019. *Issa Rae Receives the Emerging Entrepreneur Award at the 2019 Women in Film Annual Gala* [fichier vidéo]. Consulté sur : https://www.youtube.com/watch?v=Db1dPZ5abn4.

d'extraordinaire avec mon talent. Il est clair que je tire encore profit de cet éloge !

Nos vies et nos carrières regorgent de moments comme ceux-ci, où quelqu'un a dit ou fait quelque chose qui, au minimum, nous a influencés et, au maximum, nous a mis sur une certaine voie. C'est là toute la puissance des réseaux et la force des relations.

Parfois, le pouvoir des réseaux se réduit au fait de se retrouver ou non en eux. Les femmes de couleur ne représentent que 3 % des cadres de niveau C des 500 plus grosses entreprises au classement Fortune. D'après les études, ne pas vous voir représenté parmi les dirigeants peut vous empêcher de croire à l'accessibilité des postes de direction.

Parfois, le pouvoir des réseaux permet de savoir quoi faire dans certaines circonstances. Pour les professionnels de la première génération, évoluer dans le contexte socio-économique et culturel de la vie de l'entreprise – sans bénéficier des avantages offerts par d'éventuels membres de la famille professionnelle, d'une expérience de stage dans leur jeunesse ou de toute exposition aux règles tacites du monde du travail – se traduit par moins de promotions et des rémunérations inférieures. Négocier un salaire, viser une promotion, acquérir de l'influence et une autorité informelle ne sont pas des compétences intuitives. Ce sont des choses que nous apprenons, souvent par l'intermédiaire de nos réseaux. Par exemple, lors de mon premier voyage d'affaires avec FranklinCovey, j'ignorais que je devais avancer moi-même mes frais de logement et autres dépenses avant d'en demander le remboursement. Je n'avais pas encore reçu de chèque de Franklin-Covey et je n'avais pas vraiment l'argent nécessaire à disposition. Heureusement, un coup de fil rapide à notre chef de bureau m'a permis de remédier à mon ignorance en la matière et elle a appelé l'hôtel avec la carte bancaire de l'équipe.

J'ai beaucoup bénéficié de ceux qui m'ont ouvert leurs réseaux. J'ai rencontré Julienne, par exemple, quand j'étais l'une de ses clientes. Sur le papier, nous n'avions pas grand-chose en commun. Elle avait la cinquantaine, était née et avait été élevée dans l'armée américaine, et évoluait dans le monde des travailleurs en col blanc. Moi, j'étais une jeune Afro-Hispanique, Américaine de première génération, et je travaillais dans le secteur public. Nous n'avions pas le même âge, la même race, le même milieu ou groupe socio-économique. Pourtant, quand j'ai fait intervenir FranklinCovey pour une mission de consulting, elle m'a dit : « Pamela, si tu cherches un emploi, viens me voir. Tu as ce petit quelque chose qu'on recherche toujours. » Quand le bon moment s'est présenté, Julienne m'a aidée à intégrer FranklinCovey, où j'ai eu le privilège de travailler pendant près de dix ans avec des responsabilités et des résultats toujours plus élevés. L'initiative de Julienne contredisait toutes les données selon lesquelles les dirigeants choisissent des protégés de la même race qu'eux. J'étais différente de cette femme sur tant d'aspects, et pourtant, elle a vu quelque chose en moi. Si nous n'avions pas établi de relation et bâti à partir de là, la trajectoire de ma carrière aurait été totalement différente. À mesure que notre relation s'est développée, il est apparu que nous avions plus de points communs qu'il n'y paraissait à première vue : toutes deux professionnelles de la vente, nous étions des mères viscéralement attachées à nos familles, des concurrentes et maintenant des amies.

Les réseaux nous donnent un avantage dans le travail et dans la vie. Ils constituent un outil puissant pour lutter contre les effets systémiques des biais. Ils nous aident à faire face aux préjugés, à trouver un sentiment d'appartenance et à développer nos compétences culturelles afin de prendre des décisions basées sur des faits et non sur l'instinct ou le sentiment.

Le pouvoir des réseaux est accentué quand nous cherchons activement à ouvrir de nouvelles perspectives. Afin de mieux évaluer le pouvoir de votre réseau, il est important d'en clarifier les différentes catégories : pour les besoins de cet ouvrage, nous allons évoquer le mentorat, le coaching, le parrainage et la relation de confiance. Chacun de ces éléments sert un objectif différent. La curiosité et l'empathie se développent différemment au sein de chaque catégorie.

Le mentorat

Le mentorat est axé sur le renforcement des compétences. Un mentor est généralement en position de vous enseigner quelque chose, qu'il s'agisse d'un professionnel plus expérimenté dans votre domaine, d'un expert dans un autre secteur d'activité ou d'une personne bénéficiant d'une compétence spécifique que vous aimeriez développer, comme les réseaux sociaux ou la gestion de projet.

Le coaching

Le coaching consiste à apprendre les règles du jeu : élaborer une stratégie pour votre carrière et acquérir des compétences plus impalpables, comme asseoir votre présence, étendre votre influence ou construire votre marque. Si le mentorat consiste à transmettre des connaissances spécifiques, le coaching met davantage l'accent sur les objectifs de la personne coachée et les commentaires ou retours, plutôt que sur les compétences techniques en tant que telles.

Le parrainage

Le parrainage est différent du mentorat et du coaching dans la mesure où l'on est rarement présent et actif. Le parrainage vient de quelqu'un en position d'autorité, avec une influence supérieure à la vôtre. Être parrainé signifie être recommandé. Mon mari travaille au département d'État américain et fait souvent référence au dix-septième étage, où travaillent tous les gros bonnets. Au dix-septième, les dirigeants parlent souvent d'opportunités, de missions et de projets de grande envergure. Le parrainage, c'est quand votre nom est mentionné lors de ces réunions, quand un dirigeant associe votre réputation à la sienne. C'est un soutien.

La relation de confiance

En résumé, le mentorat est une question de renforcement des compétences, le coaching une question de stratégie et le parrainage une question de réputation. Nous avons ajouté la relation de confiance à la liste, parce qu'en matière d'inclusion, d'équité et de biais, il faut un espace rassurant pour faire des progrès. Un confident est une personne en qui vous avez implicitement confiance et avec qui vous pouvez partager vos réflexions sur les biais, que vous subissiez ceux des autres ou que vous en constatiez en vous.

Parfois, la personne de confiance est un collègue, parfois même un ami. Dans l'idéal, il ne s'agit pas d'une seule personne, mais de plusieurs. Par exemple, j'ai fait partie pendant de nombreuses années d'un club de lecture composé de femmes de couleur diplômées, pour la plupart en couple et toutes avec des enfants. La possibilité de me confier auprès d'elle sur cette position unique que nous partagions – la plupart d'entre nous travaillaient dans des entreprises à prédominance blanche et masculine et jonglaient avec les responsabilités professionnelles, les enfants, l'ambition et le sommeil – a été inestimable pendant cette période de ma vie et de ma carrière. J'ai également quelques confidentes, collègues de chez FranklinCovey, avec qui je discute de notre rôle de femmes dans l'entreprise et des subtilités de notre culture professionnelle interne. Même le lieu de travail le plus efficace et le plus collaboratif présente des normes et des attentes tacites qu'il faut respecter pour progresser. J'ai eu le privilège de participer à plusieurs programmes de développement pour les commerciaux et dirigeants à fort potentiel. Là encore, j'ai constitué un petit réseau de personnes de confiance avec lesquelles je peux discuter des détails de nos fonctions.

MARK

Le mentorat peut combler les manques d'une culture organisationnelle lacunaire. J'ai commencé ma carrière dans une très petite entreprise traditionnelle, où j'avais le sentiment que mon homosexualité pouvait jouer contre moi si je la divulguais. Ce n'est qu'avec un responsable en particulier que je me suis senti suffisamment confiant pour partager cette partie de mon identité. Il a fait preuve de curiosité à mon égard, m'aidant à m'épanouir au travail et à progresser dans ma carrière. Il était lui-même vulnérable, me montrant ainsi que je pouvais l'être, moi aussi. C'est la marque d'un vrai mentor, parfois d'un confident. Quand un dirigeant est capable de montrer l'exemple et de créer un sentiment d'appartenance, l'impact est bien réel au sein de l'entreprise.

ANNE

L'importance de ces différents rôles peut être soulignée comme suit : Les coaches *vous parlent*. Les mentors *parlent avec vous*. Les parrains *parlent de vous*. Vos patrons, collaborateurs, collègues et autres pourront entrer dans ces différentes catégories. Peu d'entre eux seront de véritables confidents et vous devez vous assurer que ceux que vous considérez comme tels soient vraiment dignes de confiance. J'ai vu beaucoup de personnes commettre cette erreur, moi la première.

Pensez aux différences entre ces rôles. Les coaches travaillent avec vous sur une compétence – ils s'attachent à vous aider à faire quelque chose ou à travailler sur un point, et ils vous donnent des conseils et un soutien. Avec les coaches, vous vous concentrez sur un aspect, une relation, une dynamique organisationnelle, une situation ou autre. Le coaching peut se faire dans l'instant ou sur le long cours. Les mentors parlent avec vous. Avec eux, vous vous exposez davantage et vous leur faites plus souvent confiance. Ils peuvent servir de caisse de résonance et vous donner des idées, élargir vos points de vue et discuter avec vous de manière plus approfondie que les autres. Les mentors peuvent être ponctuels ou durables. Ce qu'il faut retenir sur la relation de mentorat, c'est qu'elle est à double sens, basée sur l'interconnexion et la confiance. Vous ne pouvez pas vous choisir spontanément un mentor (vous seriez surpris du nombre de fois où cela se produit). Qu'est-ce que j'entends par là ? Le développement d'un mentorat prend du temps et nécessite un certain travail et investissement. Quant à savoir si quelqu'un peut devenir votre mentor dès le départ – sans compréhension particulière ni connaissance mutuelle –, ce n'est pas une question à laquelle on peut répondre simplement par oui ou non, comme dans le cas d'un entretien de télémarketing. Un autre élément clé à propos du mentorat, c'est que l'on peut en trouver dans tous les aspects de notre vie, et pas seulement dans les entreprises pour lesquelles nous travaillons.

Le parrainage est peut-être le rôle le plus insaisissable. Les parrains ne se méritent pas. Vous ne pouvez pas demander à quelqu'un au hasard d'être votre parrain. Ils peuvent vous représenter « à la table » quand vient le moment des promotions, des projets spéciaux et des décisions importantes. Les parrains connaissent directement votre travail. Ils mettent leur nom à côté du vôtre et se portent garants de vous, parce qu'ils savent ce que vous avez fait et ce dont vous êtes capable. D'après mon expérience, ils s'acquièrent le plus souvent par votre chaîne hiérarchique directe, grâce à une exposition et un positionnement transversaux.

> Vos réseaux ou connexions font partie intégrante de votre identité et jouent un rôle déterminant pour vous aider à réaliser votre plein potentiel.

Stratégies d'expansion de votre réseau

Une entreprise peut mettre en place un programme de recrutement très diversifié, mais si les employés ne trouvent pas un réseau interne reflétant cette diversité, ils ne resteront pas. Sans réseaux, vous ne pourrez pas retenir les employés issus de la diversité, ils ne donneront pas le meilleur d'eux-mêmes et ne seront pas promus dans la hiérarchie.

Certains de mes clients me demandent : « Est-ce mal d'avoir un réseau très homogène ? » Non, ce n'est pas grave. Cela ne fait pas de vous une mauvaise personne. Mais vous pourriez passer à côté de la puissance de la diversité. Quand j'étais au ministère de la Défense, j'ai retenu de nombreux exemples dans le cadre de la sécurité nationale qui mettaient cela en évidence. Au moment de la Baie des Cochons, les décideurs autour de la table étaient tous des hommes de la même ethnie et de la même profession, tous diplômés de quelques écoles privées du nord-est des États-Unis. Et l'histoire a prouvé qu'ils ne prenaient pas les meilleures décisions. Selon le rapport de la Commission du 11 septembre, l'un des plus grands défauts de la communauté du renseignement ayant conduit à l'attaque terroriste était le manque de diversité. Nous avions bâti notre communauté des renseignements autour des conflits avec la Russie ou le bloc soviétique, une entité majeure avec une grande influence. Mais Al-Qaida était un petit organisme. Il menait une guérilla, avec un *modus operandi* différent. Nous n'avions même pas de locuteurs arabes natifs capables de saisir les nuances de la langue et de la culture. On ne peut pas dire que les réseaux homogènes soient mauvais, mais il y a bien plus de valeur à gagner dès que l'on s'ouvre au-delà.

Ce sont des exemples qui relèvent de la sécurité nationale, avec des enjeux particulièrement élevés. Or même dans des environnements informels, les biais et la pensée de groupe peuvent s'immiscer. En 1983, seize femmes retraitées ont formé le Beardstown Business and Professional Women's Investment Club. Les Beardstown Ladies ont enregistré des rendements annuels de 23,4 % depuis leur création, bien supérieurs à l'indice S&P 500 au cours de la même période, et ont publié une série de livres, à commencer par le titre de 1995 : *The Beardstown Ladies' Common-Sense Investment Guide : How We Beat the Stock Market-And How You Can Too*38. Malheureusement, leur succès a rapidement été démenti par un journaliste. À l'occasion d'un audit, PricewaterhouseCoopers a découvert que le club avait commis une erreur de calcul informatique, et que les rendements, à seulement 9,1 %, étaient en fait bien inférieurs à l'indice S&P 500. Le club a présenté ses excuses et proposé un avertissement sur tous ses livres, et l'éditeur, Hyperion, a fait l'objet d'un recours collectif qui a abouti à l'échange de tous les livres des Beardstown Ladies contre d'autres ouvrages de la même maison d'édition.

À la fin de ce chapitre, vous trouverez un outil pour vous aider à réaliser un diagnostic de votre propre réseau. Une fois que vous vous serez prêté à l'exercice, dépassez l'envie première de déclarer que votre réseau est très bien tel qu'il est. Envisagez la possibilité d'établir des liens plus solides de mentorat, de coaching, de parrainage et de confiance à tous les niveaux de votre entreprise et de votre vie.

Une fois que vous aurez identifié les différentes possibilités, vous pourrez déployer les stratégies suivantes afin de combler les lacunes.

Utilisez la « Machine Google »

J'avais un ami à l'université qui surnommait Internet la « Machine Google ». Quand vous avez une question, la Machine Google a toujours une réponse. Les réseaux basés sur Internet peuvent être superficiels (qui a vraiment 3000 amis ?), mais ils représentent avant tout des ponts qui vous relient à des personnes et à des lieux que vous ne rencontreriez peut-être jamais dans votre vie quotidienne. Pendant de nombreuses années, j'ai travaillé pour une organisation mondiale à but non lucratif visant à favoriser la convivialité, le logement et l'emploi des personnes souffrant de handicaps intellectuels et de développement, Best Buddies International. Aujourd'hui, mon fils est atteint d'un handicap intellectuel. Et pourtant, je n'ai personne dans mon réseau personnel ou professionnel qui puisse m'apporter des informations dans ce domaine. Qu'à

---

38   Ndt : Le guide d'investissement pragmatique des Beardstown Ladies : Comment nous avons gagné en bourse et comment vous pouvez y arriver aussi

cela ne tienne, j'ai la Machine Google, grâce à laquelle je peux trouver des organismes comme Specialisterne, qui repense la neurodiversité en fonction de ses capacités et se concentre sur l'avantage concurrentiel des personnes autistes au travail. Je peux également intégrer des groupes de discussion sur Facebook dirigés par des adultes atteints d'autisme, ce qui me permet d'approfondir ma réflexion sur l'autisme, le langage et la communication.

Intégrez des associations même après vos études

On pense souvent aux clubs, groupes et autres associations comme des activités extra-scolaires en période de lycée ou de fac, mais il n'est jamais trop tard pour adhérer ou fonder un club (ou un réseau, si vous préférez). Il peut s'agir d'une association professionnelle, d'un groupe de ressources pour les employés au sein de votre entreprise, d'un réseau ou d'une organisation. Pensez au nombre d'heures par semaine que vous passez avec d'autres personnes. S'agit-il toujours des mêmes ? Les clubs vous permettent d'élargir vos horizons.

ANNE

Cela peut paraître évident d'affirmer que l'on n'arrive à rien tout seul. Dans nos jeunes années, nous avons bénéficié du soutien d'autres personnes, généralement des adultes, qu'il s'agisse de parents, d'amis de la famille, d'enseignants, de responsables de la communauté ou autres.

En tant que jeunes professionnels, vous constatez que vos réseaux évoluent et que votre patron et vos collègues tendent à en occuper les premières places. Cependant, gardez à l'esprit qu'il y a beaucoup d'autres personnes susceptibles d'avoir une influence sur vous, que ce soit directement ou indirectement. Consciemment ou non, nous passons souvent à côté d'occasions indirectes — par l'intermédiaire des membres de notre réseau — au fur et à mesure que nos carrières évoluent, que nos réputations et nos marques personnelles se construisent. Au cours de ma carrière, j'ai encadré et guidé de nombreuses personnes qui n'avaient jamais réfléchi de manière proactive et consciente au pourquoi et au comment de la maximisation d'une chance, qu'il s'agisse d'une promotion, d'un projet spécial, du mérite de leur travail ou d'autres bénéfices encore. En prenant conscience que vous ne pouvez pas compter uniquement sur une seule personne de votre équipe − beaucoup accordent trop de poids à leur patron, par exemple − et que votre carrière vous appartient, vous trouverez une approche plus ciblée du réseautage et vous développerez des relations plus significatives et percutantes. Vous avez besoin de personnes diverses autour de vous, qui rempliront différents rôles au cours de votre carrière (en parallèle, vous pouvez être cette personne pour ceux qui vous entourent).

À titre d'exemple pratique, pensez à une situation où vous travaillez à plusieurs sur un projet. Votre rôle est clair et vous savez qui sont les membres de votre équipe. Le chef est peut-être clairement identifié. Les questions à vous poser sont les suivantes : en tant que membre de l'équipe, êtes-vous concentré sur votre pièce du puzzle ou profitez-vous de l'occasion pour réfléchir à l'ensemble du projet ? Par exemple, quel est le point de vue du client ? Qui doit apporter sa contribution à votre équipe pour qu'elle réussisse ? Que qualifieriez-vous de succès, non seulement sur le plan tactique pour l'équipe, mais aussi en matière de résultats commerciaux réels ? Les mesures sont-elles claires ? Y a-t-il des biais dans le système, ou des biais dus à la dynamique de l'équipe, qui vous donneraient l'occasion de réorienter votre approche commune afin d'obtenir un meilleur résultat ? En réfléchissant à ce type de questions, et à d'autres encore, vous pouvez créer de formidables occasions d'étendre votre réseau ainsi que votre contribution tout en obtenant d'autres perspectives moins évidentes à première vue.

Augmentez vos apports

Comme nous l'avons déjà mentionné, le biais de confirmation intervient lorsque nous ne recourons qu'à des informations qui confirment nos croyances existantes, par opposition à de nouvelles données susceptibles de remettre en question nos perceptions. Les personnalités publiques, les universitaires et les leaders d'opinion peuvent faire partie de notre réseau d'une manière plus large. Par exemple, j'écoute quelques podcasts qui ont une influence manifeste sur ma réflexion politique, sur les questions de travail et d'argent. En un sens, on peut dire que j'ai une conversation hebdomadaire avec ceux qui réalisent ces podcasts. Considérez ce que vous lisez, regardez et écoutez, puis étendez vos sources d'informations. Si vous augmentez les points d'entrée, vous augmenterez naturellement la sortie en matière de relations et de développement de réseaux. Par ailleurs, ce que vous lisez, regardez et écoutez peut créer des liens avec d'éventuels mentors, parrains, coaches et personnes de confiance, par la discussion et le dialogue. Considérez cela comme un bénéfice marginal !

En fin de compte, pour tirer parti de la puissance des réseaux en tant qu'outil de connexion et de correction des biais, il faut sortir de sa zone de confort. Vous pensez peut-être : « Je suis très occupé. J'ai beaucoup de choses à faire. » Mais j'ai une bonne nouvelle pour vous : le développement de votre réseau ne prendra peut-être que quelques minutes. Avec qui pouvez-vous nouer de nouvelles relations ?

Chapitre 7 : Exploiter la puissance des réseaux
Réflexion individuelle

1. Examinez les types de réseaux décrits dans ce chapitre. Indiquez une ou deux personnes dans chaque catégorie : mentor, coach, parrain, personne de confiance. Qui occupe ces différents rôles pour vous ? Et pour qui jouez-vous ces rôles-là ?

	Pour moi :	Je le suis pour :
Mentor		
Coach		
Parrain		
Personne de confiance		

Avez-vous des lacunes ou des espaces vides ? Pourriez-vous en énumérer deux ou plus dans toutes ces catégories ?

....
....
....
....
....
....

2. Pensez maintenant à vos éléments identifiants. Comptez les personnes qui sont identiques ou différentes de vous à divers égards (âge, origine ethnique, etc.).

   ....
   ....
   ....
   ....
   ....

3. Que remarquez-vous sur les personnes avec lesquelles vous choisissez d'établir des relations ou qui choisissent d'en établir avec vous ? Quel est l'impact de ces personnes sur votre influence ?

   ....
   ....
   ....
   ....
   ....

4. Quels engagements prendrez-vous pour combler les lacunes ?

   ....
   ....
   ....
   ....
   ....

Chapitre 7 : Exploiter la puissance des réseaux
Mise en œuvre par les dirigeants

En tant que dirigeant, votre réseau a un impact sur votre influence individuelle, mais plus important encore, sur l'entreprise, la forme que prend le leadership, le sentiment d'inclusion dans l'équipe et l'impression d'appartenance et d'influence des différents employés.

1. Indiquez dix personnes de votre réseau professionnel avec lesquelles vous interagissez : supérieurs et inférieurs dans la hiérarchie, au même niveau que vous, dans votre clientèle ou d'autres départements. Maintenant, interrogez-vous. Il ne s'agit pas de répondre : « Eh bien, je travaille avec cette personne noire... » Il s'agit de savoir vers qui vous vous tournez quand vous rencontrez un problème ou un défi important à résoudre. Qui vient vous voir lorsqu'il a un dilemme ou besoin de conseils et d'accompagnement ? Qui sont les personnes de référence dans votre réseau, et pour qui êtes-vous la personne de référence ?

   1. ....
   2. ....
   3. ....
   4. ....
   5. ....
   6. ....
   7. ....
   8. ....
   9. ....
   10. ....

2. Comptez les personnes qui vous ressemblent ou qui sont différentes de vous dans diverses catégories. Que remarquez-vous sur les personnes vers lesquelles vous vous tournez et celles qui choisissent de se tourner vers vous ? En quoi les personnes avec lesquelles vous êtes spontanément en relation ont-elles un impact sur votre influence ?

....

....

À partir de votre liste, comptez le nombre de personnes qui sont identiques et différentes de vous dans chacune des catégories ci-dessous.

Identique	Différent		Identique	Différent	
		Groupe d'âge			Aptitude physique
		Couleur			Apparence physique
		Niveau de diplôme			Opinions politiques
		Expertise			Race/Ethnie
		Statut familial			Religion
		Genre			Orientation / identité sexuelle
		Pays d'origine			Statut socio-économique
		Personnalité			

Que remarquez-vous sur les personnes avec lesquelles vous choisissez d'être en relation ?

....

....

Quel impact vos relations ont-elles sur votre influence ?

....

....

Chapitre 8 : Maîtriser les conversations difficiles

> *Vous n'avez pas le droit d'être un manager ou de diriger une équipe si vous n'avez pas le courage d'aborder les sujets tabous. Personne n'est courageux de naissance. Nous sommes lâches par défaut, et c'est par la pratique, les erreurs et les jeux de rôle que nous devenons aptes à aborder des conversations difficiles.*[39]
>
> —Scott Miller, co-auteur du best-seller *Everyone Deserves a Great Manager*

Les discussions sur les biais sont rarement faciles, mais elles peuvent être productives, renforcer la confiance et améliorer les performances, si tant est que nous soyons capables de les aborder avec nos cerveaux cognitifs. Le plus souvent, malheureusement, les conversations difficiles au sujet des biais activent le cerveau primitif, chez vous comme chez votre interlocuteur.

Les personnes qui subissent des préjugés peuvent penser : « Le système est contre moi. Les gens comme moi n'ont pas de pouvoir, ne peuvent pas gravir les échelons, ne dirigent aucun projet et ne font pas de gros profits. » Ils ont le sentiment que cette chance leur est fermée. Comme c'est par nos métiers que nous subvenons à nos besoins financiers, subir des préjugés au travail peut menacer notre capacité à

---

[39] Alissa Carpenter, « How to Embrace Your Mess as a Leader. » Thrive Global, 9 septembre 2019; https://thriveglobal.com/stories/how-to-embrace-your-mess-as-a-leader/.

prendre soin de nous-mêmes et de nos familles. Nos cerveaux primitifs ont le sentiment que notre survie même est en jeu.

Ceux qui n'ont jamais subi de préjugés peuvent se sentir tout aussi menacés : « Aucun de ces préjugés n'est de ma faute, en tant qu'individu. Je ne veux pas être mis à la porte parce que je n'ai pas la bonne apparence. J'ai l'impression que ces conversations ont pour but de se débarrasser de moi. » Encore une fois, c'est un état d'esprit primitif et défensif qui s'installe. Pas étonnant que ces conversations soient si difficiles à mener !

Ce qui me surprend, c'est que les deux parties se considèrent comme étant en opposition l'une par rapport à l'autre, alors que leurs expériences sont assez similaires. Les deux se sentent lésées dans leur sentiment d'appartenance.

Nous pouvons corréler la « température » de ces conversations à nos modèles de performance. À mesure que la discussion s'échauffe, les deux parties glissent vers les zones de limitation et de détérioration. Dans la zone de détérioration, nous sommes complètement fermés, à cran et contradictoires. La confiance tombe à zéro. Les performances de chacun en souffriront inévitablement. Dans les conversations de la zone de limitation, on marche sur des œufs, on comprend mal les intentions et cela engendre de la frustration. Les performances seront encore timides, car la confiance est faible.

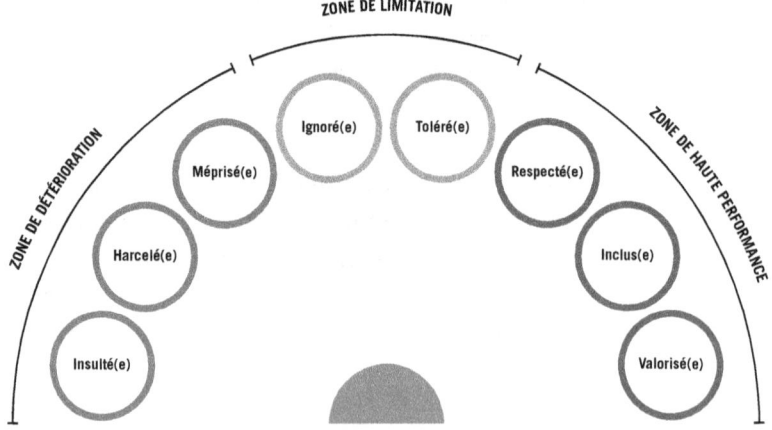

Notre objectif est de faire en sorte que les discussions sur les biais nous conduisent ou nous maintiennent dans la zone de haute performance, où elles ont pour unique objectif la compréhension, l'empathie et l'apprentissage. Il s'agit de clarifier les hypothèses et de régler les malentendus. Cela peut également être l'occasion de réparer les dégâts causés par les conversations précédentes sur le même thème. Nous restons ainsi proactifs, en ménageant des pauses entre le stimulus et la réaction et en choisissant de travailler à partir de notre cerveau cognitif et non de notre cerveau émotionnel ou primitif.

C'est possible. Voyons comment nous pouvons rester dans la zone de haute performance, à la fois quand il est nécessaire d'évoquer la question des biais avec un dirigeant et quand c'est quelqu'un qui l'aborde avec nous. Vous avez peut-être des politiques et des procédures formelles à suivre lorsque des conversations sur ces thèmes surviennent, mais les stratégies présentées dans ce livre ne sont pas basées sur la conformité. Elles visent à améliorer les performances.

Quand la question des biais s'impose

Si vous êtes victime de préjugés sur votre lieu de travail, envisagez d'utiliser ces quatre stratégies pour orienter la conversation.

Poser des questions

Si vous avez l'impression qu'une décision est prise de manière biaisée, demandez plus de détails, creusez les impressions et les ressentis (où se cachent les biais inconscients) jusqu'à en arriver aux faits. Par exemple, vous pensez peut-être qu'un membre plus âgé de l'équipe, Ed, n'est pas considéré à juste titre pour une promotion en raison de son âge. Voici comment vous pourriez mener cette conversation :

> **Vous :** Ed semble être le candidat le plus qualifié pour ce poste. Son dossier est solide et il est déterminé à monter en grade.
> **Responsable du recrutement :** Je ne pense pas qu'il soit le bon candidat pour ce poste.
> **Vous :** Qu'est-ce qui vous fait penser cela ?
> **Responsable du recrutement :** Il ne semble pas de taille à assumer le poste.

> **Vous :** Pourriez-vous expliquer ce que vous entendez par « assumer le poste » ?
> **Responsable du recrutement :** Je ne pense pas qu'il soit en mesure de répondre aux exigences de déplacement.
> **Vous :** Le poste actuel d'Ed exige 40 % de déplacements et il a atteint ses objectifs. Pour moi, cela indique qu'il peut assumer cet aspect. Êtes-vous d'accord ?

Facile à écrire comme une conversation hypothétique, un peu plus difficile à faire dans la vie réelle ! Mais l'objectif est d'abandonner les sentiments, les instincts et les impressions au profit de faits plus vérifiables. Vous pouvez utiliser cette stratégie quand vous sentez que vous êtes vous-même victime de préjugés. Peut-être êtes-vous le candidat qui soupçonne son âge d'entraver ses chances de promotion. Demandez alors à votre responsable : « Pourriez-vous m'expliquer quoi faire pour décrocher la promotion dans six mois ? » Continuez à creuser jusqu'à obtenir des mesures concrètes à partir desquelles vous pourrez agir.

ANNE

Avez-vous entendu parler de l'une des cinq questions à ne jamais poser à une personne de couleur ? Certains d'entre vous savent exactement de quoi je parle.

« D'où venez-vous ? »

C'est une question très intéressante, n'est-ce pas ? Elle se pose naturellement dans la conversation quand on commence à connaître quelqu'un. Le plus souvent, quand on la pose, on veut savoir où quelqu'un vit, où il a grandi. Ce sont des interrogations très logiques et innocentes. Et c'est ainsi que la plupart d'entre nous répondraient à la question. Or dans certains cas, elle est posée dans un contexte défavorable. En voici un exemple :

> **Q :** D'où venez-vous ?
> **R :** J'habite à Dallas Fort Worth, mais j'ai grandi dans le New Jersey.
> **Q :** Non, d'où venez-vous vraiment ?
> **A :** Oh, vous voulez dire où je suis née ? Je suis née dans le Midwest.

Q : Non, d'où venez-vous vraiment, vraiment ?
R : Oh, vous voulez dire mon origine ethnique ? Je suis une Chinoise taïwanaise.

Pensez à cette interaction. Son cadrage implique que je vienne d'ailleurs. Cela peut sous-entendre que je ne suis pas chez moi ici. J'avoue qu'à mes débuts, j'étais vexée par ce type de questions. La jeune Anne y répondait souvent de façon abrupte. La Anne plus mature a néanmoins conscience que c'est l'occasion de donner une certaine leçon. Voilà pourquoi je terminerais l'échange ci-dessus par :

R : Et vous, d'où venez-vous vraiment ?

Une autre version de cette question, que les personnes de couleur comme moi entendent fréquemment, est : « Qu'êtes-vous exactement ? » Réfléchissez à cette question. Quand vous posez la question de cette manière, vous sous-entendez une fois de plus que vous n'êtes pas comme moi. En fin de compte, qu'êtes-vous au juste ?

Dans 99 % du temps, ce n'est pas parce qu'ils sont racistes que les gens posent cette question. Au contraire, ils ignorent ou ne comprennent pas en quoi c'est un sujet sensible. N'imaginez surtout pas le pire. Partez du principe qu'ils ont un bon fond et profitez-en pour les aiguiller. Ne fuyez pas la conversation. Vous pouvez parier qu'après les exemples de questions-réponses ci-dessus, ces personnes ne demanderont plus aux autres « D'où venez-vous ? » de la même manière.

N'oubliez pas que nos paroles ont de l'importance. Nos intentions aussi. Si c'est vous qui posez ce genre de question, réfléchissez à la manière dont vous pouvez les reformuler à l'avenir. Voici de meilleures façons de préciser ce qui vous intéresse :

« Où vivez-vous ?

« Où avez-vous grandi ? »

« Quelle est votre ethnie ? »

« Où avez-vous fait vos études ? »

« Où vos parents ont-ils grandi ? »

Notez que je ne suggère pas que ce type de questions soit inapproprié, même si certaines d'entre elles le seraient très certainement dans le cadre d'un entretien d'embauche. Cela vaut toujours la peine d'examiner ce qui se cache derrière vos questions. Il est tout à fait naturel de vouloir connaître quelqu'un, d'autant plus que vous cherchez à développer vos relations. Sachez simplement que certains ne voudront peut-être pas emprunter cette voie avec vous et que vous risquez de les vexer. C'est à vous de trouver le meilleur moyen d'amorcer ce dialogue de la manière la plus constructive et la plus positive possible. Il est primordial de tenir compte des besoins et des réactions des autres afin que votre approche soit efficace et corresponde au résultat escompté.

Raconter des histoires

Parfois, vous devez aborder la question des biais avec une personne qui a une opinion tranchée sur vous ou une situation qui vous concerne. Cette personne ne semble même pas vous écouter. Utilisez alors l'incroyable pouvoir de la narration pour développer son empathie.

Une fois, j'ai dit à une collègue que je venais de la République dominicaine, et elle m'a répondu qu'elle l'avait visitée trente ans plus tôt et que c'était un endroit horrible et extrêmement pauvre. Bien sûr, je trouvais qu'il était inapproprié de décrire la République dominicaine comme un pays horrible. C'est la huitième économie d'Amérique latine et la plus importante des Caraïbes. Les experts la décrivent comme un pays en voie de développement à revenu moyen-supérieur, qui possède des industries minières, agricoles, commerciales et touristiques florissantes. Ainsi, bien que la région visitée par ma collègue autrefois lui ait montré une pauvreté qu'elle n'avait encore jamais connue, sa perception du pays était très limitée.

J'aurais pu remettre en question son point de vue à partir des faits ci-dessus et de mes propres expériences de ce pays. Au lieu de quoi, je lui ai raconté la fois où j'ai emmené mon fils chez mon père en République dominicaine, évoquant le confort du séjour, les sites magnifiques qu'elle ne connaissait pas, les équipements modernes comme le métro ainsi que la gastronomie dans la ville coloniale. Il était plus facile de s'identifier à mon histoire qu'à des données brutes, car je confrontais mon expérience avec la sienne. Elle a été touchée par le récit d'une fille emmenant son propre fils visiter le pays de son grand-père, comprenant ainsi, sur un plan émotionnel, combien ce voyage avait été spécial. Mais si je lui avais simplement rétorqué qu'elle se trompait sur sa propre expérience, je n'aurais rien obtenu.

Abattre le mur

MARK

Je suis né en 1960. On peut donc dire que je suis un vrai baby-boomer, ce qui m'a permis d'acquérir une certaine expérience en matière d'identité. Je me souviens d'avoir vu les premiers humains poser le pied sur la lune, sur notre téléviseur en noir et blanc, en 1969, et d'avoir acheté mon premier pantalon à pattes d'eph au début du CE1. C'était une époque où les préjugés contre les personnes de couleur, la communauté LGBTQ+, les femmes et les autres groupes marginalisés étaient beaucoup plus tolérés et où il n'existait pas de protection juridique pour ces groupes. Mon père, pilote dans l'armée de l'air, s'était battu au Vietnam et ma mère était mère au foyer.

Dès mon plus jeune âge, j'ai su que j'étais différent, et ce n'est qu'au début de l'adolescence que j'ai compris de quelle nature était cette différence. J'étais gay, un sujet dont on ne parlait pas et qui n'était absolument pas représenté dans les médias classiques à cette époque. À la maison, les seules références à l'existence des homosexuels que j'ai entendues dans la bouche de mon père étaient des sujets de blagues grossières. Nous avions du mal à nous entendre, tous les deux, et ma stratégie pour faire face à cela était d'éviter les conflits – et de l'éviter, lui – autant que possible.

Je n'ai fait mon coming-out à mes parents qu'à l'âge de trente-cinq ans. Comme je m'y attendais, ça ne s'est pas bien passé. Je n'ai reçu aucune parole de soutien et encore moins d'acceptation, seulement des conseils et des injonctions pour « régler mon problème ». Après avoir passé des semaines à les éviter en me demandant si je pouvais couper les ponts avec eux, j'ai décidé d'avoir avec eux une vraie conversation. J'avais passé tant de temps inhibé par le préjugé très conscient de mon père, aux prises avec mes propres notions de valeur, que je ne voulais plus ressentir toutes ces choses.

J'ai donc pris contact avec mon père et lui ai demandé si nous pouvions nous parler en personne, en posant deux conditions : premièrement, nous devions être complètement honnêtes l'un envers l'autre, et deuxièmement, nous ne devions pas essayer de « résoudre » quoi que ce soit, mais simplement essayer de nous comprendre mutuellement. Nous avons chacun préparé une liste de questions, avec l'engagement que l'autre se montre parfaitement sincère dans ses réponses. Je lui ai dit : « Si tu ne veux pas entendre la réponse, ne pose pas la question ! »

Le week-end suivant, il a pris l'avion pour venir à Dallas et nous avons passé tout le week-end ensemble. Nous avons ri, pleuré et parlé de choses dont nous n'avions jamais osé discuter auparavant. À la fin du week-end, il m'a dit : « J'ai toujours su qu'il y avait un mur entre nous, mais je n'ai jamais compris ce que c'était. Maintenant que je commence à le comprendre, j'ai hâte de trouver des moyens de l'abattre ! »

Même si mon penchant naturel ne me pousse pas aux conflits, j'ai essayé d'appliquer ce même vocable, depuis, aux différends rencontrés dans ma vie personnelle et professionnelle. Je me demande : « Quel est le mur qui nous sépare ? » Parfois, ce mur est un préjugé, et le fait de poser la question permet de mettre au grand jour certains biais qui ne se manifesteraient pas autrement. Une fois qu'un espace de discussion est créé, permettant de reconnaître les biais en jeu, nous pouvons unir nos efforts pour abattre le mur, renforcer les relations et, ce faisant, établir de nouveaux liens.

Faire appel à un médiateur extérieur

Il n'est pas toujours nécessaire de se jeter dans la mêlée. Il peut parfois être judicieux de demander de l'aide à une personne plus expérimentée, si vous avez une relation de confiance avec elle. Laissez la confiance faire son œuvre dans cette conversation difficile.

Il y a des années, j'ai dû soulever une question sensible avec un dirigeant de plusieurs niveaux au-dessus de moi. J'aurais pu m'adresser directement à cette personne avec les stratégies évoquées, mais en l'occurrence, il était beaucoup plus utile pour moi de laisser une associée commune, « Elena », avoir cette conversation. Elle avait une relation de confiance avec ce chef ainsi qu'avec moi. J'ai donc pu lui parler à cœur ouvert, et c'est elle qui a abordé la question avec le dirigeant, de manière plus efficace que je ne l'aurais pu. (Il s'agit là de la fonction essentielle d'un allié, que nous aborderons plus en détail au chapitre 12).

Pour les dirigeants : quand un membre de l'équipe vous rapporte un biais

Les dirigeants sont des êtres humains. Et dans les conversations sensibles, nous sommes sujets comme n'importe qui à l'instinct naturel de « lutte, fuite ou immobilisation ».

En tant que leaders, cependant, nous avons la responsabilité de favoriser les performances des membres de notre équipe, et en faisant preuve de passivité, nous risquons de basculer dans la zone de limitation. Nous devons donc nous élever au-dessus de nos réactions instinctives et régler efficacement la question des biais quand nous les constatons chez nous ou qu'ils sont portés à notre attention.

L'écoute, l'écoute, l'écoute

Alors qu'il s'adressait à un groupe de diplômés de l'armée, le général quatre étoiles Glenn Otis leur a demandé de ne retenir qu'une seule chose au cours de leurs années de commandement militaire. Il a sorti une fiche qu'il avait toujours sur lui et l'a lue : « À quand remonte la dernière fois où vous avez laissé un subordonné vous faire changer d'avis sur un point ? » Il a ensuite ajouté : « Je veux que vous vous en souveniez lorsque vous partirez rejoindre l'armée sur le terrain : soyez à l'écoute. »[40]

Beaucoup de dirigeants s'estiment doués pour l'écoute, mais en réalité, ils sont juste bons à attendre leur tour pour répondre. Nous ne parlons pas ici de ce genre d'écoute superficielle, mais plutôt d'une compétence de haut niveau appelée « écoute empathique ». Cela consiste à écouter avec l'intention de comprendre, et non pas simplement de répondre. L'écoute empathique est une compétence de leadership qui requiert de la maturité, de la patience et, comme l'a souligné le géné-

---

40 Martin Dempsey et Ori Brafman, *Radical Inclusion*. Missionday, 2018.

ral Otis, une ouverture d'esprit, être prêt à se laisser influencer par ses subordonnés.

Chez FranklinCovey, le chef du personnel, Todd Davis, est notre expert en la matière. Dans son best-seller, *Devenez meilleur : 15 habitudes pour construire des relations efficaces au travail*, il écrit : « En écoutant, vous n'imposez pas votre point de vue à la personne. Vous n'essayez pas de trouver le moyen de lui faire voir les choses à votre manière. Au contraire, vous suspendez vos opinions assez longtemps pour entrer réellement dans le monde de votre interlocuteur et essayer de le comprendre en adoptant son point de vue. »[41]

Quand les membres de votre équipe prennent la parole, ne formulez pas tout de suite votre réponse dans votre tête. Ne vous demandez pas si vous êtes d'accord ou non. Concentrez-vous uniquement sur la compréhension de ce qu'ils vous disent et de ce qu'ils ressentent. Utilisez des phrases simples comme : « Alors, vous dites… » Continuez à écouter sans chercher à réfléchir jusqu'à ce qu'ils considèrent que vous comprenez parfaitement leur point de vue.

Si vous essayez de raccourcir ce processus pour réagir immédiatement, vous constaterez que les émotions s'échauffent rapidement, que la confiance s'érode et que les performances déclinent ensuite dans la zone de limitation. L'écoute empathique demande du temps et des efforts supplémentaires, mais comme l'a dit Stephen R. Covey, « avec les gens, la rapidité est lente et la lenteur est rapide ». Le temps finit par payer.

Je crois qu'en faisant preuve de compréhension, avec une écoute empathique et des réponses réfléchies, le chef et les membres de l'équipe ont plus de chances de raisonner avec le cerveau cognitif. Ils peuvent alors trouver des solutions, établir la confiance et progresser sur le biais en question. Sinon, malheureusement, le problème risque fort de se métastaser.

---

41 Todd Davis, *Get Better: 15 Proven Practices to Build Effective Relationships at Work*. New York: Simon & Schuster, 2017.

ANNE

La réalité à prendre en compte, c'est que vous ne pouvez pas faire preuve d'empathie, apprendre ou grandir si vous parlez. Pourquoi ? Parce que vous êtes alors concentré sur vous-même, et non sur ceux ou ce qui vous entoure. Selon le vieil adage, si nous avons deux oreilles et une seule bouche, c'est pour écouter au moins deux fois plus que nous parlons. C'est la vérité. Résistez à l'envie d'intervenir. Écoutez et observez attentivement. Soyez dans l'instant présent. Puis réfléchissez... Parfois, les gens cherchent juste une caisse de résonance. Ils ne veulent pas de votre réponse. Même s'ils vous demandent : « Que feriez-vous ? », résistez à la tentation de prendre cette question au pied de la lettre. Ce qu'ils veulent vraiment, c'est votre point de vue afin de pouvoir prendre la décision eux-mêmes. Je dis toujours aux personnes qui souhaitent avoir une discussion avec moi, dans le cadre d'un mentorat, qu'elles doivent s'attendre à beaucoup de questions, car mon rôle est de les aider et de les soutenir, mais de les laisser se construire leur propre opinion.

Permettre les émotions

Les conversations biaisées peuvent être éprouvantes pour les émotions. Mais lorsqu'un employé soulève un problème de biais, le premier instinct du responsable est souvent de lui demander de se calmer et/ou de lui dire que son message se perd dans son émotion. Non seulement c'est inefficace (dans l'histoire de l'humanité, demander à quelqu'un de se calmer a-t-il fonctionné un jour ?), mais ce n'est pas judicieux. L'émotion est un élément clé dans ce type de conversation.

L'écoute empathique consiste à comprendre à la fois le contenu et l'émotion de l'autre. Lorsque l'un de mes enfants vient me voir en pleurant parce que son frère a renversé sa construction de Lego, je ne ferais que prolonger son chagrin en lui disant : « Calme-toi. Tu peux le reconstruire, ce n'était pas si important. » Si je veux vraiment qu'il résolve son problème, je dois reconnaître son émotion comme légitime : « Tu as travaillé dur pour ça, et je comprends combien c'est contrariant que ton frère n'ait pas respecté tes affaires. » Nous avons parfois cette bonne intuition dans nos fonctions de parents, mais nous oublions d'étendre la même attention aux adultes. Quand l'émotion monte au cours de la conversation, il ne faut pas chercher à l'arrêter. Reflétez plutôt vos sentiments et vos émotions avec honnêteté et laissez cette émotion se développer jusqu'à sa résolution.

Attention au détournement cognitif

Le détournement cognitif, ou *gaslighting*, est une tactique utilisée pour amener les gens à remettre en question leur version de la réalité. Elle peut se manifester dans des conversations difficiles si vous vous sentez sur la défensive ou si vous êtes en désaccord avec la version de votre interlocuteur. Par exemple, un employé peut vous dire qu'il a l'impression d'être dans la zone de limitation en raison de sa race ou parce qu'il est le plus jeune membre de l'équipe. Il peut vous confier des exemples où ses idées ont été rejetées, des plaisanteries dont il a fait l'objet et auxquelles l'équipe a ri – ou même vous, au lieu de souligner que l'humour était de mauvais goût. Si vous minimisez les pensées et les sentiments de l'autre, refusant les reproches, affirmant que telle ou telle chose ne s'est pas vraiment passée ou omettant certains détails, vous risquez de tomber dans la pratique du détournement cognitif au détriment de votre interlocuteur. Nous sommes tous potentiellement sujets à ce travers quand nous nous sentons sur la défensive ou que quelqu'un remet en cause les raisons de nos décisions ou de nos réactions. N'oubliez pas que lorsqu'un membre de l'équipe évoque un préjugé, votre attention en tant que responsable doit se porter sur son expérience. Vous devez la comprendre et, dans un travail conjoint avec la personne qui l'évoque, essayer de retrouver un niveau de performance optimal. Le détournement cognitif peut donner l'impression d'un débat sain de votre point de vue, mais votre interlocuteur sentira que vous minimisez son expérience. Cela peut pousser quelqu'un qui se sent déjà dans la zone de limitation vers la zone de détérioration. Si vous avez du mal à vous engager pleinement avec lui ou elle, il est peut-être temps de reculer un peu et de prendre un moment.

Prendre un moment

Vous devrez peut-être prendre vos distances avec l'information initiale avant de réagir. Il n'y a aucun mal à cela. Une fois que vous aurez écouté avec empathie et que votre interlocuteur sera assuré que vous comprenez son point de vue, il n'est pas nécessaire de résoudre la question dans l'immédiat. C'est tout à fait normal de répondre : « J'ai besoin de prendre un peu de temps pour y réfléchir. Pourrions-nous en reparler la semaine prochaine ? »

Faire remonter à la surface les problèmes liés aux biais de manière proactive

Les meilleurs dirigeants ne se contentent pas de maîtriser les conversations sur les questions de biais, mais ils demandent en amont à leur équipe en quoi les biais peuvent les affecter et avoir un impact sur eux.

Beaucoup se demandent comment s'y prendre. C'est très simple, il suffit de poser la question. Comme le dit l'écrivaine Chimamanda Ngozi Adichie : « Si vous ne comprenez pas, posez des questions. Si vous n'êtes pas à l'aise pour poser des questions, dites que vous n'êtes pas à l'aise pour poser des questions et posez-les quand même. »[42]

Remarque : Travaillez avec les ressources humaines pour clarifier ce que vous pouvez et ne pouvez pas faire au travail, puis utilisez les stratégies suivantes :

- **Ne demandez que si vous voulez l'information.** Si vous cherchez à obtenir un retour sur la question des biais pour ne prendre aucune mesure par la suite, c'est encore pire que si vous n'aviez rien demandé du tout. Assurez-vous d'être mentalement préparé à ce que vous pourriez entendre.

- **Ne vous basez pas sur une politique de « porte ouverte ».** Une porte ouverte n'est pas une politique, ce n'est qu'une porte. Cela ne signifie pas que vous êtes réceptif à ce qui se passe lorsque quelqu'un la franchit, ni que vous avez prévu le temps et l'espace nécessaires pour que cette personne puisse réellement vous parler.

    La plupart des dirigeants déplorent que leur équipe n'en profite pas, ce qui ne signifie pas qu'il n'y a aucun problème dans le service. Étant donné les dynamiques de pouvoir, vous ne pouvez pas vous attendre à ce que vos subordonnés

---

42   Chimamanda Ngozi Adichie, *Americanah*. New York: Anchor Books, 2014, 406.

directs abordent des sujets difficiles avec vous, dont dépend leur sécurité de l'emploi.

Si vous montrez un réel intérêt, cela aura un impact bien plus important que si vous vous contentez de leur dire que leur avis vous intéresse. La meilleure occasion pour ce type de discussions est votre tête-à-tête hebdomadaire, au cours duquel vous pourrez poser des questions comme base de réflexion et obtenir un retour sincère. Profitez de ce moment privilégié pour observer le langage corporel de votre interlocuteur et écouter ce qui est tacite autant que ce qui est formulé, puis amorcez de manière proactive des conversations difficiles si vous soupçonnez que quelque chose ne va pas.

- **Équilibrez le pouvoir.** Il existe un déséquilibre inhérent du pouvoir dans les entretiens individuels et autres conversations sur la gestion des performances. Pour atténuer un peu ce déséquilibre, vous pouvez demander à vos employés de vous dire ce que vous pouvez améliorer et ce que vous faites bien : « J'aimerais commencer par vous dire que je tiens à vous soutenir et à obtenir de vrais résultats. J'aimerais vous donner l'occasion de me dire une chose que vous aimeriez que j'arrête, que j'entreprenne ou que je continue pour un meilleur fonctionnement de notre équipe, plus juste et équitable. » L'idéal est encore de leur poser la question avant la conversation, peut-être par e-mail ou par une autre méthode. Cela leur permettra d'exprimer leurs pensées et d'articuler plus clairement leurs points de vue, évitant le sentiment d'être pris en embuscade. Si vous demandez d'entrée de jeu : « Dites-moi ce qui fonctionne et ce qui ne fonctionne pas », beaucoup de gens vous diront que tout fonctionne et que rien ne fonctionne pas.

- **Soyez clair et transparent sur ce que vous comptez faire avec les résultats, sur ce que vous pouvez et ne pouvez pas faire.** Par exemple, si un membre de l'équipe vous dit : « La distribution des augmentations me pose problème », vous pourriez répondre : « La rémunération n'est pas de mon ressort, ça dépend de notre PDG. Je peux plaider en faveur de cela, mais je ne peux pas personnellement intervenir. » En revanche, si un employé déclare : « J'ai l'impression que les membres de l'équipe à distance sont exclus de la communication. Je ne suis jamais au courant de rien », en tant que dirigeant vous pouvez agir concrètement pour remédier à ce problème.

Un collègue m'a confié un jour : « Je n'évite pas les conversations difficiles, seulement avec les personnes en qui je n'ai pas confiance. » Il va sans dire que, pour toutes les stratégies exposées dans ce chapitre, les conversations bien menées peuvent contribuer à établir la confiance et conduire à une amélioration réelle des performances. Écouter, réagir de manière proactive et aller chercher les opinions en amont, voilà ce qui constitue un bon leadership.

Chapitre 8 : Maîtriser les conversations difficiles
Réflexion individuelle

Avoir une conversation difficile, c'est être à l'aise avec des sujets délicats. Il faut commencer par dire ce que l'on veut dire et aborder le problème en se basant sur les faits, sur ce qui est avéré. Il s'agit de prendre votre courage à deux mains et d'avoir cette conversation que vous évitiez ou redoutiez, afin d'aplanir les entraves à la performance. Aujourd'hui, la plupart d'entre nous n'oseraient jamais se lancer dans une négociation salariale ou un entretien d'embauche sans être prêt. Pourtant, nous nous engageons souvent dans des conversations difficiles sans les avoir planifiées, sans avoir envisagé ce qui pourrait se passer au cours de l'échange. Voici une liste de contrôle qui pourra vous être utile.

Avant d'entamer une conversation difficile, parcourez les points de ces cinq catégories. Êtes-vous prêt ?

1. Ai-je établi un sentiment de sécurité ?

    ☐ Créer un environnement sûr.

    ☐ Tenir la conversation en privé.

    ☐ Réfléchir avant de parler.

    ☐ Partir du principe que les intentions sont bonnes.

2. Suis-je prêt à explorer ?

    ☐ Avoir une attitude ouverte à la découverte.

    ☐ Surveiller le langage corporel.

    ☐ Écouter activement.

    ☐ Poser des questions de suivi.

    ☐ Ne pas interrompre.

    ☐ Répéter ce que vous avez entendu pour plus de clarté.

    ☐ Confirmer l'idée formulée : « Ce que je vous entends dire, c'est... » « Est-ce bien ce que vous vouliez dire par... »

- ☐ Partager votre point de vue.
- ☐ Vous en tenir aux faits.
- ☐ Ne pas minimiser l'autre point de vue.

3. Suis-je axé sur la raison et la concentration ?

- ☐ Indiquer clairement la raison.
- ☐ Vous concentrer sur les faits.
- ☐ Nommer les choses explicitement.
- ☐ Partager les indications et l'impact.

4. Puis-je gérer efficacement mes émotions ?

- ☐ Gérer l'énergie émotionnelle.
- ☐ Rester mesuré.
- ☐ Respirer profondément ; ne pas soupirer.
- ☐ Rester calme et encourager l'autre à faire de même.

5. La solution et la conclusion sont-elles claires pour tout le monde ?

- ☐ Signaler les problèmes ; proposer des solutions.
- ☐ Prendre connaissance des suggestions de l'autre.
- ☐ Vérifier la clarté de la solution évoquée.
- ☐ Remercier votre interlocuteur de vous avoir parlé.
- ☐ Fixer une réunion de suivi dans trente jours.

Notez vos idées

....

....

....

....

Chapitre 8 : Maîtriser les conversations difficiles
Mise en œuvre par les dirigeants

En tant que dirigeant, en prévision d'une conversation difficile, vous devez exercer une réflexion supplémentaire dans deux domaines essentiels, notamment dans le cadre d'un dialogue avec un subordonné.

Identifiez une conversation difficile à venir. Utilisez la partie « Réflexion individuelle » ainsi que les deux catégories ci-dessous pour guider votre échange. Au cours de la discussion, prêtez attention à la zone de comportement dans laquelle votre interlocuteur peut se trouver (détérioration, limitation ou haute performance).

☐ **Pouvoir.** Ce qui sort de votre bouche a un poids supplémentaire. Sans vous en rendre compte, vous risquez de mettre un terme à la conversation avant même qu'elle ne commence. Veillez à créer un équilibre de pouvoir au préalable. Pour cela, vous pouvez organiser la rencontre en terrain neutre plutôt que dans votre bureau, vous asseoir côte à côte plutôt que face à face, et déclarer d'entrée de jeu que le point de vue de votre interlocuteur est aussi important que le vôtre dans cette conversation.

....

....

....

Notez vos idées

....

....

....

☐ **Défense/Persuasion.** Les conversations difficiles ne sont pas un débat. Prévoyez de commencer par une question qui mettra la balle dans le camp de l'autre et qui clarifiera votre intention. Par exemple : « Je sais que vous aimeriez parler de la décision qui a été prise la semaine dernière. J'ai l'intention d'écouter attentivement vos préoccupations, puis nous construirons ensemble un plan pour aller de l'avant. » Ensuite, imposez-vous de ne pas interrompre ni réfuter les commentaires de votre interlocuteur.

Notez vos idées

La vie se rétracte ou s'étend à proportion de notre courage.[43]

—Anaïs Nin, auteure

---

43 Anaïs Nin, *The Early Diary of Anaïs Nin, Vol. 3 (1923-1927)*. Boston : Houghton Mifflin Harcourt, 1983. (Ndt : Journaux de jeunesse)

Partie 3 : Choisir le courage

Quand on fait remonter des biais inconscients à la surface, on constate que, bien souvent, ils ne sont pas en accord avec nos valeurs. Mais nous ignorons quoi faire pour remédier à ce déséquilibre. Dans cette section, nous découvrirons quatre façons d'agir avec courage, ainsi que les compétences et les outils associés auxquels vous pourrez faire appel.

Dans les grandes lignes, l'identification des biais nous aide à progresser sur le plan individuel, l'entretien des relations nous aide à progresser sur le plan interpersonnel, et le choix du courage nous aide à progresser dans la lutte contre les biais sur tous les plans, notamment auprès de nos équipes et au sein de nos entreprises.

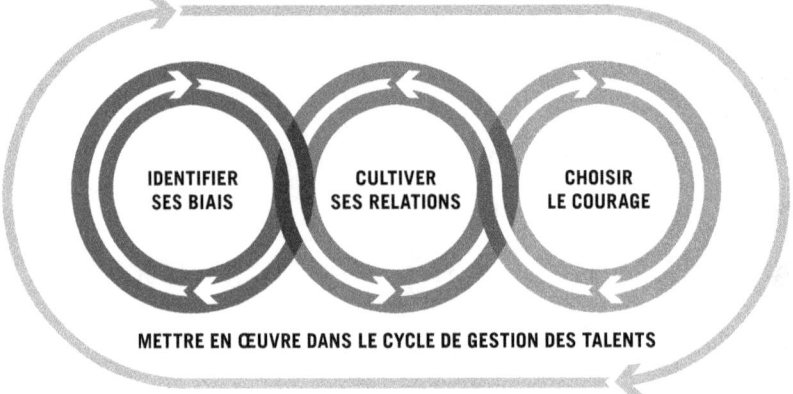

Cadrage/Recadrage

Cadrage :	Recadrage :
Si je travaille sur les biais, cela ne fera que créer davantage de divisions.	Quand je travaille efficacement sur les biais, je crée un espace où chacun est valorisé et peut donner le meilleur de lui-même.

Je mets un accent particulier sur la notion d'efficacité, car selon notre façon d'aborder les biais, nous risquons de créer des divisions. Mais si nous parvenons à identifier et affronter les biais, à nous soutenir et à nous défendre mutuellement, nous y remédierons de manière à renforcer nos équipes et nos entreprises, plutôt que de les diviser.

Le principe de la croissance

Le travail sur les biais n'est pas une question ponctuelle. Nous n'aurons jamais la liste exhaustive de tous nos biais. Ils continueront à se manifester – dans de nouvelles circonstances et en nous-mêmes. Pour grandir, nous devons surveiller régulièrement les contextes dans lesquels ils sont susceptibles de survenir et ce que nous pouvons faire pour y remédier.

Chapitre 9 : Qu'est-ce que le courage ?

Le courage n'est pas l'absence de peur ; c'est la conscience qu'il y a plus important encore.

—Stephen R. Covey, auteur du best-seller *Les 7 habitudes des gens efficaces*

Un dirigeant est à la tête d'une division d'ingénierie prospère qui œuvre à de nombreux projets complexes pour ses clients. L'un des ingénieurs les plus compétents de sa division a effectué une transition vers le genre féminin l'année dernière. Cette employée a parlé ouvertement de sa transition et le responsable s'est toujours montré respectueux quand le sujet était abordé. Cependant, il a conscience qu'il ne l'a pas envisagée pour les projets plus visibles et orientés vers les clients au cours des derniers mois, même si elle a supervisé avec succès des projets similaires dans le passé. Il faut du **courage pour identifier** les cas où nous prenons des décisions potentiellement fondées sur nos biais.

Inquiet des répercussions sur son travail, un membre de l'équipe n'affiche aucune photo de son mari dans son bureau ni même sur l'écran d'accueil de son téléphone. Certains de ses collègues font des plaisanteries homophobes, et quelques hauts responsables s'en amusent avec eux. Il essaie de ne pas s'en formaliser, mais cela commence à le miner. Il pourrait éviter ces collègues-là, mais cela aurait un impact sur son travail. Il remarque une collègue qui ne trouve pas ces plaisanteries amusantes et décide de se confier à elle, un jour, à l'occasion d'une pause-café. Il a simplement besoin de parler avec quelqu'un. Il faut du **courage pour affronter** les biais dont on est victime.

Plusieurs femmes dans la haute hiérarchie de la Maison Blanche, sous Obama, ont remarqué qu'on leur coupait la parole et qu'on les ignorait lors des réunions importantes. Elles ont décidé de s'unir afin de donner plus de résonnance à leurs voix. Quand l'une d'elles proposait une bonne idée qui était ignorée lors d'une réunion, une autre femme répétait cette idée en rappelant d'où elle provenait. Lorsqu'une idée issue d'une femme était éludée, puis qu'un homme la reprenait à son compte, une autre femme faisait alors remarquer qu'elle avait déjà été formulée par la première. C'est ainsi qu'est née cette pratique, connue sous le nom d'amplification, une stratégie d'alliance très répandue. Il faut du **courage pour se soutenir** mutuellement.

En 2006, la militante Tarana Burke a commencé à employer l'expression *me too*, « moi aussi », pour sensibiliser aux violences et aux agressions sexuelles généralisées. Le mouvement n'a véritablement pris de l'ampleur qu'en octobre 2017, quand des dizaines de milliers de personnes ont entrepris de poster sur les réseaux sociaux leurs témoignages en tant que survivantes d'agressions et de violences sexuelles. Cela a donné lieu à un mouvement international visant à protéger les victimes, à éduquer le monde du travail sur les attitudes appropriées et à enseigner aux victimes et aux témoins ce qu'il convient de faire en cas de comportement problématique. Il faut du **courage pour défendre** les autres.

Le courage revêt différentes formes. Dans chacun de ces exemples, nous pouvons voir le courage mis en œuvre différemment.

On définit le **courage** comme la force mentale ou morale de persévérer devant l'incertitude, la peur et les difficultés. En proposant quatre cadres différents, nous prenons en compte la réalité des circonstances : il n'y a pas une seule façon de réagir aux difficultés ou à la négativité, pas de stratégie unique pour passer des zones de limitation et de détérioration à celle de la haute performance.

Pensez à vos propres exemples, notés précédemment, quand vous avez expérimenté les zones de limitation ou de détérioration. En quoi le courage pourrait-il faire la différence dans telle ou telle situation ? Ce courage doit-il provenir de vous-même ou d'une autre personne ? Comment, grâce au courage, peut-on passer de la limitation à la haute performance ?

ANNE

Il y a plusieurs années, j'ai accueilli un groupe de directeurs de l'information et d'autres cadres supérieurs pour un dîner. Il y avait des cadres féminins et masculins, ainsi que leurs conjoints. Nous en sommes venus à discuter des talents de demain et de l'importance de soutenir la prochaine génération de dirigeants. Le cadre assis à côté de moi, un homme connu et reconnu aux dires de tous, professeur pendant un temps dans une université de premier plan, a déclaré : « Vous savez, j'ai eu de jeunes femmes épatantes dans mon équipe, mais ensuite, elles se sont mariées et elles ont eu des enfants. »

Euh... pardon ? A-t-il vraiment dit cela ? C'était d'autant plus surprenant que son épouse était assise juste à côté de lui et qu'il avait des filles ! J'ai senti qu'il fallait que j'intervienne. Je lui ai demandé très poliment pourquoi il estimait que ces collègues soi-disant formidables perdaient de leur valeur après leur mariage et la naissance de leurs enfants. Il m'a fait part de son raisonnement selon lequel les femmes mariées et mères de famille ne pouvaient plus rester tard au travail, contraintes de rentrer chez elles. Leurs emplois du temps étaient bouleversés par leur nouveau rôle de mères.

Inutile de préciser que nous nous sommes engagés dans un débat très animé sur ses biais (notez que je n'ai pas utilisé ce mot avec lui). J'ai essayé de rediriger poliment son point de vue. Je lui ai demandé pourquoi il pensait que les hommes ne perdaient pas de leur valeur lorsqu'ils se mariaient et devenaient parents. Une discussion houleuse s'est ensuivie sur les différences, les similitudes, la communication et les attentes. Je dois avouer qu'à un moment de la conversation, j'ai craint de prendre un certain risque en insistant, car c'était l'un de mes principaux clients, mais je me suis dit qu'il valait mieux faire preuve de courage et persévérer. La bonne nouvelle, c'est que cet échange n'a aucunement nui à notre relation. Au contraire, par son authenticité, il a servi de base solide à nos interactions et à notre croissance futures.

Courage prudent et audacieux

L'auteure Mary Anne Radmacher a écrit un jour : « Le courage ne gronde pas toujours. Parfois, c'est la petite voix de fin de journée qui dit : « Je réessaierai demain. » »[44]

Nous considérons souvent le courage comme un élan audacieux et téméraire. Pourtant, il peut avoir de l'impact même sans être tapageur. Un courage efficace peut être prudent ou audacieux. Avec une combinaison de diverses approches, la progression est possible. Il s'agit d'un spectre. Nous pouvons faire preuve de courage différemment selon les circonstances.

Le **courage audacieux** exige un changement, une action et un progrès immédiats. Le **courage prudent** est plus approprié dans les situations où vous prenez un risque professionnel ou personnel, et où la sécurité est faible. Bien sûr, il existe toutes sortes de variantes entre les deux.

Réfléchissons un instant à cette distinction et aux quatre façons d'agir avec courage. Si vous remarquez un biais dans votre prise de décision, par exemple, est-ce le moment de faire preuve d'un courage prudent ou audacieux ? Vous pourriez choisir le courage prudent, afin d'éviter que vos collègues ne qualifient irrévocablement vos décisions comme étant biaisées. Vous pouvez pratiquer discrètement certaines des tactiques recommandées dans la section « Le courage d'identifier » : vérifier les hypothèses et vous renseigner sur les personnes ou les circonstances au sujet desquelles vous avez des décisions à prendre.

Dans un autre exemple, si vous constatez que seules les personnes occupant certaines fonctions sont admises dans le programme de développement du leadership de votre entreprise, vous pouvez faire preuve d'un courage plus audacieux pour plaider en faveur du changement. Pourquoi, par exemple, ne pas vous adresser à un cadre supérieur, voire à un membre de l'équipe de direction ou même au PDG, pour leur faire part de votre envie de participer à ce programme et recourir à des stratégies de groupe, comme l'organisation d'un comité d'apprentissage, pour explorer les autres options possibles avec le reste du personnel intéressé ?

---

44 Mary Anne Radmacher, *Courage Doesn't Always Roar*. San Francisco: Conari Press, 2009.

Récemment, un collègue et moi avons discuté d'une femme politique que je soutiens, nouvelle sur le devant de la scène. Mon collègue estimait que cette femme avait de bonnes intentions, mais qu'elle parlait sans réfléchir et fâchait les gens par son effronterie. Mon collègue m'a dit alors : « Pamela, tu ferais une bien meilleure femme politique, parce que tu dis les choses d'une manière qui permet aux gens de les explorer eux-mêmes. » D'autres collègues autour de nous ont acquiescé. Je n'ai pas pu m'empêcher de penser : « Aïe, ça fait un peu mal », parce qu'une grande part de mon identité est mon rôle de porte-parole sur les questions qui me tiennent à cœur. Est-ce que ma voix devenait... tiède ?

Après mûre réflexion, je me suis rendu compte que cet avis indiquait en réalité que j'exerçais le type de courage le mieux adapté au contexte. Si mon effronterie peut être appropriée dans de nombreuses situations, les commentaires de mes collègues ont montré que le courage prudent et prévenant était efficace dans le cadre professionnel. C'est là que nous devons faire des progrès, en quittant nos propres caisses de résonance et en communiquant efficacement avec ceux qui soutiennent différents points de vue.

Quels sont les avantages et les inconvénients de faire preuve de courage prudent ? Cela permet de poser les bases d'une bonne compréhension avant de verser dans l'autre extrême. Le courage prudent est précieux dans les situations risquées, troubles ou instables, ou quand nous avons simplement besoin de faire une pause et de réfléchir. Dans les conversations basées sur le cerveau émotionnel ou primitif, mieux vaut commencer par le courage prudent.

ANNE

Quand je suis devenue cadre, j'étais en réunion avec mon nouveau groupe d'homologues et plusieurs membres de notre équipe. Nouvelle dans l'entreprise, je n'avais pas tous les éléments de contexte pour cette réunion, mais mon approche en pareil cas est de faire preuve d'une curiosité équilibrée, tout en soutenant les intérêts de mon équipe et mesurant les limites de mon nouveau rôle. J'ai posé une question sur les délais et le calendrier de diffusion. Un vice-président titulaire m'a traitée sèchement d' « idiote » pour avoir posé une telle question. J'étais furieuse, mais je savais que si je rétorquais à chaud, nous partirions du mauvais pied dans notre collaboration, et cela nuirait à l'équipe.

Une fois la réunion terminée, je l'ai pris à part dans un bureau privé et lui ai expliqué pourquoi mon affirmation n'était pas idiote, car elle était basée sur mon expérience personnelle (il pensait que je n'en avais aucune, soit dit en passant). Je lui ai également recommandé de ne jamais me traiter d'idiote, ni moi ni personne d'autre, car c'était désobligeant et inapproprié, surtout de la part d'un haut dirigeant. Je tremblais intérieurement pendant toute la conversation. Je ne savais pas, à l'époque, que mon approche était courageuse ou que mon choix témoignait d'un courage subtil, en opposition à une confrontation plus directe. Dans cette situation, je suis contente d'avoir choisi la bonne ligne de conduite. Quant à sa réponse ? Il m'a écoutée, clairement déconcerté par mes réactions et mes commentaires sans équivoque. Il n'a pas défendu son comportement et ne s'est pas non plus excusé pour ce qu'il avait dit. Dans ce cas, notre relation a progressé délicatement, à tâtons. Nos équipes ont continué à collaborer tant bien que mal, mais nous ne sommes jamais devenus proches.

Personnellement, je préfère l'expression de « courage réfléchi » à celui de « courage prudent ». Parfois, il faut du courage pour ne pas agir ou réagir. Il est important de garder la tête froide, de se concentrer sur la guerre dans son ensemble et non sur la première bataille venue. Souvent, l'acte de courage consiste à laisser couler pour de meilleurs résultats ou dans un but précis, même si, sur le moment, cela peut sembler contre-intuitif.

MARK

Les deux courages, prudent et audacieux, s'appliquent également aux remarques et aux retours d'expérience. J'ai eu la chance, chez FranklinCovey, de travailler pour plusieurs dirigeants qui ont su me valoriser en me donnant des conseils et des encouragements avec un juste mélange de courage et de considération : le courage d'être honnête sur la situation et la considération de me traiter comme un être humain.

Ces dirigeants ont su discerner, dans leurs réactions, quand il fallait faire preuve d'un courage prudent et quand il fallait faire preuve d'un courage audacieux, parfois au cours d'une même conversation. Ces deux types de courage fonctionnent d'autant mieux que l'on a d'abord prouvé son intégrité et sa transparence.

Par exemple, je me souviens de l'une des premières fois où je me suis présenté devant un groupe de cadres. Le gestionnaire de compte responsable du client chez FranklinCovey assistait également à la séance de travail. Le succès de cette session déterminerait la suite de notre collaboration avec ce client. D'emblée, j'ai pu constater que je n'avais aucun lien avec le groupe. Ils semblaient distants et peu impliqués. Ce devait être évident pour mon collègue aussi.

À la première pause, il m'a dit, en substance : « Mark, n'oublie pas que sept de ces cadres sont des fondateurs, et qu'ils se connaissent tous depuis des années. Ils ont créé quelque chose dont ils sont très fiers et ils se fient aux opinions les uns des autres. Ils ont le biais de chercher des solutions en interne. Ils ne vous connaissent pas encore assez pour vous accorder cette même confiance. Avec ce groupe, plutôt que d'assener d'autorité ce que vous savez, vous pourriez leur proposer de partager d'abord ce qu'ils savent avant de construire sur cette base. »

L'énergie et l'implication dans la salle ont immédiatement changé. Les conversations étaient plus profondes, plus riches et plus pertinentes pour eux. La journée s'est achevée avec un franc succès, tout cela parce que quelqu'un avait eu le courage de me donner un avis honnête, pertinent et opportun, d'une manière qui ne me rabaissait pas ou ne me décourageait pas, mais au contraire, me valorisait.

Au cours des quatre prochains chapitres, vous découvrirez seize stratégies différentes à utiliser lorsque vous êtes confronté à des biais dans le monde professionnel. Au fil de votre lecture, notez celles qui vous parlent et fonctionnent dans votre contexte.

COURAGE D'IDENTIFIER	COURAGE D'AFFRONTER	COURAGE DE SOUTENIR	COURAGE DE DÉFENDRE
REMARQUER QUAND LES BIAIS SE PRODUISENT.	REMÉDIER AUX BIAIS.	AIDER LES AUTRES EN MATIÈRE DE BIAIS.	CORRIGER LES BIAIS DE MANIÈRE PROACTIVE.
FAIRE UNE PAUSE ET S'INTERROGER	FAIRE PASSER SON BIEN-ÊTRE EN PREMIER	ÊTRE PROACTIF ET NON PASSIF	PARTAGER SON HISTOIRE
VÉRIFIER SES SUPPOSITIONS	ÉCRIRE SON EXPÉRIENCE	ÉTENDRE UNE INVITATION	PRENDRE LA PAROLE
APPRENDRE	CONSTRUIRE UNE COMMUNAUTÉ	S'UNIR AVEC D'AUTRES	VERBALISER LES DÉSACCORDS
	CONTREBALANCER LES FORCES NÉGATIVES	OFFRIR SON SOUTIEN	ORGANISER SES RÉSEAUX
	SUIVRE SA STRATÉGIE	ÊTRE COACH, MENTOR, PARRAIN	

ANNE

Je suis passionnée par le travail de Maya Angelou. Si une grande partie de ses écrits me parle et m'aide à affirmer ma pensée dans le cadre professionnel, l'une de mes citations préférées est la suivante : « Le courage est la plus importante de toutes les vertus, car sans courage, on ne peut pratiquer aucune autre vertu avec constance. »

Prenez le temps de la réflexion. Pensez à la portée de cette phrase. Certes, vous savez peut-être ce qui est juste. Vous croyez peut-être à l'égalité et à l'équité, à la diversité et à l'inclusion. Vous voulez créer une culture professionnelle dans laquelle tous les membres de votre équipe ont un fort sentiment d'appartenance, et ainsi, donnent le meilleur d'eux-mêmes et améliorent les performances de tous. Pourtant, rien de tout cela n'aura d'importance si vous n'avez pas le courage d'agir. Parfois, il vous faudra passer à l'action même si c'est impopulaire ou gênant, même si les conséquences sont inconnues et peuvent sembler négatives. Le courage est l'action face à la peur, à l'incertitude et au doute. Et c'est une qualité fondamentale pour un leadership inclusif et inspirant.

Chapitre 9 : Qu'est-ce que le courage ?
Réflexion individuelle

1. Avec quel type de courage êtes-vous le plus à l'aise : prudent (quand votre risque professionnel ou personnel est élevé et que votre sécurité est faible) ou audacieux (quand la situation exige une action immédiate) ? En quoi votre préférence pour tel ou tel type de courage pourrait-elle affecter votre expérience professionnelle ?

   ....
   ....
   ....

2. Donnez un exemple de courage prudent que vous avez vu au travail ?

   ....
   ....

3. Quel exemple de courage audacieux avez-vous vu à l'œuvre ?

   ....
   ....

4. Y a-t-il eu un moment où vous auriez dû faire preuve d'un courage prudent au lieu d'un courage audacieux, ou vice versa ?

   ....
   ....
   ....

Chapitre 9 : Qu'est-ce que le courage ?
Mise en œuvre par les dirigeants

1. Comment une préférence pour le courage prudent ou audacieux se traduit-elle dans votre dynamique d'équipe et votre prise de décision ? Comment cela peut-il affecter la façon dont les autres perçoivent votre style de leadership ?

   ....

   ....

2. Avez-vous tendance à reconnaître et à récompenser les membres de votre équipe qui font preuve d'un courage prudent ou audacieux ? D'après vous, pourquoi ?

   ....

   ....

3. Comment faire en sorte que votre équipe puisse oser ces deux types de courage lorsque c'est approprié ? Que pourriez-vous faire différemment ?

   ....

   ....

4. Pensez à un moment où un membre de votre équipe a fait preuve de courage. Sachant ce que vous savez maintenant, comment auriez-vous pu réagir différemment ?

   ....

   ....

Chapitre 10 : Le courage d'identifier

La grande majorité de notre traitement mental s'opère en dehors de notre conscience, ce qui signifie qu'il nous arrive de déraper sans le savoir. Que se passe-t-il quand le dérapage nous apparaît ? Doit-on se fermer, ou au contraire, est-ce une occasion d'apprendre et de grandir ?[45]

—Dolly Chugh, auteure à succès et psychologue, Stern School of Business de l'Université de New York

L'identification des biais est une forme de courage fondamentale qui sous-tend les trois autres formes. Dans cette section, nous allons proposer trois outils de travail supplémentaires, des stratégies pour mieux identifier les biais.

La plupart des gens se contentent de supposer qu'ils sont impartiaux et qu'ils prennent des décisions rationnelles basées sur les faits et la logique uniquement. Admettre que ce n'est pas le cas peut, au mieux, être dérangeant. Reconnaître que nous devons nous améliorer, ralentir et remettre en question notre prise de décision est, en soi, un acte de courage.

> **ANNE**
>
> Nous devons commencer par nous-mêmes, procéder à un examen de conscience pour faire remonter nos propres biais à la surface.

---

45 Katherine Milkman, « Are You a 'Good-ish' Person? How to Push Past Your Biases. » *Knowledge@Wharton,* September 27, 2018; https://knowledge.wharton.upenn.edu/article/reexamining-your-unconscious-biases/.

Comme bon nombre d'entre eux sont inconscients et nous poussent à agir automatiquement, nous devons faire appel à d'autres personnes qui nous connaissent intimement, des personnes en qui nous avons confiance, afin qu'elles nous donnent leur avis honnête et constructif. Nous pourrons alors élargir plus efficacement notre soutien aux autres.

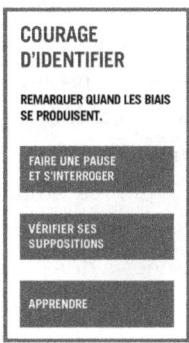

Voici trois façons d'identifier les préjugés chez soi ou chez les autres :

Stratégie : Faire une pause et s'interroger

Les biais surviennent à la vitesse de la pensée. En prenant un moment pour approfondir nos réflexions, nous pouvons déterminer en quoi nos biais influencent nos décisions et nos réactions.

Commencez par prendre l'habitude de faire une pause avant d'assigner une tâche à quelqu'un – qu'il s'agisse de projets aux enjeux élevés susceptibles de faire passer leur carrière à la vitesse supérieure ou de tâches de moindre importance susceptibles de la ralentir. Selon le *Harvard Business Review* :

> Les femmes déclarent faire environ 20 % de plus de « gestion de tâches simples ? » en moyenne que leurs homologues masculins blancs, qu'il s'agisse de travaux ménagers au sens propre (organiser le déjeuner ou nettoyer après une réunion), de tâches administratives (trouver un lieu de réunion ou préparer un PowerPoint), de gestion émotionnelle (« Il est dans tous ses états, tu peux aller voir ? ») ou de travail considéré comme mineur (encadrer les stagiaires

en été). C'est d'autant plus vrai dans les contextes de haut rang, où les statuts et les enjeux sont élevés. Les femmes ingénieures ont l'impression que l'on attend de leur part un travail d' « abeilles ouvrières », bien plus que leurs homologues masculins et blancs, et les femmes de couleur plus encore que les femmes blanches. Par ailleurs, le travail prestigieux qui ouvre des portes en matière de réseau et de promotion, comme la direction de projets et la prise de parole en conférence, est attribué dans une mesure disproportionnée aux hommes blancs. Quand le cabinet de conseil GapJumpers a analysé les statistiques d'un client, une entreprise technologique, il a constaté que les employées de sexe féminin avaient 42 % de chances en plus par rapport à leurs collègues masculins d'être cantonnées à des projets à faible impact ; en conséquence, elles sont bien moins nombreuses à accéder à des postes plus élevés.46

Pensez à un exemple où vous avez agi de façon biaisée avant de vous en rendre compte après-coup. Qu'est-ce qui vous aurait aidé à vous rattraper avant d'agir ?

Voici quelques conseils pour vous ménager les pauses nécessaires et aller de l'avant :

- Quand les émotions sont fortes, séparez ce que vous ressentez des raisons pour lesquelles vous ressentez cela. Demandez-vous :
  - À quoi est-ce que je pense ?
  - Qu'est-ce que je ressens ?
  - Ma réaction est-elle appropriée ?
  - Qu'est-ce qui provoque ma réaction ?
- Utilisez les pratiques de pleine conscience proposées dans le chapitre 4 pour renforcer votre capacité à mettre de l'espace entre le stimulus et la réponse.
- Notez trois occasions, dans votre routine de travail, où vous ris-

---

46 Joan C. Williams et Sky Mihaylo, « How the Best Bosses Interrupt Bias on Their Teams. » *Harvard Business Review,* novembre-décembre 2019 ; https://hbr.org/2019/11/how-the-best-bosses-interrupt-bias-on-their-teams.

quez de tomber dans le piège du « besoin de rapidité » – peut-être lorsque votre équipe est en retard sur les délais, après la démission d'un employé si vous n'avez aucun plan de rechange, ou quand votre groupe est appelé à beaucoup voyager.

MARK

J'ai étendu cette stratégie de la pause pour réfléchir à ma communication par e-mails. J'ai paramétré ma messagerie de sorte qu'elle retienne automatiquement tous les e-mails sortants pendant une brève période avant leur envoi. Cela me laisse la latitude de réfléchir à ce que j'ai envoyé avant que le train ne quitte la gare.

Stratégie : Vérifier ses suppositions

Les suppositions sont des croyances que nous acceptons comme étant la vérité, alors qu'elles sont basées sur des sentiments, des opinions et des biais. L'une de mes anciennes clientes m'a fait part de son expérience en tant que victime d'une supposition axée sur son âge : « Je suis une femme de soixante ans active et en bonne santé. J'aime à me considérer comme une pionnière dans mon domaine et j'ai un bon esprit d'équipe. Mais il est évident que dans les réunions de stratégie marketing, on me coupe la parole, on me contredit ou on rejette mes idées, car je ne suis pas considérée comme la «population cible» que nous essayons d'atteindre. » L'hypothèse cohérente exprimée par cette cliente, à savoir qu'elle n'avait aucune valeur ajoutée en raison de son âge, l'a placée dans la zone de limitation, privant ainsi l'équipe du bénéfice de son expérience. En tant que dirigeant, considérez chaque membre de votre équipe et les suppositions que vous entretenez à son sujet. Ces suppositions ont-elles un impact sur vos décisions ou la manière dont vous réagissez à ses idées ? Les meilleurs dirigeants y sont attentifs et n'hésitent pas à remettre en question leurs suppositions erronées.

L'un de nos clients industriels a pris de bonnes initiatives en matière d'élimination des suppositions néfastes. Dans un État où 80 % des personnes souffrant de handicaps cognitifs et intellectuels sont au chômage, cette entreprise a lancé un programme de stages pour handicapés afin de « mettre à mal les stéréotypes en nous proposant d'élever nos attentes à l'égard des personnes handicapées ».

Autre exemple, certains dirigeants supposent que l'inégalité entre les sexes au travail est due au fait que les femmes quittent leurs postes pour s'occuper des enfants. Mais dans une étude de Catalyst sur la fidélisation des employés, les deux principales raisons invoquées par les femmes lorsqu'elles démissionnent sont le manque de respect et l'absence de perspectives d'avancement.[47] En comprenant la véritable raison pour laquelle les femmes quittent leur travail, nous pouvons mettre en place un plan d'action afin de remédier à cette disparité.

Pensez à un moment où l'opinion ou la contribution de quelqu'un vous a surpris. En quoi était-ce différent de la supposition que vous aviez émise ? Quel a été l'impact de votre supposition ?

Voici quelques questions à vous poser lorsque vous remettrez en cause vos suppositions à l'avenir :

- Quels sont les faits ?
- Que me manque-t-il ?
- Comment ai-je comblé les lacunes des informations manquantes ?
- Comment puis-je combler ces lacunes par des faits à l'avenir ?

MARK

J'ai appris à parler couramment l'espagnol quand je vivais en Argentine, et sans me vanter, mon accent est assez bon. Quand j'habitais là-bas, j'ai fait de gros efforts pour m'assimiler à la culture, pourtant les gens voyaient bien que j'étais américain.

Plusieurs fois, lorsque je parlais à quelqu'un en espagnol, on me répondait : « *No hablo inglés* » (je ne parle pas anglais). Je leur répondais toujours en espagnol pour leur dire que je parlais leur langue, mais ils

---

47 Mason Donovan et Mark Kaplan. *The Inclusion Dividend: Why Investing in Diversity & Inclusion Pays Off*. Salisbury, NH: DG Press, 2019.

s'obstinaient: « *No hablo inglés* » ! Il pouvait y avoir plusieurs échanges comme ça. Je sais (du moins, j'en suis presque sûr) que mon espagnol n'était pas si mauvais, sans compter que je prononçais vraiment des mots très compréhensibles en espagnol ! Mais j'avais l'air « américain », et certaines personnes ne pouvaient tout simplement pas entendre mon espagnol. Même la réalité de la situation ne pouvait pas surmonter leurs suppositions.

Stratégie : Apprendre

La « résolution » des biais n'est pas une mesure ponctuelle, mais une progression constante, associée à la volonté de continuer à explorer leur impact sur notre vie, nos entreprises et la société en général. Pour perpétuer cette exploration, un apprentissage continu s'impose. L'un de nos clients dans le domaine de la santé ne se contente pas de dispenser une formation sur les biais inconscients, mais organise aussi des conférences et des séminaires de suivi sur les différents aspects des biais et de l'inclusion. Par conséquent, les biais sont un sujet de conversation permanent plutôt qu'un thème abordé une fois et considéré ensuite comme définitivement « réglé ».

Pensez à une fois où vous avez appris quelque chose de nouveau et où cela vous a conduit à changer d'avis sur une croyance antérieure. Qu'est-ce qui vous a aidé à changer votre vision de la situation ?

Voici quelques conseils pour favoriser l'apprentissage continu :

- Choisissez un biais comme sujet d'étude sur vous-même. Notez comment et quand ce biais se manifeste dans vos relations avec les autres et dans vos décisions et actions de la semaine suivante.

- Engagez-vous à vous informer sur les thèmes des biais au travail, de la diversité et de l'inclusion. La mise en place d'une simple alerte ou l'abonnement à un podcast peut vous permettre de faire transparaître cet engagement dans votre boîte de réception.

- Consultez vos différents comptes sur les réseaux sociaux et suivez un leader d'opinion, un journaliste, un auteur ou un militant dont la perspective est différente de la vôtre. L'un des nombreux avantages des réseaux sociaux est qu'ils permettent de lever le voile sur des échanges qui nous étaient peut-être cachés auparavant, mais qui se déroulent désormais publiquement dans des chats et des fils de discussion que nous sommes tous invités à suivre dans le respect. Lors d'un entretien avec *The Guardian*, le militant et musicien du groupe Arcade Fire, Will Butler, a déclaré : « Twitter est un cadre excellent pour se taire et écouter », où vous pouvez entendre des voix auxquelles vous n'auriez pas accès en temps normal, en dehors de ces réseaux.[48]

ANNE

Un type de biais qui existe dans de nombreuses grandes entreprises est la fixité fonctionnelle. J'ai passé la majeure partie de ma carrière dans la vente et au contact des clients, si bien que je considère les autres ainsi que mon travail par le prisme du marketing. Dans cette phrase, remplacez « marketing » par n'importe quelle fonction ou rôle : finances, ressources humaines, informatique, gestion de produits, service juridique ou autre.

Ce biais est naturel, mais pour que le travail collectif soit fructueux, les dirigeants et les équipes de tous les services doivent œuvrer en collaboration. Trop souvent, les groupes de travail sont formés de manière trop homogène dans le but d'aboutir à un résultat optimal. L'alignement des objectifs, la communication et la gestion de projet sont rarement transversaux. En conséquence, il manque cruellement de perspectives nouvelles et diverses à la table des négociations.

Quelle est donc la réponse à cela ? L'inclusion et l'implication. Supposons que vous et votre équipe travailliez sur un projet essentiel. Prenez un peu de recul et étudiez la composition de l'équipe. Celle-ci comprend-elle un bon équilibre ? Y a-t-il une représentation non seulement de ceux qui effectuent le travail, mais aussi de ceux qui jouent un rôle déterminant dans l'apport de contributions diverses

---

48 Laura Barton, « Arcade Fire: 'People Have Lost the Ability to Even Know What a Joke Is. It's Very Orwellian.' » *The Guardian*, 30 mars 2018; https://www.theguardian.com/music/2018/mar/30/arcade-fire-interview.

et de ceux à qui les résultats sont destinés ? Quelles sont les parties prenantes ? Avez-vous inclus tout le monde dans le processus – phases de création, de développement et/ou de fonctionnement ? Et avez-vous ménagé suffisamment de temps pour vous en assurer ? Dans le monde d'aujourd'hui, le marché évolue rapidement, et plus vous ferez participer un grand nombre de personnes plus tôt et tout au long du processus, plus vous serez, par définition, sur une voie plus favorable à l'implication et à l'adhésion.

Voici un petit conseil en prime. Le refus le plus fréquent que l'on m'ait opposé, quand il s'agissait d'impliquer davantage de personnes dans un projet, est peut-être la crainte que les choses prennent trop de temps, avec l'éternelle remarque : « On n'a pas le temps pour ça. » En réalité, si cette participation est bien gérée, vous gagnerez du temps : plus de personnes seront « partantes » pour ce que vous faites parce qu'elles auront été impliquées (ne serait-ce qu'en donnant leur avis) tout au long du processus. En revanche, dans le cas contraire, vous aurez plus d'opposants et de détracteurs – dont certains seront silencieux –, qui ralentiront la progression de votre projet. Dans le pire des cas, certains pourraient même essayer de faire dérailler vos efforts et échouer votre dur labeur.

Cette approche n'est pas forcément coûteuse. Parmi mes mesures, par exemple, j'ai inclus des partenaires dans mon équipe élargie d'échange d'informations : finances, département juridique, ressources humaines, service de com, etc. De plus, il m'arrive de contacter mes homologues pour leur donner un coup de pouce ou pour leur demander conseil sur tel ou tel sujet. Cela permet de construire un véritable partenariat, une culture d'équipe qui constitue la base la plus solide pour le succès de notre entreprise dans son ensemble.

Il n'est pas nécessaire de faire partie d'une grande entreprise pour exploiter cette stratégie. Même dans une PME, vous avez différentes parties prenantes, notamment les personnes qui se trouvent dans votre proximité immédiate. Impliquez-les et faites-les participer. Vous avez également des homologues sur le marché, vous pouvez aussi bénéficier de leurs points de vue. Jetez votre filet le plus largement possible. L'apprentissage, les conseils et le soutien peuvent venir de partout. Et surtout, veillez à rester en contact avec vos clients.

Chapitre 10 : Le courage d'identifier
Réflexion individuelle

Les outils de ce chapitre et des trois suivants se présentent sous la forme de scénarios hypothétiques, basés sur des expériences réelles. L'objectif de chaque scénario est de vous fournir une situation afin que vous puissiez envisager la meilleure manière d'y répondre. Passez en revue les stratégies présentées dans chaque section précédente et décidez lesquelles vous vous sentiriez le plus à même d'appliquer dans telle ou telle situation pour progresser.

Stratégies « Le courage d'identifier »

- Faire une pause et s'interroger
- Vérifier ses suppositions
- Apprendre

Scénario de biais

Vous faites partie d'une équipe qui travaille sur un projet transversal. La plupart des membres de votre équipe sont au même endroit, à l'exception de Maya. Elle est basée dans un autre pays, et la différence entre vos fuseaux horaires est de huit heures. Vous vous êtes efforcé d'établir une relation solide avec elle, mais vos conversations se limitent pour la plupart à de brefs échanges ou des questions professionnelles. Vous ne comprenez pas toujours son accent. C'est difficile, lors des conférences téléphoniques de l'équipe, de comprendre ce qu'elle dit. Vous ne voulez pas risquer de la vexer, et vous avez l'impression que vous pourriez facilement, et par inadvertance, dire quelque chose d'indélicat.

1. Quels biais pourraient être en jeu ?

   ....

   ....

2. En quoi ces biais peuvent-ils affecter votre travail et celui de Maya (modèle de performance) ?

3. Quelle stratégie « Le courage d'identifier » utiliseriez-vous dans cette situation, et pourquoi ?

Chapitre 10 : Le courage d'identifier
Mise en œuvre par les dirigeants

Scénario de biais

Vous avez trois collaborateurs directs qui souhaitent participer à la conférence annuelle de votre métier, mais le budget ne vous permet d'en envoyer qu'un seul.

L'interlocutrice directe no 1 est la plus jeune de votre équipe, mais elle a beaucoup de potentiel. Elle vous fait penser à vous au même âge.

L'interlocuteur direct no 2 est calme et réservé. Son travail vous semble bon jusqu'à présent, mais vous avez eu du mal à établir un lien avec lui.

L'interlocutrice directe no 3 est la plus âgée de votre équipe. Elle était directrice par intérim avant votre embauche. Elle est plutôt avenante, mais il lui arrive de rejeter vos prises de décision.

1. Quels biais pourraient être en jeu ?

   ....

   ....

2. En quoi ces biais peuvent-ils affecter votre travail et celui de votre équipe ?

   ....

   ....

3. Quelle stratégie « Le courage d'identifier » utiliseriez-vous dans cette situation, et pourquoi ?

   ....

   ....

Chapitre 11 : Le courage d'affronter

Prendre soin de moi, ce n'est pas un excès d'indulgence, c'est un instinct de conservation.[49]

—Audre Lorde, écrivaine et militante

Être victime de préjugés, ce n'est pas évident. Si vous avez l'impression que vos chances sont réduites et que vous vous trouvez dans la zone de limitation ou de détérioration, les recherches prouvent que ces expériences sont préjudiciables à votre bien-être général et ont un impact sur votre capacité à contribuer, sur le plan professionnel comme personnel.

En résumé, les biais de ce type vous font dévier de votre propre récit et vous imposent un recadrage négatif. Par exemple, un jeune ingénieur a obtenu son premier emploi après avoir terminé ses études supérieures. Diplômé avec mention, il a été reconnu dans un concours national pour ses compétences en robotique et en ingénierie. Il est né et a grandi au Vietnam et il est parti au Canada pour ses études universitaires. Il parle anglais avec un fort accent, si bien que son nouveau chef et son équipe focalisent constamment sur son accent et lui font des commentaires sur leur difficulté à le comprendre. Une collègue va même jusqu'à lui demander de participer par chat à la réunion virtuelle hebdomadaire de l'équipe au lieu de parler. « Il te suffit d'écrire, dit-elle. Ce n'est pas la peine de perdre ton temps à parler puisqu'on ne te comprend même pas, de toute façon. »

---

49 Audre Lorde. *A Burst of Light and Other Essays,* reprinted. New York: Ixia Press, 2017, 130.

Il faut du courage pour admettre l'aspect réducteur, et à terme, dangereux, de se retrouver dans une situation où l'on subit un préjugé, et il faut du courage pour surmonter cette négativité afin de se recentrer. Faire passer votre bien-être en premier, écrire votre expérience, construire une communauté, contrebalancer les forces négatives et suivre votre stratégie, telles sont les pistes à explorer qui vous aideront à vous retrouver.

ANNE

Au début de ma carrière, en tant que jeune femme dans le monde du travail, je n'étais pas traitée de la même manière que maintenant. Je ne pense pas que ce soit délibéré, dans de nombreux cas, ni vraiment malveillant, toujours est-il que les gens avaient des préjugés.

Je vais vous donner un exemple. L'une de mes toutes premières missions d'équipe consistait à gérer une importante main-d'œuvre géographiquement dispersée, responsable des opérations sur l'une de nos lignes de service. J'étais deux fois plus jeune que la plupart des employés. Je me souviens d'une séance de travail avec un groupe de mes techniciens de terrain. Ils m'ont dit : « Les gens comme vous, on les connaît. Vous ferez un passage éclair et vous serez partie dans six mois. » Il était évident qu'ils ne voulaient rien entendre de ce que j'avais à leur dire, car ils avaient l'impression que je n'étais là que pour cocher une case avant de passer à l'étape supérieure. Je leur ai dit que je m'engageais à les soutenir et à apprendre à leur contact, que j'avais l'intention de rester bien plus de six mois. Ma mission à ce poste a duré trois ans. Au cours de cette période, j'ai gagné leur confiance et leur respect, lentement, mais sûrement, et ensemble, nous avons fait de grands progrès dans le service à la clientèle et l'amélioration de nos méthodes d'assistance aux clients.

Ce que j'ai compris très tôt, c'est que le succès en tant que dirigeant ne dépend pas tant de ce que vous pensez de votre rôle, mais plutôt de la compréhension générale de ce que les autres pensent de vous. Si vous ne réfléchissez pas consciemment, et si vous ne veillez pas à exposer ces biais au grand jour, vos progrès seront entravés. Votre équipe doit croire en vous et en votre mission collective. Mais pour cela, il faut faire remonter à la surface et travailler les biais qui peuvent être basés sur notre apparence, l'expérience des autres, les ouï-dire, les spéculations, l'incompréhension ou d'autres facteurs. Il ne fait aucun doute que chacun d'entre nous s'est déjà heurté à un mur de cette nature, quand quelqu'un d'autre a fait une supposition fausse à notre sujet. Ne pas se prendre trop au sérieux et avoir un bon sens de l'humour peut s'avérer très utile dans ce genre de situation. Si vous prenez tout personnellement, vos émotions risquent de prendre le dessus et vous faire rater une occasion d'en apprendre plus, sur vous ou sur les autres.

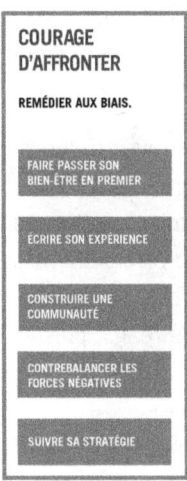

Stratégie : Faire passer son bien-être en premier

J'ai récemment lu un mème sur les réseaux sociaux, qui proclamait que « prendre soin de soi est un acte révolutionnaire ». (Cela m'a marquée, parce que toutes les connaissances qui valent la peine d'être mémorisées peuvent désormais se cristalliser dans un mème !) La notion de *self-care*, ou prendre soin de soi, peut évoquer les exutoires que représentent une journée de détente au spa ou une virée shopping, mais le terme de *self-care* trouve ses racines dans le militantisme. Le livre d'Audre Lorde de 1988, *A Burst of Light*, y fait abondamment référence. Selon sa définition, prendre soin de soi revenait à donner la priorité à sa récupération après avoir courageusement défendu l'équité ou la justice. Tout comme on peut récupérer d'un entraînement sportif particulièrement intense, il faut savoir prendre soin de soi après avoir été confronté à la pression des préjugés.

L'époque est révolue où l'on nous demandait de « prendre sur nous » ou de « supporter en souriant » en réaction à un comportement dénigrant.

MARK

J'aime l'idée que « prendre soin de soi est un acte révolutionnaire ». Un acte révolutionnaire consistant à se préserver peut être à la fois intrépide et spectaculaire, ou mesuré et inscrit dans le temps pour créer un changement.

Repensez aux idées de courage prudent et de courage audacieux. Je crois que l'on peut aussi prendre soin de soi de manière prudente ou audacieuse. Dans une réunion conflictuelle ou toxique, par exemple, prendre soin de soi reviendrait à prendre la parole ou à quitter la salle. On peut aussi prendre soin de soi en respirant calmement et en prenant un peu de temps avant de réagir, puis en essayant de se détendre après la réunion.

Subir un préjugé ou être témoin de ses effets délétères sur les autres peut nuire au bien-être. C'est ce que l'on appelle souvent une taxe émotionnelle (présentée au chapitre 5). Après avoir fait l'expérience d'un biais négatif, la compétence première consiste ici à se donner la priorité. Assurez-vous que vous allez bien. Prenez du recul et traitez efficacement le stress ou la détresse émotionnelle associés. Prendre soin de vous peut consister à vous retirer d'une situation donnée, à méditer, à faire de l'activité physique, à tenir un journal, à discuter avec un ami de confiance ou à réfléchir sur vous-même.

Dans certains cas, comme les manifestations dans le monde entier à l'été 2020 autour de l'injustice raciale et de l'inclusion, les biais peuvent être moins liés à une circonstance ou à un incident individuel qu'à l'influence de forces systémiques ou sociétales. Alors que les protestations faisaient rage, les employés noirs des États-Unis et du monde entier ont déclaré qu'ils n'avaient jamais autant parlé de la race au travail. Ils ont notamment participé à des conversations internes entre employés noirs, mais aussi à des actions de sensibilisation auprès de collègues blancs pour expliquer leur expérience de l'injustice ou des préjugés raciaux. Si une grande partie de cette sensibilisation était bien intentionnée, comme l'a dit l'écrivaine et professeure américaine Roxane Gay, « souvent, nous représentons non seulement nous-mêmes, mais aussi tous ceux qui nous ressemblent », ce qui peut susciter un certain type de lassitude. Des questions excessives sur votre différence en raison d'une facette de votre identité peuvent également vous pousser à la périphérie de votre propre histoire. Prendre soin de soi peut alors consister à établir des limites appropriées avec les collègues et les dirigeants en ce qui concerne les sujets sensibles, leur proposant au besoin de faire appel à des ressources extérieures pour répondre à leurs questions et recentrant les conversations sur les questions purement professionnelles.

Les entreprises peuvent soutenir des politiques et des mesures de bien-être au travail permettant aux employés de prendre du recul sur certaines situations. Par exemple, une agence fédérale de passation de marchés a mis en place ce qu'elle appelle des « salles de réflexion », de petites salles de conférence dans lesquelles les employés peuvent s'installer lorsqu'ils ont besoin d'être seuls. L'entreprise fournit également des bureaux avec tapis de course, ainsi que des cours de fitness, autant de moyens qui contribuent au bien-être général des employés et qui peuvent également les aider à affronter les préjugés. Lors d'une conférence des ressources humaines pour le système des Nations unies, l'an dernier, les points forts en matière de bien-être comprenaient plusieurs abonnements – ouverts à toute l'organisation – à des programmes de santé en ligne comme Headspace pour la pratique de la méditation, Talkspace pour les thérapies en ligne et des applications d'activités compétitives favorisant la station debout et le mouvement tout au long de la journée.

Pensez à un moment où vous étiez dans la zone de détérioration, aux prises avec le comportement biaisé de quelqu'un. Comment auriez-vous pu vous accorder l'espace et le temps nécessaires à votre rétablissement ?

Si les applications et les plateformes en ligne peuvent s'avérer utiles, voici quelques stratégies que vous pouvez mettre en œuvre indépendamment de toute technologie :

- Prévoyez des moments dans votre journée pour vous éloigner de votre bureau et vous promener ou retrouver un collègue autour d'un café.

- Assurez-vous de ne pas laisser la journée de travail s'immiscer dans votre temps libre. En consultant vos e-mails pendant que vous êtes à table ou en profitant de la conversation familiale du soir pour vous plaindre du bureau, vous aurez l'impression d'être dévoré par les problèmes auxquels vous êtes confronté. Profitez au contraire de ce moment pour jouer à un jeu avec votre famille, ou mettez en place votre propre version de l' « empilement de Dallas » évoqué par Mark à la page 66.

- Créez-vous des habitudes en dehors des heures de travail. Prendre soin de soi le samedi peut sembler banal, mais avoir un point de mire toute la semaine peut s'avérer incroyablement bénéfique.

Stratégie : Écrire son expérience

Nous avons chacun nos propres histoires sur notre identité et nos biais. Noter ses expériences par écrit peut être utile pour mieux se comprendre. Cette pratique revient à prendre soin de soi autrement.

L'écriture peut être considérée comme une activité inaccessible. Vous pouvez avoir le sentiment qu'il faut une intrigue et un but précis pour l'histoire que vous racontez. Mais le but de l'écriture dans le cadre des biais n'est pas la perfection ni même l'art en soi. Il faut parfois sortir de sa propre tête pour écrire. Quand je pense à mon parcours pour raconter mes expériences et mes anecdotes de vie, quelques stratégies très simples se sont avérées utiles :

- Cherchez l'inspiration. L'une de mes bonnes amies, Elizabeth Acevedo, est une auteure de fiction pour jeunes adultes primée. L'une de ses stratégies pour surmonter l'angoisse de la page blanche consiste à lire davantage. Quand on lit les histoires des autres, cela fait appel à la partie émotionnelle de notre cerveau qui recherche la similarité. Cela peut alors nous inspirer à partager une histoire de notre cru ou apporter un éclairage différent sur une expérience vécue. Passez du temps à visiter *Humans of New York* ou d'autres sites web similaires pour puiser l'inspiration et écrire votre histoire, non seulement pour mieux affronter les préjugés, mais aussi pour trouver le pouvoir de changer les choses.

- Autorisez-vous à rester informel. L'écriture et la rédaction d'un journal intime peuvent se faire sous la forme qui vous convient le mieux : prose, vers, listes à puces ou même griffonnages. Ce que vous écrivez n'a pas besoin d'être parfaitement formulé ou ponctué, il vous suffit de le coucher par écrit.

Stratégie : Construire une communauté

Nous avons déjà parlé de la sensation d'isolement qui peut survenir lorsqu'on est victime de préjugés. Pour y faire face, il faut se construire une communauté dont on occupe le centre. Cette communauté peut prendre diverses formes. Au chapitre 7, j'ai mentionné mon club de lecture entre femmes noires professionnellement actives. Si nous lisons et discutons littérature chaque mois, nous avons également fondé une petite communauté centrée sur nos expériences dans le monde professionnel. Nous partageons nos témoignages, quand nous avons été dénigrées par des collègues ou constaté des points de communication non inclusifs. Les groupes-ressources des employés de votre entreprise ou des associations d'entraide peuvent également servir cet objectif.

Parfois, nous recherchons une communauté pour répondre à un besoin personnel, et l'expérience prend de l'ampleur pour devenir beaucoup plus vaste. Par exemple, en août 2018, Zach Nunn, stratégiste senior dans une société de consulting internationale, a fondé Living Corporate dans le but de créer une communauté. Il décrit comment l'aventure a commencé :

> En tant que professionnel de première génération, qui se trouve être également un Noir dans un environnement à prédominance blanche, je me suis demandé : « À quoi ressemblerait la création d'un espace où les professionnels marginalisés bénéficieraient de conseils pratiques pour s'épanouir

au travail ? » C'est ainsi qu'est née l'idée de créer une plateforme numérique qui reprendrait les conseils judicieux que reçoivent trop rarement les personnes noires et marron de peau pour leur donner une voix, appelée Living Corporate.

En quelques années, nous avons produit 200 podcasts, des dizaines de blogs et de nombreux webinaires animés par des dirigeants, des militants, des auteurs, des professeurs, des créatifs, des élus, des entrepreneurs et des personnes influentes de la communauté noire et marron des 500 plus grosses entreprises, avec pour points communs les perspectives des personnes marginalisées au travail (par exemple, les personnes noires, de peau mate, LGBTQIA+, trans/non-binaires, handicapées). Nous avons discuté de la façon de mieux défendre les femmes au travail, des défis que représente le fait d'être un Américain de première génération dans le monde professionnel, de l'expérience d'être un Asiatique de l'Est en entreprise, de l'intersectionnalité entre race et orientation sexuelle ou encore de la place des personnes de couleur parmi les cadres moyens.

Placer ces expériences et perspectives au centre de « véritables discussions » avec de si nombreuses personnes s'est révélé incroyable. C'était particulièrement gratifiant de recevoir des e-mails, des messages sur LinkedIn ou autres réseaux sociaux de la part de personnes souvent à la marge, qui témoignaient de ce que nos contenus, dans lesquels ils s'étaient reconnus, leur avaient donné le courage de défendre leurs intérêts et de « faire face ».

Des ressources comme Living Corporate prouvent que la construction d'une communauté est possible, quelle que soit la composition de votre réseau personnel.

ANNE

La taxe émotionnelle est une notion bien réelle. Si les événements extérieurs nous font vivre des moments difficiles, les émotions qu'ils suscitent peuvent être difficiles à ignorer. Or la peur, l'incertitude, le doute, la colère, l'inquiétude et la jalousie sont des émotions particulièrement improductives. Il est important d'avoir un système de soutien composé de personnes de confiance avec lesquelles vous pouvez parler des défis rencontrés et résoudre les problèmes. Vous éviterez ainsi que vos émotions vous submergent. Porter le fardeau de cette taxe sur vos seules épaules peut être une tâche accablante et solitaire. Cherchez à établir des relations dans la mesure du possible, et en retour, aidez les autres à en faire autant.

Stratégie : Contrebalancer les forces négatives

Le fait d'être victime de préjugés, du racisme jusqu'à l'âgisme en passant, par exemple, par le statut d'unique administrateur dans une équipe de concepteurs, peut conduire à des croyances réductrices. Nous commençons à nous voir au travers d'un prisme dévoyé. Au lieu de nous considérer comme capables, intelligents, studieux et dignes de reconnaissance, nous nous considérons comme inadaptés, moins que rien et peu enclins à réussir. Pourtant, affronter ces sentiments ne doit pas forcément être une tâche solitaire. Au contraire, en vous débattant tout seul, vous risquez d'accentuer ces ressentis indésirables. Trouvez une présence équilibrante dans votre vie. Qu'est-ce que j'entends par « équilibrante » ? Pour moi, une force équilibrante a deux facettes. Premièrement, c'est quelqu'un qui vous connaît bien. Deuxièmement, il ou elle a une perception différente de la vôtre. Ma force d'équilibre, dans ma vie, c'est mon mari. Lorsque je suis victime de préjugés, j'ai tendance à me refermer dans mon injustice et à me ruer tête baissée vers le conflit pour me défendre. Mon mari me connaît assez bien pour le savoir et m'apprend à être plus mesurée et plus proactive dans ma réaction aux préjugés. Cela m'a été bénéfique tout au long de ma carrière.

Si vous ne disposez pas déjà d'une force équilibrante dans votre vie, un confident comme décrit au chapitre 7, vous pouvez décider de confier ce rôle à un coach ou un mentor. C'est dans les moments difficiles que notre réseau peut avoir l'impact le plus important. Connaissez-vous déjà quelqu'un qui pourrait devenir votre mentor officiel ? Si ce n'est pas le cas, une fois que vous aurez bien compris les biais qui vous limitent et/ou qui limitent les autres, trouvez un mentor capable de vous apporter une nouvelle perspective. Commencez par des associations locales ou des plateformes en ligne comme LinkedIn.com et Meetup.com, et sortez de votre zone de confort. Gardez un œil sur les personnes qui vous inspirent.

Les coaches et les mentors nous font cadeau de leur expérience. Ils peuvent nous partager des leçons sur la façon dont ils ont identifié les biais dans leurs vies et y ont fait face. Par exemple, chez l'un de nos clients universitaires, de nombreux membres du personnel – en particulier les personnes de couleur à des postes de premier plan – se sentaient déconnectés de l'université et non soutenus dans leur développement professionnel. L'établissement a mis en place un programme de mentorat gratuit d'un an, associant le mentor et la personne guidée en fonction de leur profil démographique et de leur profession, pour une croissance optimale.

Pensez à un coach ou un mentor dans votre vie qui vous a aidé à affronter une situation difficile. En quoi cela vous a-t-il été bénéfique ? Pourriez-vous faire de même pour quelqu'un d'autre ?

Trouver un coach ou un mentor est une pratique qui peut porter ses fruits dans de nombreux domaines : travail sur les biais, construction de carrière, aide à la transition et amélioration générale. Mais c'est certainement plus facile à dire qu'à faire. Si vous avez actuellement un coach ou un mentor (idéalement, les deux !) :

- Contactez-les avec cette question des biais en tête. Avez-vous l'impression d'être victime de préjugés ? Partagez votre histoire avec votre coach et/ou votre mentor et découvrez comment mieux faire face à cette situation et la traiter. Si vous n'avez pas de coach ou de mentor, réfléchissez aux personnes que vous connaissez et qui pourraient jouer ce rôle.

- Y a-t-il quelqu'un dans votre réseau que vous aimeriez mieux connaître ou dont vous appréciez spécialement les connaissances ?

- Réfléchissez à la nature de votre relation actuelle avec cette personne. Sait-elle qui vous êtes ? Avez-vous déjà eu des contacts avec elle, de manière formelle ou informelle ? Si la réponse à ces deux questions est oui, engagez-vous dans une conversation plus poussée.

- Gardez à l'esprit que de nombreux dirigeants reçoivent plus de demandes de mentorat que leur emploi du temps ne leur permet d'honorer, et qu'une bonne relation de mentorat ou de coaching repose sur une base de confiance solide. Envoyez un e-mail ou appelez pour une conversation préliminaire. Demandez à votre interlocuteur si une relation de mentorat plus étendue est envisageable ou s'il lui est possible de vous consacrer une heure environ pour explorer un problème spécifique. De nombreux dirigeants sont heureux de s'engager pour une heure au départ, évitant la pression d'une relation à plus long terme. Cette première interaction peut déboucher sur quelque chose de plus approfondi par la suite.

- Soyez ouvert à leur point de vue et vulnérable dans ce que vous partagez.

Enfin, si vous n'avez aucun mentor en perspective, envisagez d'engager un coach rémunéré. Une recherche dans votre réseau ou sur LinkedIn, une conversation avec vos RH, vous fourniront probablement de nombreuses options de coaches certifiés à qui faire appel.

ANNE

Entourez-vous de coaches, de mentors, d'amis et de parrains qui vous élèveront, vous rendront meilleurs et vous pousseront dans la bonne direction. Entourez-vous de personnes différentes de vous, qui vous mettront au défi et qui vous inciteront à vous surpasser. Surtout, entourez-vous de personnes qui vous rattraperont si vous tombez et qui veilleront à ce que vous vous releviez pour aller de l'avant.

Et je vous demanderais aussi d'être cette personne pour les autres. C'est ainsi que nous continuons à progresser. Ensemble, nous sommes meilleurs.

Stratégie : Suivre sa stratégie

Les réactions immédiates peuvent provenir des parties primitives ou émotionnelles du cerveau. Quand nous réagissons à des situations à la hâte, nos réactions risquent souvent d'être impulsives et dommageables. En étant proactif, on choisit une meilleure réaction, basée sur le cerveau cognitif.

Dans l'entreprise ou les relations interpersonnelles, on attend généralement une réponse immédiate lors des conversations ou des réunions. Dans la mesure du possible, établissez une nouvelle norme culturelle qui vous permettra de dire, après avoir reçu des informations : « Laissez-moi vous répondre demain. » Ainsi, vous vous accordez le temps d'envisager la réponse stratégique.

Pensez à un moment où vous avez dit ou fait quelque chose que vous avez regretté après-coup. Quelles en ont été les conséquences ? Si vous pouviez revenir sur cette situation, que diriez-vous ou feriez-vous différemment ? Affronter les biais de manière réactive peut être préjudiciable à vos propres ouvertures professionnelles. Je discutais récemment de la question des biais avec une collègue, qui m'a confié qu'elle avait eu plusieurs expériences très négatives dans ce domaine et qu'à cause des préjugés, des portes professionnelles s'étaient fermées pour elle. À présent, elle a suffisamment de recul sur sa carrière pour dire, sans malveillance aucune, qu'elle a toujours mieux réussi que ceux et celles qui avaient limité ses chances. Indépendamment de ses expériences et du tort que les préjugés dont elle a été l'objet ont causé à son bien-être émotionnel et à sa capacité de travail, elle s'est efforcée de persévérer sans baisser les bras, conformément à sa stratégie. En ménageant un certain espace entre la formulation du biais et sa réaction, elle a pu établir des priorités dans sa trajectoire professionnelle.

Une grande part de la réaction proactive consiste à accepter d'analyser les émotions que la situation génère en vous. Ce qui suit est une réflexion rapide pour choisir une réaction de manière proactive et s'assurer que vous êtes en phase avec vos objectifs professionnels :

- Tout d'abord, posez-vous la question : quelle est l'émotion que je ressens à ce sujet ?

- Ensuite, demandez-vous : quel est mon objectif professionnel ? Est-ce que je veux obtenir plus de visibilité ou de soutien pour ce projet ? Est-ce que je veux être considéré comme un collègue de travail ? Est-ce le moment de prendre la parole ?

- Puis : quelle serait la réaction la plus constructive à cette situation au vu de l'objectif ?
- Prenez le temps de planifier ce que vous pouvez faire ou dire de manière proactive. Selon la complexité de la situation, il peut s'agir de deux à cinq minutes passées à votre bureau à prendre des notes, ou d'une séance stratégique plus complète avec un ami ou un coach de confiance.
- Enfin, pratiquez la réaction pour l'affiner et la mettre en œuvre dans la conversation.

Une dernière remarque : si rien ne change

Parfois, nous déployons toutes ces stratégies pour faire face aux préjugés, mais rien de concret ne se passe. Nous avons fait notre possible pour progresser, mais nous sommes toujours dans la zone de limitation ou de détérioration.

À ce stade, nous devons prendre une décision. Par respect pour soi-même, il ne faut pas rester dans une situation délétère. Les entreprises prennent de plus en plus conscience que, tant qu'elles ne créeront pas d'environnement inclusif et équitable, elles ne réussiront pas à conserver leur personnel ou leur clientèle. N'hésitez pas à tourner le dos et à prendre les mesures nécessaires pour trouver un lieu de travail qui valorisera votre contribution, si tant est que ce soit une option pour vous.

Chapitre 11 : Le courage d'affronter
Réflexion individuelle

Stratégies « Le courage d'affronter »

- Faire passer son bien-être en premier
- Écrire son expérience
- Construire une communauté
- Contrebalancer les forces négatives
- Suivre sa stratégie

Scénario de biais

Vous approchez de la retraite et vous avez un nouveau jeune cadre très diplômé et motivé par les résultats. Mais il semble avoir des préjugés à l'encontre des employés plus âgés de l'équipe. Par exemple, vous aimez développer des applications pendant votre temps libre. Vous avez récemment soumis à votre directeur des propositions pour la nouvelle application de votre entreprise. Ce dernier vous répond : « Pas besoin, Antonio vient de sortir de l'université et il est plus familier avec ce genre de choses. »

Le lendemain, avec un peu de courage, vous partagez vos sentiments avec votre responsable et l'invitez à reconsidérer votre demande. Malheureusement, il semble contrarié et vous répond : « Écoutez, je ne veux pas en faire toute une histoire. J'ai pris ma décision et j'aimerais que vous l'acceptiez. » Découragé et démotivé, vous retournez à votre poste de travail et regardez fixement la date de votre départ à la retraite entourée sur votre calendrier.

1. Quels biais pourraient être en jeu ?

   ....
   ....
   ....
   ....
   ....

2. En quoi ces biais peuvent-ils avoir un impact sur votre travail (modèle de performance) ?

   ....
   ....
   ....
   ....
   ....

3. Quelle stratégie « Le courage d'affronter » pourriez-vous employer, et pourquoi ?

   ....
   ....
   ....
   ....
   ....

Chapitre 11 : Le courage d'affronter
Mise en œuvre par les dirigeants

Scénario de biais

Vous observez certaines restrictions alimentaires spécifiques dans le cadre de vos activités religieuses. Vous dirigez une équipe dans le secteur de l'hôtellerie, où le partage des repas entre membres du personnel est un élément important de la culture. Votre équipe commence à prendre des libertés avec votre régime et se permet de vous faire des remarques sur la difficulté à le respecter. Au début, vous essayez de désamorcer la situation avec une certaine légèreté et, bien sûr, avec tact, mais leur hostilité se renforce. En tant que chef, vous avez de l'autorité, mais cela ne vous paraît pas approprié de les recadrer pour des questions qui ont trait à vos propres convictions religieuses. Le fait que votre équipe ne semble pas reconnaître cet aspect de votre identité vous pèse, mais vous vous sentez coincé, incapable de tenter quoi que ce soit.

1. Quels biais pourraient être en jeu ?

   ....
   ....
   ....
   ....
   ....
   ....
   ....
   ....
   ....

2. En quoi ces biais peuvent-ils affecter votre travail ou celui de l'équipe (modèle de performance) ?

....

....

....

....

....

....

....

....

....

3. Quelle stratégie « Le courage d'affronter » utiliseriez-vous dans cette situation, et pourquoi ?

....

....

....

....

....

....

....

....

....

Chapitre 12 : Le courage de soutenir

S'allier est un verbe d'action. Les alliés sont définis par leurs actions.

—Dr Makini King, directeur des initiatives pour la diversité et l'inclusion, Université du Missouri-Kansas City[50]

Il est naturel de réagir et de répondre lorsqu'on est en danger. Agir sur quelque chose qui ne nous concerne pas directement, c'est tout à fait différent. C'est contre-intuitif et contre-nature que de se jeter dans la mêlée pour ce qui n'a pas d'impact direct sur nous.

Être un allié, prêter sa voix pour soutenir les autres, est un acte courageux. Comprendre les expériences des autres et leur offrir notre soutien peut faire toute la différence sur des questions comme la taxe émotionnelle que nous avons mentionnée précédemment.

Un soutien ne raisonne pas sur le mode : « Je me sens tellement mal pour toi que je vais t'aider. » Il ne s'agit pas de colère, de ressentiment, de culpabilité, de honte ou de pitié. Les soutiens comprennent que la lutte contre les biais inconscients est essentielle pour le moral des troupes et pour les entreprises, surtout lorsqu'ils sont en position de pouvoir relatif par rapport à ceux qui subissent des préjugés.

Le mot « privilège » est un mot déclencheur pour beaucoup, qui ont tendance à penser que cela annule leurs efforts et accomplissements personnels, en quelque sorte : « Privilège ? Vous savez combien j'ai travaillé dur pour en arriver là ? Vous croyez que je suis arrivé à ce poste par magie ? » Ce n'est pas cela, le privilège.

---

50 Makini King, « Ally Is Not a Noun. » University of Missouri–Kansas City, 15 mai 2018. https://info.umkc.edu/diversity/ally-is-not-a-noun/.

Pensez à un marathon métaphorique. Tous ceux qui franchissent la ligne d'arrivée ont accompli quelque chose de difficile. Mais si vous terminez avec une prothèse, vous avez surmonté des obstacles que je n'avais pas en tant que personne valide. Les privilèges n'annulent pas l'accomplissement, mais admettons que nous sommes tous confrontés à des éventails d'obstacles différents, certains légers et d'autres lourds.

Chacun de nous a des privilèges (et des désavantages) sous une forme ou une autre. Je n'ai peut-être pas de privilèges liés à ma race ou à mon sexe, mais j'ai le privilège d'être mariée à un homme, de détenir un diplôme de haut niveau et d'être propriétaire de ma maison. Une autre façon de réfléchir à cette question est de revenir sur le modèle de performance. En tant que femme noire dans une entreprise américaine, j'ai l'habitude d'être la seule personne de ce type dans une salle. Par conséquent, si j'entre dans la zone de limitation, j'aurai le sentiment de ne pas être à ma place parce que je ne verrai personne qui me ressemble. Et il y a de nombreux éléments identifiants dont on peut parler, par exemple la seule femme dans la salle, la seule personne de couleur, le seul ancien combattant ou la seule personne handicapée. Si vous faites partie de la majorité au travail, il s'agit d'un privilège, d'un signe d'appartenance. Si vous avez un privilège relatif dans une circonstance donnée, c'est le moment d'être un soutien.

L'exemple parfait est le trio de producteurs Gloria Calderón Kellett, Norman Lear et Mike Royce. Dans leur série à succès *Au fil des jours*, un remake de la série originale de 1975 mettant en scène une famille cubano-américaine de Los Angeles, Lear et Royce ont été les principaux soutiens de Calderón Kellett, l'une des rares femmes de couleur dans ce métier. (Les producteurs sont les personnes les plus expérimentées et les plus haut placées dans la hiérarchie de la réalisation d'une série télévisée. 91 % d'entre eux sont blancs et 80 % sont des hommes.)51 Au cours de la première saison, les acteurs et l'équipe technique se tournaient systématiquement vers les producteurs masculins pour leur poser des questions et prendre des décisions. Lear et Royce les redirigeaient alors invariablement vers Calderón Kellett. « L'importance d'avoir des soutiens masculins blancs n'est pas anodine, a-t-elle

---

51   Darnell Hunt, « Race in the Writers' Room. » *Color of Change,* octobre 2017; https://hollywood.colorofchange.org/writers-room-report/.

déclaré. Cela a changé la donne. Pendant la deuxième saison, c'est moi que l'on venait voir directement. »

Lear et Royce ont ensuite soutenu Calderón Kellett lorsqu'elle a voulu se diriger vers la réalisation. Elle est devenue la première femme cubano-américaine à réaliser une émission télévisée.

Avec le succès, Calderón Kellett a rendu ce qu'elle a reçu en devenant un soutien pour les autres. « J'ai dû aussi reconnaître mes propres privilèges. Je suis très claire de peau, je parle sans accent. De plus, mon accès à l'éducation a été incroyable. J'ai mes propres privilèges personnels, alors je dois les admettre et me dire : «Comment puis-je maintenant ouvrir des portes aux autres ?» »

Au lieu de se contenter de cette vague aspiration, elle a décidé de créer des ressources pratiques pour aider les cinéastes en herbe à développer leurs compétences. « L'accès aux outils ne devrait pas être un privilège. » Elle s'est associée à BuzzFeed et YouTube pour créer une masterclass gratuite, Hollywood 101, afin de couvrir les bases du métier, et elle a publié le script du scénario pilote d'Au fil des jours afin que les étudiants puissent se pencher sur les techniques de narration. Elle a également servi de mentor à deux jeunes réalisatrices hispaniques, Stephanie Beatriz et Melissa Fumero, qui ont toutes deux réalisé des épisodes de *Brooklyn Nine-Nine*. « J'ai signé leurs deux cartes de la DGA [Directors Guild of America], a-t-elle déclaré. Ces signatures m'ont semblé significatives. »[52]

Quand vous parrainez quelqu'un, vous utilisez votre position de pouvoir au sein d'une entreprise pour renforcer son influence. Dans la vente, par exemple, on fait appel aux directeurs commerciaux quand leur ancienneté promet de conclure la vente. À quel moment un représentant du service à la clientèle fait-il appel à son manager ? Quand il a besoin d'une certaine autorité, d'un certain privilège dans la conversation afin de satisfaire le client.

Le privilège, pourrait-on dire, permet de se demander : « Dans quel domaine ai-je de l'ancienneté ou certains avantages ? » avant d'utiliser cette influence pour élever les autres, pour être un soutien en agissant de manière proactive : en lançant des invitations, en faisant équipe avec d'autres personnes, en offrant un soutien et en servant de coach,

---

52 Roxane Gay et Dr. Tressie McMillan Cottom, « The Golden Era. » Podcast audio. *Hear to Slay*. Luminary, 4 juin 2019.

de mentor et de parrain. Tout comme la lutte contre les biais consiste à se recentrer dans son récit, il faut faire preuve de nuance pour être un allié efficace. Les alliés efficaces n'éclipsent pas les voix et les expériences de ceux qu'ils s'efforcent de soutenir. Au contraire, ils cessent d'être focalisés sur eux-mêmes, veillant à ce que l'accent soit mis non pas sur leur peur, leur culpabilité ou leur douleur, mais sur les progrès de ceux que l'on soutient.

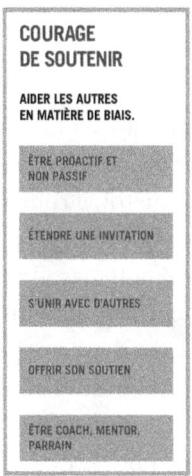

Stratégie : Être proactif et non passif

Comme le souligne la citation d'ouverture de ce chapitre, le rôle d'un allié est proactif. Il s'agit d'un important changement de mentalité. Si on leur posait la question directement, de nombreux dirigeants diraient que la construction d'un environnement inclusif est cruciale, mais un allié n'est pas passif dans son soutien. Il convient d'adopter toutes les stratégies du chapitre 10, « Le courage d'identifier », et d'aborder le soutien en mettant l'accent sur l'introspection et l'apprentissage. Un véritable allié n'attend pas qu'on le lui demande, mais il relève le défi de l'inégalité en se proposant spontanément d'apporter un changement positif.

Stratégie : Étendre une invitation

Utilisez votre situation pour inviter à la table un plus grand nombre de personnes aux points de vue divers. Comme le dit Kathryn Finney, PDG de Genius Guild :

Je crois qu'il y a une part disproportionnée de responsabilité selon que l'on cherche des opportunités ou que l'on soit en position d'en créer. J'ai récemment dit à un ami, un jeune homme blanc très en vue dans le domaine des technologies : « Écoute, tu es invité dans des endroits où les gens qui me ressemblent ne seront *jamais* invités. La prochaine fois que tu seras invité à un dîner entre «mecs de la tech» où il n'y aura aucun représentant de la diversité, invite quelqu'un qui ne vous ressemble pas à se joindre à vous. Et présente cette personne à tout le monde, montre que tu l'approuves et que, selon toi, il représente l'avenir de la technologie. C'est très simple. » Plus que n'importe quelle femme ou personne noire dans le domaine des technologies, il a le pouvoir de tendre la main et de donner un coup de pouce à quelqu'un qui est « différent de lui ». Et ce coup de pouce est gratuit. Il est temps que les joueurs puissants fassent leur part pour diversifier leurs environnements quand ils ont voix au chapitre. C'est une question de bon sens professionnel.

Voici quelques stratégies pour étendre une invitation :

- La prochaine fois que vous assisterez à une conférence, un comité ou un événement, invitez une personne dont vous êtes le mentor ou qui n'aurait peut-être pas eu l'occasion de bénéficier de cet apprentissage.

- Si vous êtes invité en tant qu'orateur principal ou à une autre position importante, renseignez-vous sur la diversité de l'équipe. S'il n'y en a pas, envisagez de proposer un autre conférencier qui puisse ajouter à la diversité des participants.

- De nombreuses entreprises disposent d'équipes transversales affectées à des projets de grande envergure. Si vous êtes appelé à faire partie d'une nouvelle équipe ou d'un nouveau projet, réfléchissez à la manière d'apporter d'autres perspectives, que ce soit formel ou informel.

Stratégie : S'unir avec d'autres

Pour progresser dans la lutte contre les biais, il n'est pas nécessaire de travailler ou d'agir tout seul. Si c'est un sujet qui vous tient à cœur, il y a de fortes chances que d'autres soient dans la même situation. En vous unissant, vous construisez une forme de coalition ou donnez voix à des groupes marginalisés en prêtant votre privilège à leur cause. Associez-vous pour en savoir plus sur vos propres biais et ceux des autres, explorer la question des préjugés dans votre entreprise ou votre communauté, et faire entendre votre voix auprès de ceux qui en sont affectés.

Les recherches montrent que, lorsque des personnes issues de groupes marginalisés s'expriment sur les questions d'inclusion, cette initiative nuit à leur carrière. Lorsque ce sont les membres du groupe majoritaire qui s'expriment en faveur de l'inclusion, leur carrière en bénéficie. Compte tenu de cette tendance, une agence de renseignements a adopté une bonne pratique en ce qui concerne ses groupes d'employés-ressources : chaque groupe doit avoir un parrain exécutif qui ne soit pas membre du groupe. Cette pratique garantit que la mission de soutien incombe au parrain exécutif plutôt qu'aux membres du groupe d'employés-ressources.

- Pensez à une fois où vous avez fait partie d'un groupe qui a eu un certain impact.

- Pensez à un biais qui n'a pas d'effet direct sur vous, mais dont vous constatez les effets sur d'autres membres de votre entreprise ou de votre communauté.

- Y a-t-il d'autres personnes qui voient cet impact ?

- Réfléchissez à la manière dont vous pourriez leur proposer de collaborer à la recherche de solutions.

Stratégie : Offrir son soutien

Repensez aux notions de courage prudent et audacieux. Pour être un soutien, il ne faut pas nécessairement faire de grands gestes marquants.

C'est souvent d'une importance capitale pour ceux qui sont victimes de préjugés de savoir qu'ils ont le soutien d'un ami ou d'un collègue qui les écoutera, les soutiendra et leur donnera un espace où s'exprimer.

Les personnes qui font face à des préjugés doivent disposer d'un espace de communication sûr. Si vous pouvez leur offrir votre soutien en tant qu'ami ou allié de confiance, vous ferez toute la différence pour eux, en fonction de ce qu'ils traversent. N'oubliez pas que si vous pouvez également éprouver de fortes émotions sur la question, il ne s'agit pas de vous, mais de la création d'un espace consacré aux émotions des personnes que vous soutenez.

Pensez à un exemple où un collègue était aux prises avec un problème. Lui avez-vous offert votre soutien ? Si non, qu'est-ce qui vous retenait ? Si oui, qu'avez-vous ressenti ?

Voici quelques conseils pour offrir un soutien efficace :

- Observez et sachez reconnaître quand les gens éprouvent des sentiments vifs.

- Accordez une écoute aux idées des autres.

- Écoutez pour comprendre, et non pour répondre et résoudre.

- Agissez comme un partenaire de réflexion afin de trouver des moyens de lutter contre les biais.

MARK

Si je suis en vie aujourd'hui, c'est grâce à un allié qui m'a offert son soutien. Je vivais en Virginie en 1993 quand, à l'âge de trente-trois ans, j'ai finalement réalisé que le fait d'être gay n'était pas une phase ou quelque chose dont je sortirais un jour. Faire face à cette réalité m'a secoué au plus profond de moi-même. Je suis devenu très déprimé et j'ai passé quelques semaines enfermé dans ma chambre, avec des couvertures devant toutes les fenêtres. Ma dépression s'est progressivement aggravée jusqu'au jour où j'ai décidé que je ne pouvais plus vivre avec. J'ai donc décidé de ne plus... vivre.

J'avais tout prévu pour que cela ressemble à un accident afin de ne pas porter atteinte à mon honneur ou à celui de ma famille. La veille de ce qui devait être ma dernière journée de travail, j'ai décidé que je devais tout de même en parler à quelqu'un, n'importe qui. J'ai appelé mon frère. Il vivait à Dallas à l'époque. Quand j'ai appelé, il a décroché et m'a dit que c'était une chance que je téléphone à ce moment-là, parce qu'il était parti camper, mais il avait oublié quelque chose et il était revenu chez lui. Je lui ai annoncé : « Je suis gay. » Je pense que ça l'a pris au dépourvu, parce que tout ce qu'il a trouvé à me répondre, c'est : « Mais non, voyons. » J'ai insisté et, après quelques échanges, il a fini par comprendre. Il m'a dit : « C'est moi qui te rejoins ou c'est toi qui me rejoins ? » Je suis immédiatement parti pour l'aéroport, direction Dallas.

Ces quelques mots simples, prononcés sans jugement, m'ont sauvé la vie. Souvent, il ne faut pas de grandes preuves de courage pour faire une différence dans la vie des gens. C'est incroyable l'impact que peuvent avoir quelques mots de soutien sincères !

Nous avons tous notre propre histoire. La mienne n'est ni plus importante ni moins que celle des autres. Les gens ont tellement plus de choses à dire que ce que nous voyons à la surface. Il y a tant à apprendre quand on cherche à comprendre l'histoire des autres et que l'on a le courage de partager la sienne.

Selon les mots attribués à Ian Maclaren : « Soyez attentionnés, car tous ceux que vous rencontrez mènent un combat difficile. »

Stratégie : Être coach, mentor, parrain

Les études sont claires : les préjugés peuvent avoir un impact significatif sur la réussite personnelle et professionnelle d'une personne. Le mentorat, le parrainage et le coaching peuvent aider les autres à surmonter les biais négatifs dans leur carrière. (Voir le chapitre 7, « Exploiter la puissance des réseaux », pour plus de détails sur la différence entre coaching, mentorat et parrainage.) Envisagez de proposer vos compétences et votre point de vue sous cette forme, par des canaux informels ou plus officiels.

Par exemple, une institution financière multinationale a remarqué que les femmes n'étaient pas promues aux postes de direction. Elle a donc lancé une initiative de coaching, en formant d'abord tous ses cadres supérieurs à l'importance de créer une culture de coaching, puis en favorisant les relations entre les femmes à haut potentiel et les membres exécutifs de la banque.

Je voudrais mettre l'accent sur le parrainage en particulier. Si le mentorat et le coaching peuvent vous coûter du temps, le parrainage est l'activité la plus exigeante des trois, car elle vous demande d'employer une partie de votre propre capital politique pour en faire progresser d'autres. Cela comporte un certain risque, ce qui rend le parrainage plus difficile à mettre en œuvre que le mentorat ou le coaching. Herminia Ibarra, professeure de développement d'entreprise à la London Business School, l'a exprimé ainsi : « En ce qui concerne cette importante distinction, les faits sont très clairs : on a tendance à proposer plus de mentorat aux femmes, mais moins de parrainage »[53], une réalité qui s'applique aussi aux personnes handicapées et autres. Alors que le mentorat peut renforcer les compétences et que le coaching est axé sur une stratégie plus ciblée, c'est le parrainage qui peut réellement accélérer la promotion en comblant les profonds écarts de diversité aux échelons supérieurs de la plupart des entreprises du monde entier.

Pensez à votre dernière grande réalisation professionnelle. Qui vous a aidé ou soutenu pour y parvenir ? Y a-t-il quelqu'un que vous connaissez ou avec qui vous travaillez actuellement qui pourrait bénéficier de votre expérience ?

Voici quelques conseils pour devenir coach, mentor ou parrain :

- Posez des questions aux membres de votre équipe sur leurs objectifs professionnels.

- Demandez-leur ce qui les retient.

- Partagez votre expérience si c'est approprié.

- Proposez des retours et des conseils.

---

53 Herminia Ibarra, « A Lack of Sponsorship Is Keeping Women from Advancing into Leadership. » *Harvard Business Review,* 19 août 2019; https://hbr.org/2019/08/a-lack-of-sponsorship-is-keeping-women-from-advancing-into-leadership.

- Demandez-vous si vous avez le capital politique nécessaire pour aider à la promotion de quelqu'un d'autre.
- Demandez à cette personne la permission de remplir l'une de ces fonctions auprès d'elle.

ANNE

Quand j'ai été nommée PDG d'AT&T Business, il était très clair pour moi que de nombreuses personnes intervenaient en faveur de ma promotion. J'ai bénéficié de soutiens tout au long de ma carrière, et en tant que première femme de couleur PDG dans l'histoire d'AT&T, j'ai la responsabilité de rendre ce que j'ai reçu. J'ai passé une grande partie de mon mandat professionnel à œuvrer en tant qu'alliée pour le plus grand nombre de personnes possible. Voici mes conseils pour devenir un soutien efficace aux personnes marginalisées :

- Il peut être judicieux d'**intégrer un groupe**, qu'il s'agisse d'un réseau d'employés, d'un groupe d'employés-ressources ou d'associations axées sur une certaine démographie, culture, orientation ou religion – même si vous ne représentez pas cette démographie vous-même. J'encourage les hommes à rejoindre les femmes d'AT&T, les femmes d'affaires d'AT&T et autres groupes ; tout le monde y est le bienvenu s'il le souhaite. C'est formidable lorsque les gens souhaitent participer à quelque chose d'inhabituel, peut-être même susceptible de causer une certaine gêne. C'est ainsi que l'on grandit.
- Je vous proposerais aussi de **remettre en question votre cadre interne**. Quand vous envisagez d'intégrer une organisation, prenez soin de vous entourer d'autres points de vue. Prenez des mentors différents de vous, notamment pour apprendre les uns des autres. Vous développerez ainsi tous deux vos connaissances et profiterez au mieux de cette relation.
- Une initiative utile pour tout dirigeant souhaitant devenir un soutien productif : **parrainer les personnes marginalisées**.

Si vous parrainez déjà deux personnes à fort potentiel, trouvez-en deux autres. Tendez les mains des deux côtés et vous trouverez quelqu'un qui a besoin de vous. C'est une joie profonde que de déceler des talents chez les autres et les aider à réaliser leur potentiel. Ne sous-estimez pas l'impact que vous pourriez avoir sur quelqu'un.

- Une autre étape clé consiste à **vous impliquer**. Si vous constatez ou percevez un biais, impliquez-vous. En cas de doute, demandez. Ayez du courage. Qu'il s'agisse de la formation de votre équipe, de votre façon de superviser leurs travaux, de célébrer vos succès, étendez votre réseau et impliquez-vous plus largement auprès des autres. Il est normal de se sentir mal à l'aise. En fait, c'est même une bonne chose, car c'est le signe que vous allez à l'encontre de vos « normes » et de votre « statu quo ». Mais ne vous contentez pas d'intérioriser ce sentiment. Agissez. Même si c'est peu, faites quelque chose pour avancer, que ce soit pour développer votre propre compréhension et votre propre perspective ou pour aider une autre personne à faire de même.

- **Faites entendre votre voix**. L'un des plus grands conseils que je donne aux gens sur ce sujet est de donner un écho à la voix des autres. Si vous êtes en réunion et que vous vous rendez compte qu'un participant est la seule personne de sexe féminin/de couleur/jeune dans la salle, prêtez-lui attention pour savoir si on lui parle ou si ses idées sont validées. Être seul, c'est très difficile. Et les préjugés, inconscients ou non, se retrouvent amplifiés dans ce cas. J'oserais également dire que chacun d'entre nous a déjà été « le seul » au moins une fois dans sa carrière, que ce soit le plus jeune, la seule femme, la seule personne LGBTQ+, le seul célibataire ou sans enfants, ou encore la seule personne de couleur. Utilisez votre propre statut pour amplifier la voix de cette personne seule. Et prenez des mesures afin que cet isolement en matière de représentation ne soit qu'une situation temporaire.

Chapitre 12 : Le courage de soutenir
Réflexion individuelle

Stratégies « Le courage de soutenir »

- Être proactif et non passif
- Étendre une invitation
- S'unir avec d'autres
- Offrir son soutien
- Être coach, mentor, parrain

Scénario de biais

Vous êtes un fonctionnaire fédéral et votre ministère est sur le point de lancer un projet concernant les quartiers traditionnellement mal desservis de votre ville. Vous n'êtes dans ce service que depuis six mois et vous n'avez pas encore fini d'apprendre les ficelles du métier. Dans votre entretien individuel, vous demandez à votre responsable qui, selon elle, va gérer ce projet de grande envergure. Elle vous répond : « Je pense que Keisha est la personne idéale pour ce projet. Elle parle la langue de cette communauté. »

Keisha vous a fait part de son intérêt plutôt axé sur la technologie et les politiques favorisant l'emploi de la technologie dans les villes connectées. Comme elle est la seule employée noire du bureau, elle se sent obligée d'accepter des projets dans les zones urbaines et les communautés noires, et elle s'inquiète de ne pas acquérir d'expérience dans le domaine qui la passionne vraiment.

1. Quels biais pourraient être en jeu ?

   ....

   ....

   ....

2. En quoi ces biais peuvent-ils avoir un impact sur le travail de Keisha (modèle de performance) ?

3. Quelle stratégie « Le courage de soutenir » utiliseriez-vous dans cette situation, et pourquoi ?

Chapitre 12 : Le courage de soutenir
Mise en œuvre par les dirigeants

Scénario de biais

Votre entreprise met en place un programme de mentorat. On vous a associé à trois candidats possibles :

Le candidat no 1 fait partie d'un groupe traditionnellement marginalisé au sein de votre entreprise que vous souhaitez soutenir. Vous venez d'horizons très différents et vous craignez un peu que vos interactions soient maladroites.

La candidate no 2 est nouvelle et n'a pas hésité à comparer ouvertement les façons de faire de votre entreprise à celles de ses anciens employeurs. Vous pensez qu'elle a plutôt raison, dans certains cas, mais vous vous inquiétez de son approche.

La candidate no 3 appartient à une génération plus jeune. Elle est l'une des meilleures de son département, mais elle assure ne pas s'intéresser au leadership.

1. Qui choisissez-vous et pourquoi ?

   ....
   ....
   ....
   ....
   ....
   ....
   ....

2. Quels biais pourraient être en jeu ?

....

....

....

....

....

....

....

....

3. Comment pourriez-vous réduire les biais dans votre processus de décision ?

....

....

....

....

....

....

....

....

....

....

Chapitre 13 : Le courage de défendre

Ici, en Amérique, nous sommes des descendants, dans le sang et dans l'esprit, des révolutionnaires et des rebelles – des hommes et des femmes qui ont osé se détourner des doctrines établies. En tant qu'héritiers, ne confondons jamais le désaccord honnête avec la subversion déloyale.

—Dwight D. Eisenhower, ancien président des États-Unis d'Amérique

La défense peut être considérée comme une forme plus traditionnelle de courage : celui d'être la roue qui grince le plus, pourvu que cela entraîne des progrès à grande échelle.

Prenons l'exemple intéressant de l'initiative « CEO Action for Diversity & Inclusion », un grand engagement des entreprises, par l'intermédiaire de leurs PDG, pour faire progresser la diversité et l'inclusion au travail. Selon leurs propres termes, « cet engagement est motivé par la prise de conscience que la diversité et l'inclusion ne sont pas une question de concurrence, mais de société. Reconnaissant que le changement commence au niveau de la direction, plus de 900 PDG des principales entreprises et organisations commerciales du monde entier font entendre leur voix individuelle et collective pour faire progresser la diversité et l'inclusion au travail. » Le site web associé permet également aux individus de prendre des engagements en matière de diversité et d'inclusion.

Cet engagement mérite d'être souligné, car il fait peser la responsabilité sur les PDG plutôt que sur leurs employés. Nous ne devons pas faire porter la charge du travail sur les biais inconscients à ceux qui les subissent. Une étude publiée par l'*Academy of Management Journal* a révélé que les dirigeants de sexe féminin et/ou non blancs qui défendaient les initiatives en faveur de la diversité étaient pénalisés dans leurs notations des compétences et de la performance.[54] Prenons tous l'engagement de défendre ces changements.

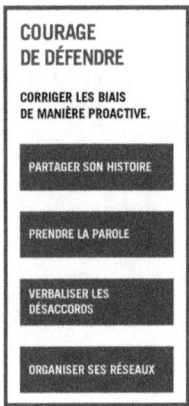

Stratégie : Partager son histoire

Au chapitre 11, nous avons évoqué une stratégie consistant à mettre par écrit son expérience afin de mieux affronter les préjugés. Partager cette histoire à grande échelle pourrait contribuer à de vrais changements institutionnels. Beaucoup ne comprennent pas l'impact des préjugés. Votre expérience pourrait les aider à obtenir une image plus complète.

« Que signifie mon foulard pour vous », une conférence de Yassmin Abdel-Magied chez TED, a été visionné plus de deux millions de fois et traduit dans plus de trente et une langues à l'heure où nous écrivons ces lignes.[55] Abdel-Magied partage son expérience en tant qu'immigrante, ingénieure, musulmane et femme. Les centaines de commentaires sous la vidéo montrent des discussions qui n'auraient probablement pas

---

54 David R. Hekman et al., « Does Diversity-Valuing Behavior Result in Diminished Performance Ratings for Non-White and Female Leaders? » *Academy of Management Journal* 60, no. 2 (3 mars 2016); https://doi.org/10.5465/amj.2014.0538.

55 Yassmin Abdel-Magied, « What Does My Headscarf Mean to You? » TED talk, 27 mai 2015; https://www.ted.com/talks/yassmin_abdel_magied_what_does_my_headscarf_mean_to_you.

eu lieu autrement. Par la suite, Yassmin a remporté le prix de Jeune Australienne de l'année grâce à cette première étape, avoir partagé son histoire.

Tous ces supports, les conférences TED, les podcasts, les articles, les blogs, les recherches et les livres sur les biais et l'inclusion, ont fait avancer le dialogue et constituent des formes de défense. La curiosité et l'empathie se développent à partir d'histoires – des retours d'expérience qui aident les gens non seulement à comprendre les situations, mais aussi à en ressentir l'impact. Les témoignages de véritables victimes de préjugés incitent à examiner la question plus en profondeur et à réagir.

Pensez à la dernière fois que vous avez changé d'avis sur un sujet important. Qu'est-ce qui vous a poussé à changer d'avis ? Était-ce une histoire, une expérience ou une information ?

Voici quelques conseils pour partager votre histoire dans un contexte plus large :

- Parcourez les posts les plus viraux sur les réseaux sociaux pour trouver des histoires de préjugés ancrés dans la conscience collective, qui ont suscité un réel changement. Quel a été leur impact positif ?

- Partagez, sur le support qui vous convient le mieux, ce qui vous a fait prendre conscience de l'existence des biais et comment vous y avez remédié. Faites-en une histoire humaine qui aide les gens à vous voir et à comprendre votre contexte et votre point de vue.

MARK

Mon homosexualité est une partie de mon identité que j'ai cachée à tout le monde pendant de nombreuses années. Il m'a d'abord fallu l'accepter moi-même. Ensuite, je l'ai partagée avec ma famille, mes amis proches, et finalement, avec mes collègues de travail. Comme je l'ai déjà dit, rien de tout cela n'a été facile.

Partager mon histoire a été un acte de courage qui a commencé petit – d'abord mon cercle familial et amical le plus proche – et qui s'est progressivement développé. Je la partage maintenant chaque fois que j'anime des ateliers sur les biais inconscients, et bien sûr, vous l'avez lue dans ce livre. Les témoignages qui ne sont pas révélés au grand jour ne sont jamais visibles pour les autres. On peut très bien ne pas avoir d'arrière-pensée en interrogeant un collègue sur sa vie personnelle, mais si cette personne craint que son orientation ou son identité sexuelle prête à controverse, cette simple question peut être terrifiante. En racontant mon histoire, j'espère avoir mis en lumière le défi que cela représente. En évoquant ces épreuves, il est possible de provoquer des changements. Par exemple, une invitation au pique-nique de l'entreprise pourrait mentionner les partenaires au lieu des conjoints, et la mutuelle santé pourrait couvrir les unions de fait et non uniquement les mariages traditionnels.

Commencez là où vous êtes à l'aise. Au fur et à mesure que vous gagnez en courage, cherchez des occasions d'étendre votre influence, non seulement pour vous, mais aussi pour tous ceux qui peuvent tirer des leçons de votre histoire ou s'y reconnaître.

Stratégie : Prendre la parole

Si vous vous sentez en sécurité et soutenu, la meilleure façon de faire preuve de courage est parfois d'identifier le problème. La prise de parole peut être fortuite et spontanée, comme lors d'une réunion ou d'une conversation à la fontaine à eau, mais elle peut être plus importante et plus audacieuse, comme une réunion officielle avec un haut responsable afin de discuter d'un problème et des solutions éventuelles.

Par exemple, dans un récent programme de formation obligatoire pour les élus, nous nous sommes attachés à ce que les subordonnés puissent s'exprimer clairement et fréquemment. Cela peut avoir un impact important pour le personnel d'entendre les chefs déclarer avec sincérité qu'ils tiennent à ce que les problèmes remontent jusqu'à eux, même si cela les concerne directement, et qu'il n'y aura aucune sanction professionnelle en conséquence. En communiquant clairement le désir de recevoir un retour d'information et en rassurant les employés quant au fait qu'il n'y aura pas de représailles, les hauts dirigeants leur donnent ainsi le pouvoir de défendre les intérêts d'autrui et de prendre la parole, ce qui profite à toute l'entreprise.

Pensez à une époque où vous avez défendu une croyance ou identifié un problème. En quoi était-ce facile ou difficile ? Quelles réactions avez-vous obtenues ?

Voici quelques conseils pour prendre la parole dans un contexte plus étendu :

- Lorsque vous constatez un biais, chez vous ou chez d'autres, prenez du recul et cherchez des preuves. S'agit-il d'une tendance ou d'un événement ponctuel ?

- Exercez-vous à dire ce que vous voulez. La pratique nous aide à passer de la partie émotionnelle du cerveau à la partie cognitive, qui nous permet d'établir des liens logiques avec les autres.

- Envisagez de prendre à part la personne concernée et d'avoir cette conversation en privé.

- Employez des propos bienveillants pour entamer la conversation.

Stratégie : Verbaliser les désaccords

Votre culture d'entreprise n'est peut-être pas favorable au dissensus. Mais lorsqu'on accorde aux gens la possibilité d'exprimer leur désaccord, ils peuvent être récompensés, ou du moins reconnus, pour avoir décelé les défauts d'un argument et invité le groupe à penser différemment aux problèmes et aux défis posés.

Attribuez officiellement le rôle d'avocat du diable. En matière de grandes décisions, il est essentiel d'avoir un individu à ce rôle afin d'obtenir de nouvelles perspectives. Que vous cherchiez à développer un nouveau produit ou processus, à prendre une décision ou à adopter un plan stratégique, demandez à un membre de votre équipe de jouer le rôle de dissident actif ou d'avocat du diable.

L'avocat du diable devrait :

- Trouver les faiblesses ou les lacunes d'un plan.

- Faire preuve d'empathie pour envisager de nouvelles perspectives sur le sujet.

- Creuser chaque hypothèse.

- Veiller à ce que ce rôle apporte une valeur ajoutée et ne consiste pas à exprimer un désaccord pour le plaisir d'exprimer un désaccord. Il est utile de remettre en question certaines normes établies, mais pas de protester contre *tout*.

Stratégie : Organiser ses réseaux

L'un de nos besoins primordiaux est de former des groupes – « nous » contre « eux ». La notion de groupe étant forte, elle peut s'avérer être un accélérateur de performances. Des recherches ont montré qu'en créant des réseaux pour rassembler des groupes similaires, on pouvait contrebalancer significativement l'impact des biais sur la croissance professionnelle. Cela permet également de relier officiellement les groupes marginalisés aux réseaux informels qui ont fait leurs preuves dans la promotion des carrières.

Historiquement, les entreprises ont utilisé le terme « groupe-ressources d'employés » pour ces réseaux, mais la plupart des organisations en avance sur la voie de la diversité et de l'inclusion parlent aussi, désormais, de groupes d'affinités et de groupes-ressources professionnels. Chacun remplit des fonctions différentes :

Les **groupe-ressources d'employés** (GRE) ont pour objectifs de faire progresser les divers candidats dans la hiérarchie de l'entreprise et de garantir leur accès aux chances de promotion. Ces groupes se concentrent sur des activités d'encadrement, de mentorat et de parrainage, ce qui peut accroître la représentation des groupes cibles à des postes de direction jusqu'à 24 %.

Comme nous l'avons évoqué, les recherches prouvent sans équivoque que lorsque des personnes marginalisées défendent leur groupe, cette initiative peut leur nuire à long terme sur le plan professionnel. L'une des meilleures pratiques consiste donc à faire appel à un parrain exécutif qui ne soit pas membre du groupe. Les GRE se concentrent généralement sur les employés qui partagent une perspective unique, comme les femmes, les parents, les anciens combattants, les personnes handicapées, les membres d'une race ou d'une religion spécifique ou la communauté LGBTQ+. Les GRE peuvent également exister autour d'autres éléments identifiants ou intérêts communs. Les GRE efficaces offrent des chances de formation, explorent des stratégies de recrutement afin d'alimenter leur communauté avec les meilleurs talents, tout en associant leurs objectifs, de diverses manières, aux objectifs stratégiques de leurs entreprises.

Les **groupes-ressources professionnels** apportent à l'entreprise leur contribution au développement des produits et leurs connaissances culturelles. Par exemple, le groupe-ressources professionnel afro-américain de chez Pepsi conseille l'entreprise sur la manière de commercialiser ses nouveaux produits auprès des communautés afro-américaines.

Les **groupes d'affinités** ressemblent beaucoup à des associations ou comités d'entreprise, offrant aux employés la possibilité de sortir boire un verre ensemble, de s'adonner à un loisir commun comme la salsa, de former un groupe informel comme une équipe de softball, ou simplement de s'amuser en dehors du travail.

Dans l'idéal, il faudrait pouvoir offrir ces trois types de groupes. Cela permet à tout le monde de participer en fonction de ses propres objectifs. J'ai travaillé dans une équipe qui a mené une enquête anonyme sur la culture, et l'un de mes collègues a écrit : « Comme il y a beaucoup de personnes mariées avec des enfants dans l'équipe, on n'a pas suffisamment d'occasions de renforcer la cohésion d'équipe. Il faudrait jouer au foot ou prendre l'apéritif. » C'est une suggestion valable, mais avec des horaires de voyage éreintants, j'étais typiquement l'un des membres de l'équipe qui n'étaient pas intéressés par les activités en dehors des heures de bureau. Mon collègue cherchait un groupe d'affinités pour interagir avec ses collègues dans un environnement divertissant, alors que j'étais plus intéressée par un GRE, afin d'établir des relations avec les cadres et progresser professionnellement. Le fait d'avoir ces deux types de groupes à disposition permet d'impliquer toute l'équipe, quels que soient les intérêts de chacun.

Les personnes qui jouent le rôle d'alliés peuvent-elles intégrer des groupes-ressources ? À tous les niveaux, tout le monde peut intégrer n'importe quel groupe. Les gens ont différentes raisons de s'y impliquer, et rejoindre un groupe pour le défendre peut favoriser une formidable empathie. L'un de mes clients a récemment ouvert plusieurs groupes-ressources pour les employés et, lors de la réunion de lancement, le fondateur responsable du GRE pour les personnes handicapées a raconté l'histoire de ses trois fils atteints d'autisme. Il se souciait beaucoup du rôle des personnes handicapées au travail et de la contribution qu'elles pouvaient apporter, voilà pourquoi il était à la tête de ce groupe. Un autre parrain, membre de l'exécutif, a raconté la première fois où quelqu'un a souligné combien sa fille, qu'il avait adoptée en Chine, ne lui ressemblait pas et en quoi cela l'avait touché.

Voici quelques conseils pour réfléchir à l'organisation des réseaux. Demandez-vous :

- Est-ce que je me sens exclu des réseaux officiels ou informels au travail ?

- Ai-je des expériences personnelles qui me semblent trop différentes de celles du reste de mon équipe ?

- Y a-t-il des réseaux, au travail ou dans ma communauté, qui pourraient m'aider à me sentir compris et soutenu ? Si ce n'est pas le cas, puis-je mettre cela en œuvre ?

ANNE

Je crois que chez AT&T, nous sommes exemplaires en ce qui concerne les groupes-ressources et les réseaux d'employés. Nous avons plus de deux douzaines de ces groupes, organisés autour de divers composants. Par exemple, je suis la marraine exécutive du réseau des femmes d'affaires d'AT&T et de l'association des femmes issues d'Asie et du Pacifique. Nous avons des groupes consacrés aux anciens combattants, à nos employés autochtones et bien d'autres encore.

Il est important pour tout dirigeant de soutenir ces communautés et la fondation de groupes axés autour de ces composants. Si rien de cela n'existe, soyez-en à l'initiative. S'il en existe déjà, intégrez-les.

L'une des idées fausses les plus répandues sur les groupes de femmes, par exemple, c'est qu'il faut en être une pour en faire partie. Ce n'est pas vrai ! Je connais beaucoup d'hommes qui estiment ne jamais avoir reçu de meilleur mentorat que dans nos réseaux de femmes. Ces réseaux élargissent votre perspective et vos connaissances au-delà de vos activités et de vos tâches quotidiennes habituelles.

Par ailleurs, intégrer des groupes qui ne concernent pas votre expérience personnelle peut vous permettre de vous en rapprocher. Récemment, l'un de mes clients masculins a créé un réseau de femmes. Son rôle en tant que fondateur de ce réseau est extrêmement précieux, car ce groupe de femmes, ainsi que leurs soutiens masculins, savent que le PDG en fait lui-même partie.

Si votre entreprise ne dispose pas de ce type de réseaux, lancez-les ! Vous n'avez besoin que de quelques personnes. Et avec la technologie, vous pouvez créer une communauté mondiale. Pensez à faire appel à des parrains membres de l'exécutif dès le début afin d'augmenter vos chances de succès grâce à un soutien visible de la part de vos dirigeants.

Chapitre 13 : Le courage de défendre
Réflexion individuelle

Stratégies « Le courage de défendre »

- Partager son histoire
- Prendre la parole
- Verbaliser les désaccords
- Organiser ses réseaux

Scénario de biais

Vous êtes recruteur dans une organisation membre des 500 plus grandes entreprises. Vous avez beau vous efforcer de proposer une liste de candidats diversifiée, vous remarquez qu'un dirigeant rejette systématiquement les personnes portant des noms étrangers ou différents.

1. Quels biais pourraient être en jeu ?

   ....

   ....

   ....

   ....

   ....

   ....

   ....

   ....

2. En quoi ces biais peuvent-ils affecter votre travail ou celui de l'entreprise (modèle de performance) ?

....

....

....

....

....

....

....

....

....

3. Quelle stratégie « Le courage de défendre » utiliseriez-vous dans cette situation, et pourquoi ?

....

....

....

....

....

....

....

....

....

Chapitre 13 : Le courage de défendre
Mise en œuvre par les dirigeants

Scénario de biais

Vous avez récemment accepté un poste de direction dans une nouvelle entreprise dotée d'une équipe très performante et engagée. En vous penchant sur le budget, vous constatez que les membres de l'équipe, à expériences et performances égales, sont rémunérés de manière très différente.

1. Quels biais pourraient être en jeu ?

   ....

   ....

   ....

   ....

2. En quoi ces biais peuvent-ils avoir un impact sur le travail de l'équipe ou sur votre travail (modèle de performance) ?

   ....

   ....

   ....

   ....

3. Quelle stratégie « Le courage de défendre » utiliseriez-vous dans cette situation, et pourquoi ?

   ....

   ....

....

....

Réflexion complémentaire

Maintenant que vous avez examiné huit scénarios et réfléchi à la manière d'appliquer les seize stratégies de courage, pouvez-vous penser à une situation réelle à laquelle vous êtes confronté actuellement ?

....

....

....

Décrivez les circonstances. Quels biais pourraient être en jeu et en quoi ces biais auraient-ils un impact sur votre travail et celui des personnes concernées ?

....

....

....

....

Quelle stratégie de courage utiliseriez-vous dans cette situation et pourquoi ?

....

....

....

....

On ne voit pas la diversité changer en un mois, ni deux, ni même six. C'est au bout d'un an, deux ou cinq que l'on perçoit des résultats.C'est ainsi que cela fonctionne. C'est un jeu long, et très peu d'entreprises y sont disposées… Les dirigeants doivent communiquer : « Je suis là pour le long terme et je ne me détournerai pas du but. »[56]

—Bo Young Lee, cheffe de la diversité et de l'inclusion, Uber

---

56   Barbara Booth, « How Troubled Ride-Hailing Giant Uber Put an End to Internal 'Name-Calling and Finger-Pointing.' » CNBC, 29 novembre 2018 ; https://www.cnbc.com/2018/11/29/how-uber-put-an-end-to-internal-name-calling-and-finger-pointing-.html.

Partie 4 : Mettre en œuvre dans le cycle de gestion des talents

ANNE

En tant que dirigeants et gestionnaires, nous devons prendre conscience que les biais inconscients sont présents en chacun de nous, ainsi qu'au sein de la direction, des processus décisionnels et fonctionnels de nos entreprises. C'est tout particulièrement vrai lors des phases essentielles du cycle de gestion des talents. Si la question n'est pas abordée de manière proactive, elle persistera et entravera le développement d'équipes très performantes, capables d'atteindre des résultats exceptionnels.

L'une des clés pour la création et la constitution d'équipes fortes est d'avoir un solide vivier d'employés talentueux au sein même de l'organisation. Du point de vue du cycle de gestion des talents, on peut considérer qu'il s'agit des processus de marketing, de recrutement et de gestion du personnel nécessaires pour garantir que les meilleurs — ceux qui peuvent apporter la volonté et les compétences dont vous avez besoin — seront attirés par votre marque et auront intérêt à travailler avec vous. Existe-t-il un biais dans votre approche actuelle ? La façon dont vous recrutez est-elle dépassée, y compris dans le « où » et le « quand » ? Remportez-vous la bataille des talents dans votre domaine ? Avez-vous le sentiment que votre système interne reflète non seulement les talents dont vous avez besoin aujourd'hui, mais également ceux dont vous aurez besoin à l'avenir ?

Une fois qu'une personne a décidé d'intégrer votre équipe, comment la développez-vous ? Quelle est votre approche en matière de formation, d'apprentissage et de soutien ? Comment votre entreprise aborde-t-elle le mentorat ? Vous concentrez-vous sur la personnalité complète ou seulement sur son aspect professionnel ? Quel est le degré d'implication de vos employés ? Comment identifiez-vous les talents à fort potentiel ? Ces méthodes sont-elles révolues ? Tel talent à haut potentiel représente-t-il la diversité de dirigeants dont vous avez besoin, maintenant, mais aussi plus tard ? J'oserais dire que les réponses à ces questions sont probablement biaisées et que cela vaut la peine de les explorer si vous souhaitez que votre culture d'entreprise évolue au rythme du marché et reste en avance sur vos concurrents existants et émergents.

Qu'en est-il de l'avancement de carrière ? À quoi ressemble votre liste de salariés à fort potentiel ? Est-elle plus homogène que diversifiée ? Avez-vous du mal à constituer un vivier ou vos candidats ont-ils tendance à provenir du même endroit dans votre entreprise ? Existe-t-il un archétype de dirigeant qui réussisse mieux dans votre entreprise ? Reflète-t-il le marché sur lequel vous êtes en concurrence aujourd'hui – et ce vivier vous préparera-t-il au mieux à la concurrence de demain ? Les réunions axées autour de vos talents sont-elles favorisées aujourd'hui ? Tout le monde a-t-il une voix égale au chapitre ou certains autour de la table sont-ils plus dominants que d'autres ? Est-ce justifié ?

Je ne pose pas toutes ces questions rhétoriques pour vous frustrer. Elles ont pour but de mettre en évidence les notions de biais éventuels inhérents à vos systèmes et structures décisionnels. La vitalité de vos effectifs est la clé du succès. Si votre entreprise ne travaille pas de façon ciblée et ne révise pas régulièrement ses moyens de soutenir et de gérer ses talents, les biais risquent de perdurer, empêchant par contre-coup l'entreprise de progresser, d'innover et d'évoluer comme vous le souhaiteriez.

J'ai récemment travaillé avec un client, une entreprise de technologies de la santé, sur sa stratégie de diversité et d'inclusion. La séance de stratégie était principalement axée sur deux points : le cycle de gestion des talents et la mise en place d'un conseil de la diversité et de l'inclusion. Avant la session, j'avais eu plusieurs entretiens de planification avec la responsable de l'apprentissage et du développement, partisane engagée en faveur de l'inclusion dans son entreprise. Elle était impatiente de voir de vrais progrès et de proposer une stratégie solide dans cette optique. Une chose m'a frappée dans nos échanges préalables, et même lors de notre session : cette responsable n'a cessé de répéter que la stratégie ne pouvait pas porter sur les quotas. Je lui ai demandé de m'en dire plus à ce sujet, et elle m'a fait savoir que plusieurs années auparavant, un consultant avait été engagé pour élaborer une stratégie dans ce sens. Le consultant a présenté un exposé sur ses recommandations à l'équipe de direction. Sa thèse était que l'entreprise devait fixer des quotas basés sur les groupes raciaux et le sexe et se consacrer activement à les respecter. L'équipe de direction n'a pas apprécié.

Cela en dit long sur l'évolution des questions de diversité et d'inclusion au travail et de leur place. Quand on interroge les dirigeants sur la diversité et l'inclusion et sur le cycle de gestion des talents, beaucoup se contentent, par défaut, de mesures de discrimination positive et de quotas. S'ils sont majoritaires, cela déclenche souvent la partie primitive de leur cerveau. « Vous dites que vous devez me remplacer pour remplir ce quota ? » Ces sentiments de minorité peuvent entraîner un traitement très restrictif, voire préjudiciable, des employés susceptibles d'être considérés comme des « recrues de la diversité ».

Un autre défi que j'ai constaté avec les quotas, c'est qu'ils deviennent souvent le plafond au lieu du plancher. Cela peut restreindre les mesures à un aspect purement symbolique : l'idée qu'une entreprise a fait appel à la « diversité » pour atteindre un quota, et non parce que la personne était la plus qualifiée et la plus capable pour le poste : « Vous voyez, nous avons une femme, une personne noire, un vétéran », et ainsi de suite. Imaginez ce que vous ressentiriez si quelqu'un vous appelait « recrue de la diversité », réduisant à néant le temps et l'énergie que vous avez consacrés à vos études et à votre carrière.

La plupart des pays en dehors des États-Unis ne sont même pas autorisés à collecter des données démographiques sur leurs employés. Même aux États-Unis, ces données sont utilisées comme référence et non comme objectif catégorique. Si les quotas d'embauche ont été largement éliminés, l'importance de ce symbole perdure dans les initiatives de recrutement diversifiées, ce qui entraîne le critère de « deux symboliques », l'idée selon laquelle si au moins deux personnes d'un groupe particulier sont représentées, les objectifs sont atteints. Cet état d'esprit et cette approche peuvent être réducteurs.

Notre discussion sur le cycle de gestion des talents se concentre plutôt sur la manière dont nous pouvons appliquer au cycle de gestion des talents les principes de conscience de soi, d'ouverture et de croissance, non pas parce que nous y sommes contraints, mais parce que nous reconnaissons que la diversité et l'inclusion sont essentielles pour assurer à l'entreprise les meilleures performances possibles. En mettant en œuvre les tactiques décrites dans la quatrième partie, on s'assure que le comportement des cadres, les processus liés aux employés et la culture d'entreprise favorisent la zone de haute performance, où les individus se sentent valorisés, respectés et inclus au travail.

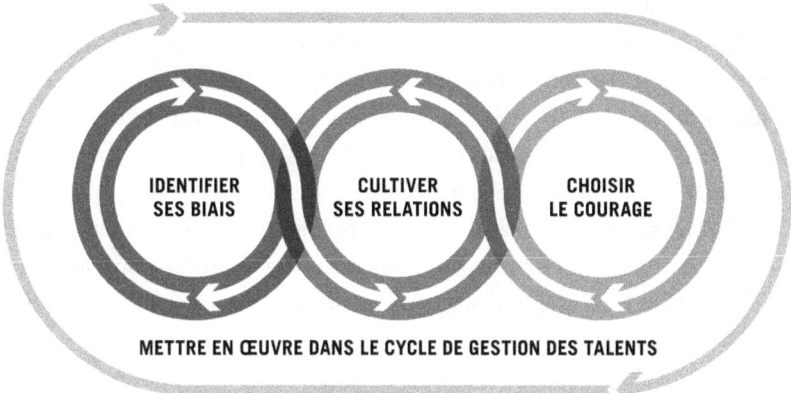

Cadrage/Recadrage

Cadrage :	Recadrage :
Le cycle de gestion des talents est un élément obligatoire de la législation et des politiques en matière de ressources humaines. En tant que dirigeant, je ne fais que suivre la politique.	Le cycle de gestion des talents est guidé par la législation et les politiques en matière de ressources humaines. En tant que dirigeant, je peux influencer et avoir un impact sur l'expérience des employés à chaque étape du cycle de gestion.

Le principe de finalité

Nous avons plaidé en faveur de l'introspection, de la vulnérabilité, de l'empathie, de la curiosité et du courage pour constituer des équipes performantes. Mais vous devez être d'accord. En tant que dirigeant, vous devez considérer la diversité et l'inclusion comme un élément essentiel de votre objectif et de votre approche. Si vous en êtes partisan, ce qui suit est une feuille de route qui vous aidera à appliquer cet objectif à l'ensemble du cycle de gestion des talents. Ce cycle comprend les processus et les décisions au sein de votre équipe et de votre organisation qui auront un impact sur les individus. Comme c'est le cas pour tout ce qui mérite un effort dans la vie, c'est plus facile de dire que l'on souhaite faire de la diversité et de l'inclusion une priorité, mais moins facile à mettre en œuvre. Heureusement, ce n'est pas impossible. Il vous faudra du courage pour appliquer ce que vous avez appris, pour revoir vos réponses aux outils utilisés jusqu'à présent et entreprendre quelque chose de différent. Pourtant, de telles initiatives s'aligneront sur votre objectif de leadership plus large, et vous en verrez les résultats positifs dans vos performances et celles de vos équipes.

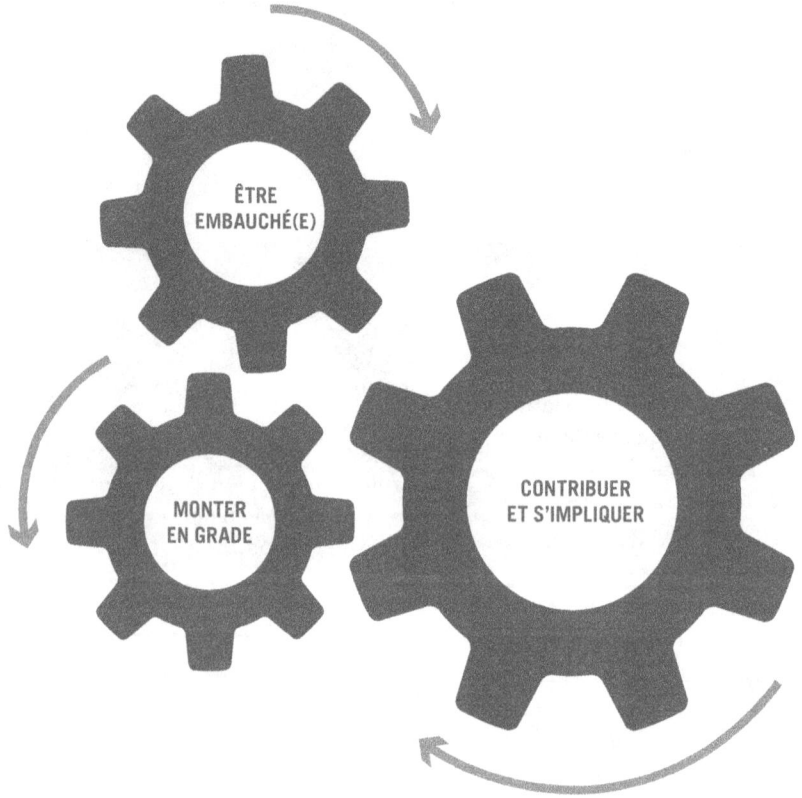

Le cycle de gestion des talents englobe les points de décision qui surviennent tout au long de la carrière d'une personne : si elle est embauchée, quels sont les projets auxquels elle participe et si elle obtient ou non une promotion. Il existe d'innombrables variantes du cycle, car ce modèle évolue légèrement selon les secteurs et les entreprises. Par exemple, j'ai travaillé avec une société de conseil dont le cycle de gestion des talents comprenait des affectations internes à des projets en fonction de l'adaptation des consultants aux sites des clients. Il y avait donc deux niveaux de sélection : le premier, l'emploi au sein de la société ; le second, l'intégration dans l'équipe cliente. Pour nos besoins, nous classerons les décisions du cycle de gestion des talents en trois catégories : Embauche, Contribution et implication, et Promotion.

Nous considérons généralement le cycle de gestion des talents comme un cycle continu. Par exemple, on est embauché par une entreprise, on y travaille pendant quelques années, on obtient une promotion, puis on quitte l'entreprise et on recommence dans une autre, par un mouvement latéral ou ascendant. Pour nos besoins, j'aimerais que vous considériez ces trois catégories comme interdépendantes. Ce sont des engrenages qui tournent les uns avec les autres. Les avantages sociaux, importants à un moment donné de la carrière, peuvent changer avec le temps. Les chances de promotion offertes dans une entreprise donnée auront un impact sur l'implication des employés et la réputation de l'entreprise sur le marché – ce qui, en fin de compte, aura une incidence sur la composition du vivier de candidats. Chaque élément du cycle de gestion des talents et les décisions, politiques, procédures et normes qui le sous-tendent sont intrinsèquement liés les uns aux autres.

Certes, cela fait *beaucoup* d'éléments à prendre en compte ! L'idée ici n'est pas de bouleverser tout le cycle de gestion des talents de votre entreprise. Nous voulons plutôt nous assurer qu'en tant que dirigeant, vous compreniez chaque composante du cycle et les décisions qui surviennent dans chaque partie du modèle, puis que vous réfléchissiez aux points susceptibles d'être améliorés. Lorsqu'il s'agit d'appliquer des stratégies d'atténuation des biais au cycle de gestion des talents, on me demande souvent : « Par quelle composante commencer ? » Les entreprises hésitent à se concentrer plutôt sur l'ouverture du recrutement et de l'embauche, la diversification de leur conseil d'administration ou la mise en place d'un programme de leadership féminin, par exemple.

Le choix de l'élément de départ dépend entièrement de la forme que prend le cycle de gestion des talents dans votre entreprise. Quels sont les points forts et les ouvertures de votre entreprise ? Que disent vos données quantitatives et qualitatives actuelles sur les écarts de performances ? Disposez-vous seulement de telles données ? Si ce n'est pas le cas, comment pourriez-vous les obtenir ?

Supposons que votre entreprise soit à la pointe des programmes de recrutement dans le domaine de la diversité et qu'elle ait mis en place des examens de CV à l'aveugle (toutes les données d'identité, telles que le nom et le sexe, ont été supprimées), des comités de sélection et des décisions de recrutement conjointes. L'ennui, c'est que l'implication de vos employés est faible, notamment en ce qui concerne les anciens combattants, les personnes de couleur et les femmes. Vous rencontrez peut-être de réelles difficultés à garder vos employés au-delà de deux ans et vous décidez de commencer par là. À l'inverse, vous aborderiez peut-être un autre point si vous aviez une entreprise familiale assez homogène, capable de maintenir un niveau élevé d'implication et de fidélisation des employés et une incroyable fidélité de la clientèle, mais qui connaît une croissance importante.

Les deux scénarios vous donnent une idée de l'orientation à donner à vos efforts. Dans le premier cas, vous commencerez par l'expérience des employés et les composantes de la contribution et de l'implication. Dans le second, vous pourriez vous concentrer spécifiquement sur les processus de recrutement de la partie Embauche, compte tenu de la croissance importante à laquelle vous êtes confronté. Quelle que soit votre réalité, la première étape consiste toujours à comprendre votre situation actuelle et à déterminer où les biais peuvent avoir le plus d'impact sur les performances dans votre cycle de gestion des talents spécifique.

ANNE

Une décision que beaucoup rencontrent dans leur carrière est la question de passer du rôle de contributeur individuel à celui de superviseur à responsabilités. On suppose souvent qu'il s'agit d'une transition naturelle et que tout le monde aspire à diriger des équipes. Rien n'est plus faux. J'encourage ceux qui sont intéressés par un parcours professionnel impliquant la direction directe d'une équipe à rechercher d'abord des opportunités de leadership par le biais de projets, de missions spéciales et même de situations très ponctuelles comme des réunions ou des conversations de groupe. Pour développer et affirmer son leadership, il faut de la pratique et de l'expérience. Comme nous le savons tous, les compétences de dirigeant sont avant tout des compétences humaines. Il s'agit d'inspirer ses employés, de les coacher, de les aider à s'épanouir dans leur carrière, en un mot, de les diriger. Le leadership n'est pas une pratique statique.

En fin de compte, chaque dirigeant doit comprendre, façonner et soutenir l'ensemble du cycle de gestion des talents — pour son personnel, ses équipes et l'entreprise dans son ensemble. Un objectif essentiel du leadership est de faire en sorte d'avoir la bonne équipe sur le terrain au bon moment... ce qui implique d'avoir les bonnes personnes aux bons rôles à un instant T. Les changements s'accélèrent et l'évolution du marché est plus dynamique. Les dirigeants doivent calibrer et recalibrer en permanence, s'assurant que leur entreprise a tout pour réussir, non seulement dans le présent, mais aussi dans l'avenir.

Enfin, s'il existe tout un arsenal législatif pour accompagner chaque forme de décision et de procédure en matière de ressources humaines, je trouve que les entreprises souffrent souvent d'un manque cruel d'imagination. Dans cette partie, nous évoquerons les meilleures pratiques et les questions à prendre en compte lorsque vous vous penchez sur le cycle de gestion des talents. À mesure que vous apporterez des améliorations, saisissez l'occasion de sortir des sentiers battus. Le terme « intersectionnalité » n'existait pas avant que l'avocate Kimberlé Williams Crenshaw ne l'invente dans sa défense d'une affaire de droits civils.[57] Maintenant, l'intersectionnalité, la notion d'interconnexion de nos catégories et marqueurs sociaux comme la race, l'orientation sexuelle et l'identité de genre, est ce qui définit la diversité et les initiatives d'inclusion dans le monde entier. Le concept d'amplification n'existait pas non plus avant qu'un groupe de femmes seniors de la Maison Blanche d'Obama le conçoive et le mette en œuvre. Aujourd'hui, l'amplification est utilisée au sens large pour mettre en avant la contribution des femmes traditionnellement marginalisées dans les entreprises.

---

57 Kimberlé Crenshaw, « Demarginalizing the Intersection of Race and Sex: A Black Feminist Critique of Antidiscrimination Doctrine, Feminist Theory, and Antiracist Politics. » *University of Chicago Legal Forum*, vol. 1989, article 8; https://chicagounbound.uchicago.edu/uclf/vol1989/iss1/8.

L'étude à grande échelle de Google sur la recette des équipes gagnantes a conduit à des stratégies simples, mais primordiales, comme une liste de contrôle de sécurité psychologique pour les dirigeants. La création d'équipes agiles est une idée qui ne fonctionne que parce que les entreprises sont prêtes à rejeter les hiérarchies traditionnelles fondées sur le commandement et l'autorité. La Fondation Bill et Melinda Gates offre cinquante-deux semaines de congé parental rémunérées. Marc Benioff, PDG de Salesforce, a consacré 6 millions de dollars sur deux ans à la correction de l'écart salarial selon le sexe, la race et l'origine ethnique dans toute l'entreprise.

Il est vrai que certaines de ces stratégies nécessitent un certain budget et que la situation financière de chaque entreprise ne permet pas toujours de prendre des décisions aussi importantes et radicales. Pourtant, de nombreux comportements et stratégies de leadership inclusif ne coûtent pas cher ou sont même gratuits. Nous ne sommes limités que par notre imagination et ce que nous nous refusons de faire. En tant que dirigeant, à quelque niveau que ce soit, vous avez de l'influence et vous pouvez avoir un impact qui améliorera les chances de toute votre entreprise.

Chapitre 14 : L'embauche

Je ne pourrais pas vous dire le nombre de fois où j'ai assuré par téléphone lors d'un entretien d'embauche préliminaire... Évidemment, que croyez-vous ? Mais quand je suis arrivée, je n'exagère pas en disant qu'un homme est entré dans la pièce où j'étais, m'a toisée du regard, puis a tourné les talons pour repartir... Ce type a perdu une employée géniale, dommage pour lui. Sa propre grossophobie a nui à ses performances d'équipe.

Vous risquez de limiter votre vivier de talents si vous nous mettez à l'écart. Parce que certains d'entre nous, je dirais la plupart, comme dans n'importe quel autre groupe de personnes, sont exceptionnels. Vous auriez tort de vous en priver. Nous sommes des gens formidables. Ce n'est pas parce que je dois prendre l'ascenseur au lieu de l'escalier tous les jours que je suis moins apte à mon poste. Cela ne me rend pas moins visible. Cela ne me rend pas moins utile à une entreprise.

—Lisa Love, productrice coordinatrice, lauréate d'un Emmy Award de PBS pour SciGirls[58]

L'embauche comprend toutes les décisions qui déterminent si une personne aura sa place autour de la table : recrutement, embauche et entretiens, ainsi qu'avantages sociaux. Elle comprend des questions telles que l'annonce de l'ouverture d'un poste, les informations men-

---

58 Love, Lisa. « What is the Big Fat Deal? » Presentation. Forum for Workplace Inclusion, 2018.

tionnées dans la description du poste, la manière dont les entretiens sont menés et par qui, en quoi consiste le processus d'entretien et comment la décision finale est prise.

La rémunération fait également partie de ce chapitre : comment les salaires sont déterminés, quels avantages sont offerts à qui et comment les négociations sont menées.

L'EMBAUCHE

RECRUTEMENT

Examinez vos possibilités de partenariat
Considérez l'avenir du travail
Fiez-vous aux données, et pas seulement aux instincts, pour les critères d'embauche
Optimisez vos descriptions de poste

EMBAUCHE ET ENTRETIENS

Créez des comités d'entretien formés
Autorisez des compléments au CV
Alignez l'entretien sur le poste

AVANTAGES SOCIAUX

Effectuez un audit d'inclusion pour vos programmes d'avantages sociaux
Veillez à ce qu'un audit sur la rémunération soit inclus
Autorisez une certaine flexibilité et des négociations
Fiez-vous aux données
Prévenez tout le monde
Penchez-vous sur la question

Vous pouvez considérer les avantages sociaux comme une question qui survient après l'embauche, mais cela peut dissuader certains candidats d'envisager de postuler, de passer un entretien et/ou d'accepter un poste dans l'entreprise. La décision apparemment simple de proposer des stages rémunérés ou non, par exemple, peut modifier considérablement votre vivier de candidats. Les avantages tels que le congé parental, l'assurance maladie, les modalités de travail flexibles et les possibilités d'avancement sont autant de considérations importantes pour de nombreux candidats. Le fait qu'une entreprise favorise l'obtention de visas de travail peut en faire une option intéressante pour les talents internationaux. Il est également important d'évaluer les politiques de déménagement et le soutien que l'entreprise apporte aux transitions de la vie, comme l'adaptation des soins, la mise en place de systèmes de sortie et de retour pour ceux qui doivent temporairement quitter et réintégrer le marché du travail pour une raison quelconque, le soutien aux personnes handicapées et les congés sabbatiques. Parfois, ces politiques ont un impact insoupçonné sur certains groupes démographiques par rapport à d'autres.

Recrutement

De nombreux cadres supposent que le recrutement concerne uniquement les ressources humaines, mais s'ils s'engagent à diversifier les effectifs pour améliorer les résultats, ils devront jouer un rôle plus actif. Les biais, comme nous l'avons établi, ont un impact sur nos prises de décision. Le recrutement et l'embauche comptent parmi les décisions les plus importantes que nous prenons pour la carrière des gens.

Le recrutement inclut l'annonce du poste, les publics concernés et la diffusion auprès des candidats potentiels. L'un des principaux écueils évoqués par les clients (ce que les recherches confirment) est le vivier restreint à partir duquel les recrutements s'effectuent. Par exemple, si vous comptez sur les employés actuels pour présenter des candidats ou si vous ne publiez des annonces que dans certaines universités ou sur certains sites web, vous ne recrutez que dans des réseaux limités. Si vous avez adopté la même stratégie sur une longue période, vous n'avez pas élargi ni diversifié votre vivier de candidats. Ces quatre stratégies vous permettront de développer votre champ d'action.

Envisagez des partenariats

Ce que l'on constate souvent en matière d'embauche, c'est que les dirigeants affirment qu'ils ont les mains liées tout simplement parce qu'ils ne reçoivent pas de candidatures assez diverses et qualifiées. Par ailleurs, de nombreux identifiants – orientation sexuelle, état civil, âge, race – ne sont pas pris en compte lors du processus d'embauche. Les dirigeants nous demandent alors : « Comment suis-je censé embaucher plus d'homosexuels ? Je ne peux pas demander aux gens s'ils sont gay, n'est-ce pas ? Comment obtenir plus de diversité si je ne peux pas poser ces questions ? » Les partenariats sont un moyen relativement facile et accessible d'élargir votre vivier de candidats sans poser de questions indiscrètes lors du processus d'embauche.

Le partenariat avec les universités et facultés historiquement noires est une bonne pratique courante, mais cela sera moins pertinent pour recruter des personnes issues d'autres groupes sous-représentés. Vous pouvez vous adresser aux établissements d'enseignement supérieur pour joindre leurs étudiants de première génération ou anciens membres de l'armée, ainsi que leurs associations LGBTQ+ ou leur département des services aux personnes handicapées. Envisagez de proposer des stages et des programmes coopératifs alternant études et travail salarié, afin de diversifier davantage vos horizons.

Vous ne recherchez pas de candidats récemment diplômés ? Des partenariats peuvent également être établis avec des associations d'anciens élèves, des fraternités ou sororités, le département des anciens combattants ou autres institutions au service des anciens militaires, des ambassades et des groupes de défense de diverses populations, notamment en matière de religion, d'orientation sexuelle, d'identité sexuelle, de race et de genre.

Certaines initiatives destinées à faciliter le recrutement peuvent involontairement entraver la diversité de vos candidats, comme les recommandations d'autres employés. Si cela n'est pas intégré dans une stratégie plus globale, le recrutement par le biais des réseaux d'employés existants risque d'entretenir le même type de vivier. Si vous avez mis en place un programme de recommandation, travaillez avec vos groupes d'employés-ressources pour vous assurer que la portée d'une telle initiative soit suffisamment étendue.

Considérez l'avenir du travail

Certaines entreprises ont du mal à recruter des candidats divers ou plus jeunes parce qu'elles sont toujours fixées sur les modèles d'emploi traditionnels. J'ai entendu des histoires terribles de candidats interrogeant leurs employeurs potentiels sur la question du télétravail et aussitôt écartés. Mais pourquoi ? Qu'on le veuille ou non, le monde du travail s'oriente fortement vers une économie de la souplesse. Les nomades du numérique cherchent du travail en se basant sur la notion de projets et de flexibilité. Même les candidats intéressés par un poste à temps plein et la possibilité d'évoluer au sein d'une même entreprise apprécient de pouvoir vivre et travailler n'importe où tout en apportant leur contribution. Élargissez votre vision du travail et de son avenir, et assurez-vous de recruter en gardant ce facteur à l'esprit.

Certaines entreprises dépourvues de main-d'œuvre diversifiée affirment que leurs effectifs reflètent simplement la population de leur lieu d'implantation. Mais les nouveaux modèles de travail peuvent vous permettre de contourner ce problème. La Defense Logistics Agency (DLA) est une agence fédérale qui fournit à l'armée américaine le matériel et les services dont elle a besoin pour remplir ses fonctions essentielles. Il y a quelques années, ils ont décidé de supprimer de leurs annonces d'emploi la situation géographique. Vous pouvez vivre n'importe où et postuler pour n'importe quel poste auprès de la DLA. Ils ont pris cette décision intentionnellement pour élargir leur vivier de candidats... et cela a fonctionné.

Envisagez la possibilité que les postes au sein de votre entreprise puissent être occupés de l'extérieur, et ouvrez-les à des candidats en dehors de votre zone géographique. Peut-être pourriez-vous externaliser et utiliser ces sous-traitants comme des passerelles avec l'entreprise.

Fiez-vous aux données, et pas seulement aux instincts, pour les critères d'embauche

L'un de mes clients, un ancien recruteur, m'a parlé d'un dirigeant avec un poste à pourvoir dans son équipe. Ce dernier a insisté pour que toute nouvelle recrue détienne un diplôme spécifique d'une école spécifique. Quand le recruteur lui a demandé : « Y a-t-il une raison à cela ? » le dirigeant n'a pas su expliquer pourquoi, au-delà d'un sentiment général de prestige.

Le recruteur a le mérite d'avoir insisté : « Pourquoi ne pas mettre cette université entre parenthèses pour prendre un peu de recul ? Quel est le poste que vous devez pourvoir et quelles compétences recherchez-vous ? Quelles attitudes cherchez-vous ? Qu'est-ce qui fonctionne dans votre équipe actuelle ? »

En analysant les CV de l'équipe existante, le recruteur a constaté qu'aucun d'entre eux n'avait ce diplôme spécial ni n'avait fréquenté ce type d'école. Le recruteur est retourné voir le responsable avec les données et lui a dit : « Voici le profil de votre équipe actuelle, dont vous êtes satisfait, et voici ce que vous recherchez. Au lieu de recruter dans cet établissement et sur ce diplôme en particulier, et si vous établissiez une description de poste qui reflète mieux les compétences que vous recherchez ? » Ainsi, ils ont recruté un employé talentueux qu'ils auraient exclu en conservant les exigences initiales.

Ce dirigeant avait une idée en tête (cette école est bonne ; d'autres ne le sont pas) et n'a retenu que des informations qui allaient dans son sens – c'est le biais de confirmation dans toute sa splendeur. La vague impression de prestige qu'aurait apportée ce diplôme spécifique était un raccourci et ne reposait pas sur les compétences de haut niveau bien réelles de son équipe. Il a fallu que le recruteur creuse plus profondément pour démêler le vrai du faux, élargissant ainsi le vivier de candidats.

À quoi ressemble votre vivier de candidats ? À quoi tient la réussite de votre équipe ? Orientez vos entretiens initiaux pour mieux comprendre où les candidats se sont renseignés et ce qui les a intéressés dans le descriptif du poste, puis recueillez les données au lieu de laisser les biais de confirmation conforter vos idées préconçues.

Optimisez vos descriptions de poste

De nombreuses entreprises utilisent les mêmes descriptifs, année après année. La description de poste n'a pas changé en dix ans, mais le travail a évolué. Mettez régulièrement à jour vos critères de poste afin d'exprimer correctement les compétences exigées.

À y être, assurez-vous de ne pas limiter votre vivier de candidats par des exigences trop fermées concernant les années d'expérience. Les experts dans ce domaine, Josh Bersin et Tomas Chamorro-Premuzic, expliquent : « Si vous dépassez le simple critère des meilleures compétences pour vous demander plutôt lesquelles vous mèneront là où vous souhaitez aller, votre entreprise prospérera. »[59]

En reprenant les descriptifs de poste, demandez-vous si les exigences sont fondées : Ces critères sont-ils une exigence réelle ou un prérequis que l'on ne peut que supposer d'après le statut du poste ?

Le service militaire, par exemple, est très difficile à traduire dans un descriptif de poste du secteur privé. Regardez comment les descriptions de postes dans le secteur privé sont rédigées : il est rare qu'elles mentionnent quelque chose comme « dix à quinze ans d'expérience dans l'encadrement supérieur ou équivalent militaire ». Ce sont pourtant les mêmes entreprises qui souhaitent recruter plus d'anciens combattants, seulement, elles ne le précisent pas dans leurs critères de recrutement.

Enfin, prêtez attention au vocabulaire dans la description du poste. Évitez les termes associés à un genre particulier, tels que « rockstar » et « ninja », le vocabulaire sportif comme « tacle » et « buteur », ainsi que le jargon ou les acronymes n'ayant aucune signification en dehors de votre entreprise. Ce langage peut être involontairement limitatif pour les postulants. Aux États-Unis, la plupart des entreprises incluent une déclaration de conformité à l'EEOC (Equal Employment Opportunity Commission), confirmant qu'elles font partie des employeurs respectant l'égalité des chances et refusant la discrimination.

Deux tiers des demandeurs d'emploi évaluent une entreprise sur la base de sa diversité, alors soyez franc quant à vos priorités dans le descriptif du poste. Dépassez la simple conformité en mentionnant les valeurs et l'engagement de votre entreprise en matière de diversité, d'équité et d'inclusion. Assurez-vous de préciser pourquoi ces éléments sont importants pour votre entreprise.

ANNE

Beaucoup sous-estiment l'importance de leur vivier de recrutement. La vitalité du personnel est la clé du succès, et pour avoir de la vitalité, il faut constamment revoir son système d'embauche. J'ai vu des en-

---

[59] osh Bersin et Tomas Chamorro-Premuzic, « Hire Leaders for What They Can Do, Not What They Have Done. » *Harvard Business Review*, 27 août 2019; https://hbr.org/2019/08/hire-leaders-for-what-they-can-do-not-what-they-have-done.

treprises commettre l'erreur de se couper aux ouvertures extérieures pour se concentrer sur leur base interne. D'autres se concentrent uniquement sur leurs efforts de recrutement externe sans se soucier de développer leur base d'employés existante. C'est le problème d'une approche binaire : l'époque change, la technologie évolue, le marché aussi, les préférences des clients changent, tout comme vos concurrents. Vous pouvez croire que ce sont vos produits ou services, vos prix ou votre expérience qui vous distinguent de vos concurrents. En fin de compte, rien n'est possible sans les bonnes personnes valorisées par la bonne culture. Votre avantage concurrentiel, c'est votre personnel. Et il ne fait aucun doute que si le marché est ultra concurrentiel dans tous les secteurs pour les clients, il l'est encore plus pour les talents. Nous voulons tous avoir les meilleurs éléments dans notre équipe, et pour cela, nous devons faire en sorte que les talents dont nous disposons correspondent précisément à nos besoins.

Les dirigeants doivent s'assurer que leurs processus de ressources humaines soient en droite ligne de leur vision du personnel. Il ne s'agit pas seulement de savoir où et comment vous recrutez, mais aussi pourquoi. Les valeurs que vous favorisez pour vos futurs employés sont tout aussi importantes que celles que vous développez pour vos clients. Ces deux aspects sont étroitement liés.

Comme nous le savons déjà, les biais inconscients peuvent vraiment nous nuire dans notre capacité à attirer et recruter les meilleurs talents. Les meilleurs talents d'hier et d'aujourd'hui ne sont peut-être pas les meilleurs pour l'avenir. Combien de fois avons-nous entendu cet adage : « La volonté vaut plus que les compétences » ? Eh bien, je dirais qu'il faut embaucher pour les deux, mais nous devons penser les compétences de manière plus ouverte et plus stratégique. Autrefois, les compétences représentaient un savoir brut, sans grande importance accordée aux valeurs humaines. Nous devons tout exiger : la volonté, les compétences matérielles, humaines et comportementales. Plus nos talents seront diversifiés, meilleurs et plus innovants seront nos résultats. Et à ce titre, vous devez veiller à ce que vos pratiques en matière de leadership et de ressources humaines soient aussi contemporaines que vous le souhaiteriez de votre personnel.

Bien sûr, cela ne se fait pas du jour au lendemain, et pour réussir, il faut des investissements internes et externes constants. Considérez cela comme un investissement pour votre marque. Tout comme vous avez besoin de votre marque pour parler à vos clients et représenter qui vous êtes en tant qu'entreprise, votre marque doit faire de même pour ceux qui représenteront votre future force de travail. Et votre marque d'embauche sera façonnée par votre présence sur le marché et sur les campus, vos avantages, les commentaires des autres personnes qui ont travaillé pour vous ou qui ont passé un entretien avec vous, et bien plus encore.

MARK

D'après mon expérience avec les clients, les entreprises qui décrètent apprécier l'inclusion mais ne font rien pour vivre cette valeur, créent beaucoup plus de cynisme et de scepticisme que d'implication.

Par ailleurs, les entreprises qui savent très clairement comment valoriser l'inclusion et en quoi cela se reflète dans le cycle de gestion des talents et l'expérience des employés rencontrent un plus grand succès. En un mot, l'inclusion n'est pas seulement une belle déclaration dans le rapport annuel ou sur le site web, mais aussi dans les comportements et les actions des employés à tous les niveaux. Comme le disait le docteur Covey : « On ne peut pas sortir d'un problème par la parole si c'est par le comportement qu'on l'a suscité. »

En réévaluant vos pratiques de recrutement et toutes les étapes du cycle de gestion des talents, demandez-vous si l'inclusion fait partie du processus.

Embauche et entretiens

Malheureusement, une part importante du processus d'embauche n'a pas grand rapport avec les performances réelles. Dans son livre *The Person You Mean to Be*, Dolly Chugh cite une étude réalisée par un grand cabinet de conseil, qui a révélé que la majorité du temps consacré aux entretiens d'embauche était en fait consacrée à parler des loisirs et des universités de l'élite[60] : golf, avirons et Ivy League, au détriment des indicateurs concrets, des fonctions du poste et des compétences. Les décisions d'embauche sont trop souvent prises sur la base de ces points de conversation, et non de la capacité réelle du candidat à occuper le poste – un processus qui aurait un effet évident sur l'égalité des chances pour divers candidats.

Le processus d'embauche peut être très subjectif. Les données montrent que si je suis gaucher, je ressentirai plus d'affection pour un candidat assis à ma gauche que pour un autre assis à ma droite.[61] Je pourrais éprouver une chaleur spontanée pour un candidat qui opte pour une boisson chaude, mais une certaine froideur pour un candidat qui demande une boisson froide. Il est important de s'inspirer de nos propos sur la conscience de soi. Pour bien recruter, il faut être conscient des sentiments suscités par les interactions avec les différents candidats. Si vous rencontrez des sentiments négatifs, assurez-vous de les comparer à d'éventuels préjugés. Voici quelques stratégies pour atténuer les biais négatifs dans le processus de recrutement et de sélection.

Créez des comités d'entretien formés

Fuyez les entretiens individuels. Nous savons que beaucoup de nos instincts et de nos décisions sont guidés par des biais. C'est pourquoi nous devons collaborer avec différents points de vue afin de les atténuer. Mettez en place un processus dans le cadre duquel les responsables du recrutement devront suivre une formation sur les biais, les techniques d'entretien efficaces et la détermination des compétences et des aptitudes. Exigez que plusieurs responsables du recrutement participent et collaborent aux entretiens. Ce nombre peut varier en fonction de la taille et de la portée de votre entreprise. Souvent, les comités sont composés de trois personnes : le responsable du recrutement ou le

---

60 Dolly Chugh, *The Person You Mean to Be: How Good People Fight Bias*. New York: Harper Business, 2018.

61 Christine Blackman, « Lefty or Righty? A New Hold on How We Think. » *Stanford News,* 4 août 2009; https://news.stanford.edu/news/2009/august3/lefty-decision-study-080509.html.

supérieur direct de l'employé, un homologue avec qui la nouvelle recrue pourrait collaborer et un patron ou cadre de niveau supérieur. Parfois, les entreprises incluent également un subordonné, ce qui peut être un moyen fort de faire comprendre que chaque voix compte dans les décisions de direction. Complétez le processus par des débriefings juste après la session, afin que l'expérience ne soit pas faussée par le temps. Plus le délai entre l'entretien et le compte-rendu est long, plus nous nous penchons sur ce que l'entretien nous a fait ressentir plutôt que sur ce qui s'est réellement passé.

MARK

Quand j'ai commencé à travailler au Franklin International Institute en 1992, la dernière étape du processus d'embauche était un entretien en deux parties avec plusieurs personnes de différents secteurs de l'entreprise. Les membres du comité n'étaient pas seulement issus de la formation et du développement, mais aussi de domaines très variés tels que les opérations, les ventes, l'entrepôt, les finances, etc.

On m'a donné le temps et les documents nécessaires pour préparer mon intervention — l'animation d'un des ateliers en cours à l'époque. Quand je me suis senti prêt, on m'a conduit dans le bureau, où j'ai réalisé ma présentation pendant une demi-heure devant le groupe. Ensuite, j'ai répondu aux questions des différents membres du groupe sur tous les aspects du cours qu'un participant à cette session serait susceptible de me poser.

Après quoi, les membres se sont réunis et ont échangé leurs commentaires jusqu'à parvenir à un consensus. Je me suis senti plus à l'aise avec un entretien devant tout un jury qu'avec un seul interlocuteur. J'étais rassuré de savoir que mon avenir n'était pas entre les mains d'une seule personne. Cela m'a également permis de mieux comprendre le fonctionnement de l'entreprise. En un sens, cela m'a donné l'occasion, à moi aussi, de leur « faire passer un entretien ». Par ce microcosme représentatif, j'ai pu toucher du doigt la culture de leur entreprise. La décision n'a pas été prise par une seule personne et une feuille de papier. Les entretiens de ce type peuvent offrir une perspective plus large, limiter les biais, permettre de voir dans quelle mesure le candidat s'intègre à la culture de l'entreprise, et bien sûr, s'il possède les compétences requises pour le poste. Cela permet également au candidat d'obtenir certaines de ces mêmes informations.

Autorisez des compléments au CV

Le CV peut être limitatif. Au lieu d'être le reflet fidèle de l'expérience d'une personne, il indique souvent sa capacité de rédaction ou sa possibilité de payer un rédacteur professionnel. Bien que le CV fournisse une base de référence factuelle concernant l'expérience et la formation antérieures du candidat, il existe des alternatives ou des éléments de candidature supplémentaires susceptibles de mieux mettre en évidence le talent, les aptitudes et les compétences.

Pour les postes techniques comme le codage, de plus en plus d'entreprises demandent aux candidats de remplir des projets types au lieu de soumettre un CV. On peut également étendre cette pratique à de nombreuses fonctions non techniques. L'un de mes clients demande à ses candidats aux postes de consultants d'être prêts à faire une présentation et à animer en direct leur contenu. Une autre demande à ses futurs chefs de projet de décrire comment ils aborderaient tel ou tel scénario. La présentation de travaux antérieurs peut avoir la même fonction, à savoir aller au-delà du CV standard. Les portfolios des concepteurs, les extraits de travaux ou les vidéos de présentation sont déjà courants dans certains domaines, mais faites preuve de créativité pour savoir comment ce volet pourrait s'appliquer à d'autres fonctions.

En proposant des entretiens qui mettent les candidats au travail, vous uniformisez les règles du jeu. En effet, ils n'ont peut-être pas de diplômes prestigieux ni de CV de premier ordre, mais vous leur donnez l'opportunité de vous montrer leur plein potentiel par la seule chose qui compte : leur travail.

Alignez l'entretien sur le poste

Le mot « entretien » évoque probablement une image similaire pour vous et pour moi : porter un costume ; se présenter dans des locaux à une heure et à une date précises, les copies de son CV à la main ; attendre dans l'espace d'accueil avant d'être escorté dans un bureau ou une salle de conférence pour l'entretien ; puis répondre aux questions sur votre parcours, ce que vous savez sur le poste, pourquoi vous le voulez et comment vous pourriez l'aborder. Pour ceux d'entre nous qui travaillent dans des bureaux traditionnels, cet entretien pourrait convenir. Mais si le poste n'est pas commun, réfléchissez à la manière dont vous pourriez mieux adapter l'entretien à la fonction. Il peut s'agir d'un entretien sous forme de promenade en plein air pour un jardinier ou en salle de classe pour un éducateur. En plaçant le candidat dans l'environnement de son poste, vous vous assurez qu'il puisse donner le meilleur de lui-même et vous montrer en quoi il est apte à ce rôle.

Avantages sociaux

Effectuez un audit d'inclusion pour vos programmes d'avantages sociaux

Plusieurs entreprises effectuent des audits d'inclusion pour ses avantages sociaux. Nous avons indubitablement constaté une évolution de ces politiques au cours de la dernière décennie, par exemple la transition du « congé de maternité » au « congé parental », puis au « congé d'accueil d'enfant ». Dans ce cas, le vocabulaire employé ouvre les avantages à un plus grand nombre de personnes et de circonstances. De nombreuses entreprises ont également mis en place un congé payé d'accueil d'enfant plus long que ce que prévoit la loi. Il en va de même pour la couverture santé et pour les personnes concernées : époux ou conjoint de fait. Les prestations comprennent également des éléments réglementaires, tels que l'accès à des installations appropriées et confortables pour allaiter ou tirer son lait, le volume de congés payés, les horaires flexibles et le télétravail. J'ai vu des entreprises assouplir leurs périodes de vacances afin d'inclure un large éventail de jours fériés célébrés par différentes religions et cultures. Elles comprennent également des avantages plus informels comme les programmes de santé et de bien-être, de responsabilité sociale ou autres formes d'entraide. Dans une optique de compte des résultats, le réflexe pourrait être de trouver des moyens de maintenir le coût des avantages sociaux à un niveau minime chaque année. Mais je recommanderais de réaliser un audit d'inclusion afin de déterminer les lacunes éventuelles et leur impact sur le recrutement et la fidélisation des employés, et par ricochet, sur les profits et pertes.

Veillez à ce qu'un audit sur la rémunération soit inclus

L'avantage le plus important pour les employés est peut-être la rémunération. De nombreuses personnes ayant une expertise plus grande que la mienne ont fait des recherches et écrit sur les écarts salariaux entre les sexes et les races. Afin d'examiner le cycle de gestion des talents au sein de votre entreprise, je vous recommande d'ajouter un volet sur la rémunération dans votre audit d'inclusion pour les avantages sociaux au sens large. D'après mon expérience, les entreprises ne prêtent pas attention aux écarts de rémunération entre les sexes ou entre les races. Les dirigeants peuvent vous assurer que les employés sont rémunérés en fonction de leur expérience, de leurs titres et de leurs résultats. Ils peuvent également balayer cette conversation en invoquant la confidentialité. Pour savoir s'il y a vraiment disparité, il convient d'examiner les données. FranklinCovey effectue régulièrement des audits sur la rémunération afin de garantir un salaire égal pour un travail égal.

Autorisez une certaine flexibilité et des négociations

En 2018, l'agence mondiale de recrutement Robert Half à Menlo Park, en Californie, a découvert que 68 % des hommes et 45 % des femmes négociaient leurs salaires. On a beaucoup écrit sur le fait que les femmes étaient moins susceptibles de demander des augmentations, mais je pense que l'histoire est plus complexe que cela. Une étude publiée en janvier 2019 a démontré que lorsqu'on leur en donne la possibilité, les femmes sont tout aussi enclines que les hommes à négocier leur salaire. Malheureusement, cette occasion ne se présente pas aussi souvent pour les femmes. Dans une étude australienne, une proportion nettement plus élevée d'hommes de l'échantillon représentatif a indiqué avoir la possibilité de négocier leur salaire (respectivement 49 % des hommes et 35 % des femmes). Cela prouve que le problème n'est pas tant que les femmes ne demandent pas, mais plutôt qu'on leur en donne moins l'occasion.[62]

Lorsqu'on se penche sur les augmentations de salaire après l'embauche, une fois que la personne est en poste, les chercheurs ont découvert en 2018 que les femmes demandaient des augmentations aussi souvent que les hommes, mais qu'elles étaient moins susceptibles de les obtenir, ce qui laisse supposer un équilibre à rétablir en faveur des femmes.63 Lors de conversations avec des dirigeants sur l'écart salarial – entre les sexes ou autres –, on m'a demandé : « Est-ce ma responsabilité d'apprendre à quelqu'un à négocier ? Ce n'est pas ma faute s'ils ne défendent pas leurs intérêts. » Je comprends ce point de vue, mais si notre objectif est d'obtenir des performances élevées et d'atténuer les biais dans le cycle de gestion des talents, nous sommes peut-être plus responsables que nous ne l'imaginions. Comment aplanir le terrain de jeu, dans la mesure du possible, en matière de négociation et d'indemnités ?

Fiez-vous aux données

On pourrait instinctivement expliquer les écarts de rémunération, par exemple, en disant que le travail entre deux personnes n'est pas exactement identique ou que tel employé est ici depuis deux ans de plus que telle autre – ce qui n'a donc rien à voir avec une quelconque inadéquation de la seconde. On pourrait le justifier par des qualifications ou des antécédents différents, employer un discours validiste pour rejeter quelqu'un en raison de son handicap, ou simplement user de stéréotypes concernant les personnes avec lesquelles il est plus facile de travailler, ou soi-disant plus agréables. Ainsi, si l'audit de rémunération révèle un écart, si les données relatives à la mobilité indiquent qu'il faut plus de temps à un groupe pour progresser qu'à un autre, ou si les entretiens d'entrée et de sortie témoignent d'une dif-

---

62 Kathy Gurchiek, « Study. Women Negotiate Pay When Given the Chance. » SHRM, 20 mai 2019 ; https://www.shrm.org/hr-today/news/hr-news/pages/more-professionals-are-negotiating-salaries-than-in-the-past.aspx.

63 Benjamin Artz, Amanda Goodall et Andrew J. Oswald, « Research: Women Ask for Raises as Often as Men, but Are Less Likely to Get Them. » *Harvard Business Review*, 25 juin 2018; https://hbr.org/2018/06/research-women-ask-for-raises-as-often-as-men-but-are-less-likely-to-get-them.

férence dans la manière dont les négociations sont traitées, fiez-vous à ces données. Il y a matière à creuser.

Prévenez tout le monde

Vous pouvez faire quelques gestes simples pour faire comprendre à tous que la négociation est une option. Lorsque vous faites une offre écrite, donnez aux candidats au moins vingt-quatre heures pour y répondre. Faites-leur savoir que vous êtes disponible pour toute question ou demande d'éclaircissement. Si un candidat revient avec une contre-offre, donnez-lui la possibilité de faire valoir ses arguments. Pourquoi pense-t-il qu'une offre plus élevée est justifiée ou nécessaire ? Réfléchissez ensuite de manière créative à ce qui est disponible. Vous n'avez peut-être pas le budget nécessaire pour répondre à l'exigence salariale, mais d'autres avantages sociaux peuvent être proposés. Soyez ouvert aux possibilités.

Penchez-vous sur la question

La stratégie du comité de recrutement fonctionne également pour les négociations salariales. Faites appel aux ressources humaines, à vos pairs et aux recherches sur des plateformes de type Glassdoor pour faire en sorte que votre réponse à une demande d'augmentation de salaire ne soit pas simplement une réaction viscérale, mais une réponse précise basée sur les capacités, les taux du marché et les normes professionnelles.

Chapitre 14 : Embauche
Réflexion individuelle

Les outils de ce chapitre et des deux chapitres suivants vont vous guider dans un audit de votre cycle de gestion des talents. Si vous n'êtes pas un professionnel des ressources humaines, pensez à sortir des limites de votre implication habituelle. Ensuite, invitez les membres de votre équipe et vos dirigeants à envisager la mise en œuvre de changements concrets.

1. Réfléchissez à vos expériences en matière de recrutement, d'embauche ou d'avantages sociaux. Avez-vous personnellement vécu (ou été témoin de) certaines situations où ces décisions ont probablement été prises sous l'angle de la partialité ? Si oui, quel en a été l'impact pour vous et les autres personnes concernées ?

   ....

   ....

2. Comment une optique de performance peut-elle atténuer les éventuels biais au moment de l'embauche ?

   ....

   ....

3. Comment le recrutement, l'embauche ou la répartition des avantages sociaux, appliqués à travers le prisme des biais, sont-ils susceptibles de miner le moral, réduire l'effort discrétionnaire et, en fin de compte, nuire à la conservation des talents ?

   ....

   ....

   ....

Chapitre 14 : Embauche
Mise en œuvre par les dirigeants

Tenez compte de votre culture et de vos pratiques en matière de recrutement, d'embauche et de répartition des avantages pour votre équipe.

1. Dressez la liste des biais qui pourraient être en jeu.

   ....

   ....

   ....

   ....

2. Comment une plus grande empathie et une plus grande curiosité pourraient-elles apporter une nouvelle lumière sur les coûts de ces pratiques ?

   ....

   ....

   ....

   ....

3. Sur quel aspect pourriez-vous faire preuve d'un courage prudent ou audacieux afin d'apporter un réel changement ?

   ....

   ....

   ....

   ....

Chapitre 15 : Contribution et implication

> *Une expérience d'intégration inclusive revient à ajouter quelqu'un à votre jeu de chaises musicales : Vous ne pouvez pas ajouter une nouvelle personne sans arrêter la musique et ajouter une chaise. Si l'on veut créer une expérience significative, il faut ralentir, s'adapter et intégrer la nouvelle recrue.* [64]
>
> —Sonja Gittens-Ottley, responsable de la diversité et de l'inclusion, Asana

La **contribution** et l'**implication** se concentrent sur la période qui suit l'embauche dans l'entreprise. Cela comprend les stratégies d'intégration, d'implication et de conservation. Quel est votre processus d'intégration ? Consiste-t-il en une répartition des spécialités, des lieux et des personnes ? Existe-t-il des possibilités de mentorat et de coaching ? Comment les missions sont-elles attribuées et les équipes formées ? Quels types de réseaux existent au sein de l'entreprise ? Et étudiez-vous vos données relatives à l'implication et à la fidélisation des employés afin de déployer des stratégies proactives pour améliorer ces résultats ?

---

[64] Sonja Gittens-Ottley, « Inclusion Starts on Day One: 10 Ways to Build an Inclusive Onboarding Experience. » Asana Wavelength; https://wavelength.asana.com/inclusive-onboarding-experience/.

MARK

Alors que je travaillais avec un groupe de dirigeants à haut potentiel dans une agence fédérale, le sujet de la « compatibilité » professionnelle est arrivé sur le tapis. Nous avions discuté de certains contextes où les biais inconscients pouvaient être ressentis tout au long du cycle de gestion des talents – en particulier, les dangers de se concentrer sur la culture professionnelle au moment du recrutement, mais aussi pour les promotions, les affectations et la dynamique d'équipe. Le terme d'adaptation ou de compatibilité peut avoir de très grandes implications.

Quelqu'un a demandé : « Quel mal y a-t-il à se concentrer sur la compatibilité ? N'est-ce pas important que nos employés correspondent aux valeurs de l'entreprise ? » C'est une très bonne question. Nous sommes souvent plus réceptifs aux idées que nous avons trouvées par nous-mêmes qu'aux bonnes réponses que l'on nous assène. Le mot « compatibilité » a un poids émotionnel important pour certaines personnes, qui sont convaincues que c'est leur instinct qui leur permet de prendre une bonne décision. Une conversation intéressante s'en est suivie et nous avons finalement trouvé une piste de réflexion.

Si le terme « compatibilité » signifie que les valeurs et les convictions de la personne sont en accord avec la culture, les valeurs fondamentales et la mission de l'entreprise, les chances de réussite sont optimales. Mais prenez garde si ce terme est utilisé pour décrire la façon dont les caractéristiques se prêtent à des préjugés au sein du groupe ou si, par « compatibilité », on entend que l'employé ne fera pas de vagues ou ne sera pas perturbateur – le mot que nous avons choisi est « consensuel ». L'adéquation culturelle est importante, certes, mais il ne s'agit pas d'être consensuel. Les meilleurs employés peuvent partager les mêmes croyances et valeurs fondamentales tout en abordant les problèmes de manière unique et en apportant des perspectives différentes et nouvelles.

CONTRIBUTION ET IMPLICATION

INTÉGRATION
Tout le monde a besoin d'une visite guidée
Créez un protocole

STRATÉGIES D'IMPLICATION ET DE CONSERVATION DES EMPLOYÉS
Procédez à des sondages éclair
Optez pour des moyens ludiques et des tableaux de bord
Étendez l'inclusion au-dehors
Communiquez autour des victoires

Intégration

Quand j'étais en première année à l'Université George Washington, une association hispanique du campus a publié un petit guide indiquant aux étudiants latinos où nous pouvions acheter des *tacos* et des *pupusas* faits maison, quelles épiceries proposaient les aliments que nous avions l'habitude d'acheter, quels étaient les coiffeurs adaptés et quand avaient lieu les soirées de notre communauté dans le quartier. Comme j'arrivais de New York, ce guide m'a aidée à me sentir bien dans un établissement à prédominance blanche. De même, les nouveaux employés d'une entreprise ont besoin de guides formels et informels afin de se sentir en contact avec leur nouvelle équipe et de s'orienter dans un environnement inconnu.

La plupart des entreprises disposent d'un processus d'intégration, mais l'expérience n'est pas la même pour tous les nouveaux employés. Certaines équipes peuvent adhérer à un processus précis ; d'autres peuvent se contenter de montrer à l'employé son bureau. Une bonne intégration consiste à s'assurer que le protocole ne soit pas seulement intéressant sur le papier, mais qu'il soit applicable dans la vie réelle, auprès des équipes et des membres de l'entreprise.

Il en va de même de toutes les composantes du cycle de gestion des talents, mais d'après mon expérience, cette différence est plus marquée au moment de l'intégration. Cela peut être un point de bascule critique à divers postes. Le responsable du recrutement et le candidat ont tous deux travaillé dur pour arriver à ce point du cycle de gestion des talents, alors ne laissez pas un protocole d'intégration superficiel, incohérent ou inexistant enrayer les progrès.

Tout le monde a besoin d'une visite guidée

Tout comme mon association étudiante l'a fait avec son guide, aidez les nouveaux employés à s'orienter dans leur nouvel environnement, en particulier dans les divers protocoles de votre entreprise. Laissez-leur l'occasion de nouer de premiers contacts. Mettez en place un processus de jumelage des nouveaux employés avec un « guide », une personne extérieure à leur chaîne hiérarchique qui puisse les aider à apprendre les tenants et les aboutissants de votre culture d'entreprise. Ce guide peut provenir des groupes d'employés-ressources au service des nouvelles recrues ou être en lien avec l'un de ces groupes.

Créez un protocole

Certaines entreprises comptent presque entièrement sur l'intégration informelle par les collègues et les équipes. Le risque, chaque fois qu'on laisse quelque chose se faire naturellement, c'est que les biais s'installent. Comparez vos protocoles et établissez des calendriers précis. Créez une liste de points à aborder, pour le nouvel employé et son responsable. Proposez des cadres adaptés, qu'il s'agisse d'une session d'orientation, d'une formation initiale ou d'une base de données en ligne.

ANNE

J'ai vu des entreprises se concentrer sur l'attraction et le recrutement de grands talents, mais rater la cible lorsqu'il s'agissait de fidéliser ces mêmes talents. L'intégration ne se limite pas à la formation ni aux outils et à la technologie mis à disposition des nouveaux employés. C'est aussi une question d'équipe et d'assimilation culturelle. Trop souvent, l'accent est mis sur les tâches de la nouvelle recrue sans qu'on lui explique comment s'y prendre ou qui est disponible pour l'aider.

Une approche, que nous avons utilisée à tous les niveaux de l'entreprise et que j'ai également constatée chez d'autres, est celle des protocoles pour nouveaux arrivants. Au fil des ans, nous avons créé des programmes couvrant toutes sortes de domaines tels que le développement du leadership, le développement technique, la direction financière, l'analyse des données, la cybersécurité, le développement des ventes B2B, etc. Ces programmes durent généralement de six mois à plusieurs années. Ainsi, nous mettons l'accent sur la formation, la constitution d'équipes, le mentorat et le développement, proposant à terme une perspective stratégique à mettre en place dès les premiers pas d'un employé au sein de notre entreprise. Certains programmes prévoient également des rotations de plusieurs mois à plusieurs années afin d'exposer l'employé à des expériences et des personnes diverses — très tôt dans sa carrière. Il est impératif que ces programmes offrent non seulement des expériences enrichissantes sur le moment, mais également un suivi avec les représentants de l'exécutif. N'oubliez pas que ces nouveaux employés représentent des membres essentiels de votre personnel.

Chaque dirigeant devrait consacrer du temps au développement, à l'implication et à la fidélisation des employés. Tous ces éléments sont inextricablement liés. Réfléchissez-y. Si je ne suis pas dans un environnement qui favorise ma croissance et mon apprentissage, si mon environnement ne me permet pas de m'impliquer (par exemple, je ne m'y intéresse pas beaucoup et je me fiche des résultats) ou si je n'éprouve aucun attachement envers le groupe, vais-je vraiment donner le meilleur de moi-même ? Vais-je vraiment contribuer, innover et me concentrer sur l'évolution de l'entreprise ? Il est évident que non.

C'est la clé du développement, de l'implication et de la conservation des employés. Il n'y a pas de solution unique. Si vous embauchez des candidats divers, mais que vous ne parvenez pas à favoriser cette diversité et à vous assurer que les biais inconscients ne jouent pas en leur défaveur, soyez assuré que ces biais vous freineront. Comment pouvez-vous le savoir ? Consultez les données. Progressez-vous sur certains points, et dans les domaines que vous souhaitez ? Si ce n'est pas le cas, demandez-vous pourquoi. Et faites preuve de rigueur et d'implication, développant le parrainage au besoin pour y remédier.

Stratégies d'implication et de conservation des employés

Pendant la récession du début des années 2000, de nombreuses entreprises ont été contraintes de se serrer la ceinture. Elles se sont débarrassées de tout ce qui n'était pas nécessaire, selon leurs critères, notamment la formation, le développement et les initiatives visant à stimuler l'intérêt du personnel. En conséquence, les talents ont stagné dans de nombreuses entreprises et, avec la reprise économique, des sociétés comme FranklinCovey ont vu un afflux de clients appeler à l'aide pour élaborer des stratégies d'implication et de fidélisation des employés. Avec la baisse du chômage, les exigences sur l'expérience des employés ont augmenté. Selon le modèle de performance de FranklinCovey, on peut dire que les employés pouvaient exiger une zone de haute performance dans laquelle ils se sentaient appréciés, respectés et impliqués.

Nous avons déjà parlé de la zone de haute performance. Nous savons chacun en quoi cette zone consiste et comment la favoriser en tant que dirigeant. Vous pouvez aussi utiliser le modèle des niveaux d'implication pour évaluer la performance d'un employé.

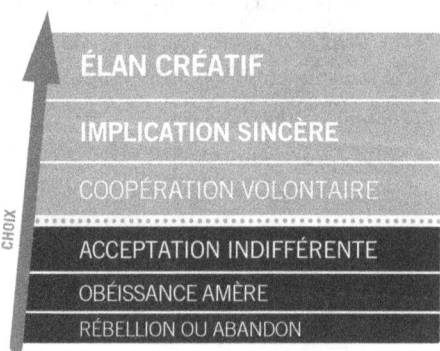

Pensez à un projet à venir. Comment vous évalueriez-vous, sur ce modèle, par rapport à ce projet en particulier ? Ressentez-vous plutôt une coopération volontaire, une implication sincère, un élan créatif, ou au contraire, éprouvez-vous une acceptation indifférente, une obéissance amère ou de la rébellion avec l'envie de tout abandonner ? Les niveaux d'implication ne sont pas laissés au hasard : sous la ligne pointillée, les employés ne sont pas impliqués. Ils peuvent ou non se conformer. Au-delà de la ligne pointillée, les niveaux d'implication vont de la coopération volontaire à l'élan créatif. Si l'on considère les stratégies d'implication et de fidélisation des employés, il est impossible d'être au-dessus de la ligne si vous demeurez dans la zone de limitation ou de détérioration. Notre objectif est de créer les conditions qui permettront aux employés de s'impliquer beaucoup plus souvent. Alors, quelles stratégies d'implication et de conservation des employés renforcent ce sentiment d'inclusion ?

Procédez à des sondages éclair

Comme Anne l'a déjà mentionné, le retour d'informations est précieux. De nombreuses entreprises organisent chaque année une enquête sur l'implication des employés ou une évaluation de la culture interne. Cela commence généralement par une campagne de communication qui invite les employés à répondre, puis les résultats sont dévoilés. Un comité est alors chargé de remédier aux lacunes pour tendre vers les résultats escomptés. Si ces actions à grande échelle peuvent mettre en évidence les tendances problématiques en matière de comportements ou de leadership et les points forts de l'organisation, elles peuvent être trop lourdes à mettre en œuvre pour les petites entreprises et, selon l'ampleur des résultats, le travail en aval peut s'avérer trop complexe. Par ailleurs, ce ne sont pas les cadres intermédiaires qui prennent la décision de mener une telle enquête, mais généralement l'équipe de direction ou le responsable des ressources humaines.

En tant que dirigeant, envisagez de mettre en place une boucle de retours constants au moyen de petits sondages éclair. À la fin d'un projet, en début de trimestre ou après un mois à un nouveau poste, envoyez à votre équipe une enquête de deux à cinq questions. Soyez clair sur votre intérêt sincère à créer un environnement performant et sur la transparence des résultats, ainsi que sur ce que vous souhaitez mettre en œuvre. Par exemple, à la fin d'un projet, vous pourriez envoyer à l'équipe de projet ce qui suit :

1. Quel a été votre niveau d'implication dans ce projet ?
2. Si l'élan créatif n'est pas au rendez-vous, qu'aurais-je pu faire pour vous y intéresser davantage ?
3. Vous êtes-vous senti inclus, valorisé et respecté ? Pourquoi ?

Vous pouvez également opter pour des questions plus précises, comme :

1. Êtes-vous satisfait du résultat de ce projet ?
2. Avez-vous le sentiment que votre voix a été entendue tout au long du projet ?
3. Votre contribution a-t-elle été suffisamment reconnue ?

Comme pour toutes les stratégies présentées dans ce livre, adaptez cette idée à votre style de leadership et à votre culture d'entreprise. N'oubliez pas qu'une porte ouverte n'est pas une politique, ce n'est jamais qu'une porte. Si l'on veut que les employés se sentent impliqués, il faut être proactif en leur demandant des retours d'expérience et suffisamment souples pour réagir en fonction de ce qui en ressort.

Optez pour des moyens ludiques et des tableaux de bord

Lorsque, il y a près de dix ans, je suis passée du secteur public à mon poste chez FranklinCovey dans le privé, on m'a dit qu'il y aurait de nombreuses différences et je me suis préparée à ce changement. En tant que membre de l'équipe commerciale et partenaire-client à l'international, je reçois chaque jour un tableau de bord avec la progression de mon chiffre d'affaires, que je compare à celui de mes pairs. Mon collègue Chris McChesney, auteur du best-seller *Les 4 Disciplines de l'exécution*, déclare : « Rien ne stimule plus le moral et l'implication que la victoire. » Dans le public, on me laissait souvent évaluer mon niveau de réussite en fonction de ce que mon chef pensait de moi. Cela ne veut pas dire que le secteur public est incapable de quantifier les résultats. C'est tout à fait possible et il s'y attache de plus en plus. Quoi qu'il en soit, lorsque j'ai intégré FranklinCovey, c'était la première fois de ma carrière professionnelle que j'avais un contrôle direct sur ma réussite. La victoire était très clairement et publiquement basée sur mes performances, et le tableau de bord quotidien est devenu une sorte de jeu pour moi, un exercice compétitif pour monter dans le classement. Plus tôt dans ma vie professionnelle, j'avais l'impression que le sentiment de gagner ou de perdre venait surtout de la direction, parce que j'étais trop ceci ou trop cela : trop jeune, trop grosse, trop enceinte, trop noire, trop obstinée... toujours trop.

Envisagez d'intégrer un jeu compétitif similaire dans votre équipe. Dans son livre sur l'exécution, Chris dit aussi que les employés s'impliquent mieux lorsqu'il y a une possibilité de gagner, d'autant plus s'ils ont joué un rôle dans l'élaboration de ce jeu. Votre équipe sait-elle à quel jeu elle joue ? Comptez-vous les points de manière quantitative ?

Les tableaux de bord suppriment de l'équation vos préférences et vos jugements. Par exemple, avant d'être formée à la prise de parole en public, si quelqu'un me demandait combien de fois j'avais dit « euh » dans un discours d'introduction, j'aurais répondu une fois ou deux. Dans la réalité, c'était plutôt deux douzaines. Si l'on supprime la subjectivité en créant un jeu compétitif, les décisions concernant les performances seront moins axées sur le ressenti, et les employés comprendront mieux les résultats obtenus. Rendre le travail plus ludique permet aux employés de quantifier la victoire et de travailler dans ce sens. Le succès n'est plus quelque chose de subjectif, comme les préférences d'un dirigeant en particulier.

Étendez l'inclusion au-dehors

Comme nous l'avons vu, c'est une grande source de pouvoir que de savoir que quelqu'un nous ressemble parmi l'équipe de direction. Mais les employés veulent également être reflétés dans le travail de l'entreprise, qu'il s'agisse d'une initiative de marketing multiculturel ou d'une participation sociale des entreprises dans des domaines comme le développement durable, par exemple, ou encore des associations de bénévolat pour les employés ou des dons aux œuvres de charité. En étendant vos objectifs d'inclusion au-delà de l'entreprise, vous leur donnez envie de s'y impliquer. Cela renforce l'authenticité de l'entreprise aux yeux de ses employés et favorise leur implication et leur fidélisation.

Communiquez autour des victoires

Les dirigeants ont tendance à ne pas communiquer suffisamment au sujet de leur vision. C'est vrai pour tout, depuis les stratégies d'entreprise jusqu'à l'engagement envers certaines initiatives, y compris la diversité et l'inclusion. J'aidais récemment la directrice des ressources humaines d'un client à mettre en place la stratégie de notre session de travail sur les biais inconscients. Elle m'a révélé que, d'après les employés, la diversité et l'inclusion n'étaient pas une priorité pour les dirigeants. Plus tard, elle m'a annoncé qu'elle venait de donner un discours devant le conseil d'administration sur la stratégie d'inclusion de l'entreprise et que les membres du conseil avaient été tellement impressionnés qu'ils ont demandé s'ils pouvaient partager cette stratégie avec les autres conseils auxquels ils siégeaient. J'ai demandé : « Pourquoi est-ce un secret ? Pourquoi vos employés ne sont-ils pas au courant ? » Vos employés ne peuvent réagir qu'à ce qu'ils voient. Ainsi, notamment en ce qui concerne la fidélisation des employés, s'ils quittent l'entreprise parce qu'ils ne se retrouvent pas parmi les dirigeants ou parce que leur supérieur hiérarchique ne soutient pas leur voix ou leur diversité de manière plus générale, la sensibilisation à la stratégie globale de l'entreprise pourrait avoir un certain impact.

Chapitre 15 : Contribution et implication
Réflexion individuelle

1. Réfléchissez à vos expériences en matière de contribution et d'implication. Avez-vous personnellement vécu (ou été témoin de) certaines situations où la contribution d'un individu était évaluée par un prisme subjectif ? Si oui, quel en a été l'impact pour vous et les autres personnes concernées ?

   ....

   ....

   ....

2. Comment le fait d'agir dans une optique de performance atténue-t-il les éventuels biais de contribution et d'implication ?

   ....

   ....

   ....

3. En quoi les affectations, les protocoles, la distribution des outils et de l'équipement ou d'autres aspects du travail quotidien, lorsqu'ils sont appliqués avec partialité, peuvent-ils avoir un impact négatif sur le moral, l'effort discrétionnaire et la conservation des talents ?

   ....

   ....

   ....

   ....

Chapitre 15 : Contribution et implication
Mise en œuvre par les dirigeants

Tenez compte de votre culture et de vos pratiques et rapportez-les aux contributions et à l'implication de votre équipe dans son travail quotidien.

1. Dressez la liste des biais qui pourraient être en jeu.

   ....
   ....
   ....
   ....

2. Comment une plus grande empathie et une plus grande curiosité pourraient-elles apporter une nouvelle lumière sur les coûts de ces pratiques ?

   ....
   ....
   ....
   ....

3. Sur quel aspect pourriez-vous faire preuve d'un courage prudent ou audacieux afin d'apporter un réel changement ?

   ....
   ....
   ....
   ....

Chapitre 16 : Promotion

Ce n'est pas l'étendue de vos connaissances qui compte. Ce qui compte, c'est votre accès à ce que les autres savent. Il ne s'agit pas seulement de l'intelligence des membres de votre équipe, mais aussi de la quantité d'informations que vous pouvez en tirer et utiliser.

—Liz Wiseman, auteure à succès de *Multipliers*

Les décisions prises à l'étape **promotion** du cycle de gestion des talents concernent la gestion des performances, l'éventail complet des occasions de développement offertes par une entreprise, les promotions, le parrainage et la planification de la relève.

PROMOTION

GESTION DES PERFORMANCES
Favorisez les contacts fréquents dès le début
Déterminez des objectifs ensemble
Incitez au dépassement de soi

PLAN DE RELÈVE
Ayez toujours une liste sous la main

Gestion des performances

Dans la plupart des entreprises, l'ascension au poste de dirigeant de premier plan passe par toutes sortes de lois et de procédures : temps et présence, rémunération, avantages sociaux, ce que vous pouvez et ne pouvez pas demander, ainsi que l'évaluation annuelle des performances. Mais la plupart des dirigeants savent également que la gestion des performances est plus qu'un simple examen annuel. Les employés s'épanouissent grâce au retour d'information, tandis que les préjugés, réels ou supposés, se nourrissent du silence. En d'autres termes, sans une gestion des performances constamment actualisée – retours, coaching et liste d'attentes claires – et avec un bilan annuel médiocre, l'employé peut supposer que l'évaluation négative n'est basée que sur des préjugés. D'autre part, d'après ce que nous savons des raccourcis cognitifs dans le cerveau, si en tant que manager vous ne discutez pas des performances, vous pourriez facilement tomber, au moment des bilans annuels, dans un biais de récence, un biais de négativité, l'effet de halo ou tout autre raccourci cognitif. La bonne nouvelle, comme pour chaque élément du cycle de gestion des talents, c'est que nous pouvons établir de meilleures pratiques afin d'éviter cet écueil.

MARK

Presque toutes les entreprises s'enorgueillissent de l'implication de leurs employés et de l'importance accordée à leur personnel. Mais chez certains, cela peut rester au stade de la déclaration, surtout lorsque les tableaux de bord et les indicateurs clés de performance sont exclusivement axés sur les ventes ou les livraisons, le chiffre d'affaires réalisé ou le temps de traitement moyen. De nombreuses entreprises s'éloignent de la traditionnelle évaluation annuelle des performances basée uniquement sur les chiffres et les indicateurs clés pour se tourner vers une vision plus globale. Par exemple, les dirigeants peuvent respecter les indicateurs, mais avoir beaucoup de mal à retenir leurs employés en raison d'un style de leadership toxique qui leur donne le sentiment d'être diminués et de végéter dans la zone de limitation. Une partie de cette toxicité est souvent liée à des problèmes de biais non résolus. De plus en plus, les entreprises s'intéressent non seulement aux accomplissements, mais aussi à la manière dont ils sont atteints.

Je travaille avec une entreprise internationale de fabrication et de fourniture de produits pétrochimiques qui mentionne dans ses évaluations annuelles les éléments de confiance, de sécurité psychologique et d'appartenance. En plus des indicateurs clés de performance, les employés sont désormais évalués sur leur capacité à communiquer efficacement, à s'adapter au changement, à responsabiliser leurs équipes et à créer une culture de retour d'information et de développement. L'objectif général est de faire en sorte que l'entreprise atteigne la zone de haute performance... et ça fonctionne !

Favorisez les contacts fréquents dès le début

Quand des biais nous opposent à certaines personnes – liés au style de communication des autres, à leurs motivations ou à une partie de leur identité –, notre instinct est de ne pas les fréquenter. Nous pouvons les mettre de côté, les éviter jusqu'à l'entretien incontournable de l'évaluation annuelle de leurs performances. Ce n'est pas juste, naturellement. Et cela peut les conduire à l'échec – un échec qui prend la forme de la prophétie autoréalisatrice du dirigeant.

En favorisant des contacts fréquents dès le début, nous faisons le choix d'établir des liens et de dépasser les biais pour nous concentrer sur le travail. Les points fréquents peuvent prendre de nombreuses formes, officielles comme désinvoltes. Cela peut être aussi simple que d'envoyer un SMS à un subordonné après une réunion pour lui indiquer qu'il a fait du bon travail en décrivant le problème ou en proposant des solutions. Pour un retour d'information critique, vous pouvez demander à l'employé de proposer des moyens d'améliorer son efficacité ou de mieux s'organiser dans le cadre d'un projet. Utilisez l'échelle des niveaux d'implication ou le modèle de performance pour encadrer la conversation. Faites savoir à votre employé que vous voulez être certain d'être sur la même longueur d'onde. Comment évaluerait-il sa propre implication au sein de l'équipe ou par rapport à vos nouveaux objectifs trimestriels, par exemple ? A-t-il l'impression d'être très performant avec les autres divisions concernées par ce projet ou avec vous en tant que dirigeant ? Ces modèles servent de base à une conversation plus poussée. Bien que nous ne soyons pas tous enclins à parler de notre vie privée au travail, il peut être utile de saisir différentes occasions d'aborder des sujets plus personnels. Cela peut faciliter la transition vers des conversations de type évaluation. Le fait de savoir qu'une personne cherche à atteindre tel ou tel objectif de remise en forme, pratique un loisir particulier ou passe ses week-ends aux quatre coins de l'État pour assister à des matches de football sont autant de renseignements utiles pour établir la confiance, créer des liens et vous aider à considérer l'employé comme une personne à part entière lors de vos évaluations et de vos entretiens.

Déterminez des objectifs ensemble

En tant que dirigeant, vous êtes évalué sur les résultats que vous obtenez. Mais vous n'atteignez pas ces résultats directement ; vous les obtenez par l'intermédiaire d'autres personnes. C'est là la nette distinction entre un collaborateur et un leader. Comme c'est sur cette base que vous serez évalué, il est facile de tomber dans le piège de l'autorité. Si l'on considère le rôle des biais dans l'ascension et toutes les données qui montrent combien la promotion professionnelle peut être difficile pour les personnes de couleur, les femmes, les introvertis, les non-diplômés ou les anciens militaires, par exemple, déterminer des objectifs ensemble peut vous permettre d'esquiver les préjugés. Il existe de nombreuses façons de vous y prendre. Vous pouvez fixer certains paramètres en guise d'objectifs et demander ensuite à l'employé de réfléchir à l'impact qu'il peut avoir sur chaque point ou à ce qui serait, selon lui, un bon moyen d'atteindre cet objectif. Je vous ai dit que j'avais eu une cheffe, à l'université, dont l'influence s'est avérée particulièrement bénéfique. Elle a mis un point d'honneur à travailler avec moi pour fixer des objectifs trimestriels, non seulement dans le cadre du travail, mais aussi dans ma vie personnelle. Bien sûr, j'étais étudiante et elle était éducatrice – un contexte différent d'une entreprise classique. Mais il pourrait être utile, comme cela l'a été pour moi et l'est toujours depuis, de ne pas seulement fixer des objectifs spécifiques à la fonction actuelle d'un employé, mais aussi de l'aider à déterminer ses objectifs futurs. Cela pourrait nécessiter un certain soutien de votre part. Peut-être que cet employé aimerait accéder à un poste de direction, mais qu'il n'est pas encore titulaire d'une licence, ce qui n'est pas rédhibitoire, mais va à l'encontre des critères établis par votre entreprise. Dans ce cas, vous pourriez lui fixer comme objectif de suivre des cours universitaires ou une validation des acquis et le mettre en relation avec les ressources humaines pour lui permettre d'accéder à un programme d'aide aux frais d'inscription. Une évaluation à 360 degrés est également envisageable pour cet entretien de définition des objectifs. C'est une chose de faire asseoir quelqu'un et de lui dire : « Voici ce que j'ai observé. » Comme vous en avez sûrement fait l'expérience, cela peut rapidement se transformer en une conversation mal adaptée, au cours de laquelle la partie cognitive de votre cerveau se heurte à la partie émotionnelle ou primitive du cerveau de votre employé, alors qu'il se prépare à recevoir un bilan unilatéral. En commençant par une évaluation à 360 degrés, vous obtenez tous les deux une vue d'ensemble du travail et du tempérament de votre employé. En tant que dirigeant, vous pouvez considérer sa réussite comme un partenariat entre vous deux.

Incitez au dépassement de soi

L'un des moyens informels dont disposent les dirigeants pour gérer les performances est le « cadre interne » : ils donnent à certains membres de leur équipe des missions qui dépassent leurs fonctions strictes ou des projets qui les mettront sur le devant de la scène de manière inhabituelle. Si l'on souhaite être plus actif dans la gestion informelle des performances, il convient de répartir les opportunités de manière égale. Veillez à ne pas reléguer les tâches administratives ou peu visibles au même groupe de personnes ; proposez une rotation de ces tâches. Lorsque vous prévoyez des missions plus importantes, ne vous contentez pas de les déléguer aux membres les plus enthousiastes, mais demandez-vous qui pourrait être intéressé par ces nouveaux défis. Si vous avez cinq missions et cinq personnes, accordez volontairement une mission différente à chacun.

> **ANNE**
>
> Pour tout vous dire, je n'aime pas le terme d' « ascension dans la hiérarchie » au cours d'une carrière. Pourquoi ? Parce qu'elle est liée à la notion archaïque d'échelons au sein de l'entreprise, un terme qui implique qu'il n'y a qu'un seul mouvement auquel nous devrions tous aspirer : monter. D'après mon expérience, rien n'est plus éloigné de la vérité. Pensez-y : Si tout le monde voulait « monter », la plupart des

gens « tomberaient » parce qu'il n'y a tout simplement pas de place au sommet de cette échelle pour tout le monde.

J'ai toujours considéré les carrières comme un flocon de neige — sans véritable début ni fin, et surtout, autant de variétés que d'individus. Je suis convaincue que l'important, c'est d'aller de l'avant. Alors, que cela signifie-t-il pour une carrière et quel rôle jouent les biais dans cette progression ? Je vais vous donner un exemple tiré de ma propre histoire.

J'ai commencé chez AT&T à un poste d'ingénieure et j'ai progressé vers des rôles opérationnels et industriels. Quand j'ai eu environ quatre missions à mon actif, plusieurs de mes mentors m'ont conseillé de me lancer dans la vente si j'aspirais un jour à devenir cadre. Honnêtement, je ne savais pas ce que je voulais à ce moment-là, mais je ne voulais pas me fermer de portes, alors j'ai occupé un poste dans la vente. (Soit dit en passant, à l'époque, la plupart des cadres supérieurs de l'entreprise avaient une expérience significative dans ce domaine, ce qui m'indiquait que le jeu en valait la chandelle, même si ce n'était pas un domaine qui m'intéressait spécialement.) Mes demandes ont été rejetées à de nombreuses reprises. La raison principale invoquée était qu'il n'y avait aucune chance que je réussisse parce que je n'avais pas commencé ma carrière dans la vente. Cependant, il n'y avait aucun exemple d'ingénieurs devenus vendeurs dans leurs rangs, pourtant en trois ou quatre ans, j'ai réussi à changer de fonction. Ironiquement, j'ai maintenant passé la moitié de ma carrière dans la vente et le service aux entreprises !

Les biais inconscients sont puissants. Les gens recherchent des modèles et il est naturel qu'ils aient tendance à se tourner vers ceux qui leur ressemblent » de prime abord. Il peut s'agir de l'identité sexuelle, de l'ethnie, de l'éducation, des origines, des racines géographiques ou autres. Nous devons résister à notre inclination naturelle à soutenir ceux qui nous ressemblent le plus. Bien sûr, cela ne signifie pas que nous ne devons pas mettre ces personnes en avant, mais nous devons nous assurer délibérément de rester ouverts et diversifiés dans nos pensées, nos approches et nos actes.

En tant que dirigeants, nous avons l'obligation d'aider chacun des membres de nos équipes à développer une carrière aussi solide et gratifiante qu'ils le souhaitent — n'oubliez pas qu'il n'y a pas deux flocons de neige identiques. Il n'existe pas d'approche unique en matière de coaching, de mentorat ou de parrainage. Chaque individu doit avoir la possibilité de vivre une carrière épanouie et de ne pas être entravé par des biais inconscients. N'oubliez pas qu'il s'agit de progresser, d'avoir le sentiment et la certitude que vous vous développez. Pour certains, la croissance et l'aspiration se manifestent par le désir de devenir superviseur d'un groupe ou d'une équipe, d'une branche ou d'une unité. Pour d'autres, la croissance et l'aspiration peuvent prendre la forme d'un portefeuille d'expériences de travail faisant appel aux technologies les plus récentes et les plus performantes... de l'opportunité de voyager et de déménager dans le monde entier... ou d'un métier stable accordant le temps et l'énergie nécessaires pour mener à bien des activités parallèles dans la communauté ou ailleurs. Vous avez compris l'essentiel. L'objectif doit être de progresser. Le leadership revêt d'innombrables formes. Le plus beau, c'est que le cheminement dans la poursuite de l'épanouissement au cours de la vie n'est jamais terminé.

Si de nombreux progrès ont été réalisés, il reste encore du travail à faire. Chaque dirigeant peut jouer un rôle important en veillant à mettre les biais en lumière et à prendre des mesures nécessaires afin que chaque employé ait la possibilité de briller – pas seulement hier ou aujourd'hui, mais aussi à l'avenir. Le temps est venu pour chacun d'entre nous de faire sa part.

Plan de relève

Beaucoup d'entreprises ne présentent de diversité qu'au bas de l'échelle. L'armée, par exemple, est incroyablement diversifiée. Mais si c'est particulièrement vrai dans les rangs des recrues, c'est moins évident à mesure que l'on monte en grade. Il y a encore des secteurs de l'armée où des postes de haut rang n'ont jamais été occupés par une femme ou une personne de couleur.

De nombreuses organisations ont du mal à proposer la diversité aux niveaux de direction, car elles n'ont personne à promouvoir depuis les niveaux inférieurs. N'oubliez pas que la diversification de votre ligne de front est un investissement pour votre futur vivier de dirigeants.

Ayez toujours une liste sous la main

Les dirigeants sont pris par les tâches du quotidien et en oublient souvent de préparer un plan de relève. Il s'agit d'une pratique que nous avons mise en place dans notre équipe de direction. Chez FranklinCovey, chaque dirigeant doit désigner deux personnes.

Dépassez votre liste de candidats habituels. Ne vous cantonnez pas toujours aux mêmes. Intéressez-vous à l'activité de votre réseau. Demandez-vous si les personnes que vous voulez promouvoir sont à votre image, de près ou de loin. Ont-ils intégré l'entreprise par les mêmes canaux que vous ? Ont-ils fréquenté les mêmes écoles ? Ont-ils la même identité ? N'oubliez pas les candidats susceptibles d'être tenus à l'écart de ces éléments identifiants.

MARK

En pensant aux limites, je discutais récemment des promotions avec un grand prestataire de soins de santé américain. Ils recrutaient un « consultant en développement organisationnel » et un « directeur des ressources humaines ». Ces personnes devaient être des dirigeants motivés, opérant à un haut niveau. À un moment donné, la conversation a tourné sur le constat qu'aucune personne présente lors de la discussion ne pouvait être promue au-dessus de son niveau actuel, en dépit de leurs décennies d'expérience. Tous les postes supérieurs à celui de directeur exigeaient un diplôme d'études supérieures, ce dont personne dans la salle ne disposait.

Dans cette entreprise, l'un des critères *sine qua non* de la promotion était un diplôme d'études supérieures. Pour cette raison, bon nombre de leurs postes de direction étaient occupés par des candidats externes. Il conviendrait, en l'occurrence, d'envisager une possibilité de promotion pour les employés assidus ayant acquis les compétences nécessaires au cours de leur carrière. Dans d'autres entreprises, le biais inverse peut s'appliquer. Par exemple, je travaille avec une grande société de conseil convaincue que les dirigeants doivent être promus de l'intérieur parce qu'un candidat extérieur ne pourrait pas se retrouver dans les nuances et les structures internes. Leur biais consiste à valoriser le savoir institutionnel. Ils pourraient envisager d'adapter leurs listes de candidats à la promotion et faire en sorte qu'elles comprennent à la fois des talents internes et externes.

Certains talents sont-ils négligés en raison des biais, à la fois conscients et inconscients, qui sous-tendent les décisions de promotion ? Existe-t-il des règles similaires dans votre entreprise qui risquent involontairement de réduire votre réserve de talents et les chances de vos employés ?

Par où commencer ?

Revenons à la question que l'on me pose si souvent : « Par où commencer ? » En ce qui concerne le cycle de gestion des talents, il n'existe pas de réponse unique. Les entreprises diffèrent par leur taille, leur fonction, leur démographie et leur culture.

La première étape consiste à connaître l'état de l'existant. Faites l'ébauche du cycle de gestion des talents à un niveau élevé : embauche, implication et engagement, promotion. Puis approfondissez. Comment se présente le programme de recrutement dans votre organisation ? Quels sont les processus formels et sont-ils conformes à la réalité ? Imposez-vous de ne pas partir sur des présupposés quand vous travaillez sur ce sujet. Si vous ne savez pas, renseignez-vous. Vous aurez alors un aperçu de la réalité de votre entreprise, à la fois les points forts, les opportunités de carrière et les données qu'il vous reste à recueillir.

La contribution et l'implication demandent une certaine collaboration. Trop souvent, le cycle de gestion des talents est confié aux ressources humaines, mais idéalement, le passage à la haute performance dans ce modèle nécessite des perspectives transversales comprenant les ressources humaines, certes, mais aussi les questions de droit, de diversité, d'équité et d'inclusion, ainsi que les équipes de direction à tous les niveaux de l'entreprise. De nombreuses organisations établissent un conseil consultatif sur la diversité ou une autre forme de comité supérieur afin de garantir une approche transversale. La refonte du cycle de gestion des talents n'est pas l'affaire d'une seule personne ni même d'un seul département. Parce qu'elle touche chaque personne au sein de l'organigramme, elle nécessite une diversité de points de vue.

Chapitre 16 : Promotion
Réflexion individuelle

1. Réfléchissez à vos expériences en matière de gestion des performances et des promotions. Avez-vous personnellement vécu (ou été témoin de) certaines situations dans lesquelles l'avancement d'un individu a subi le prisme des biais ? Si oui, quel en a été l'impact pour vous et les autres personnes concernées ?

   ....
   ....
   ....

2. Comment une optique de performance peut-elle atténuer les éventuels biais en matière de promotion ?

   ....
   ....
   ....
   ....

3. Comment les promotions et les avancements réalisés à travers le prisme des biais sont-ils susceptibles de miner le moral, réduire l'effort discrétionnaire et nuire à la conservation des talents ?

   ....
   ....
   ....
   ....

Chapitre 16 : Promotion
Mise en œuvre par les dirigeants

Tenez compte de votre culture et de vos pratiques en matièe de promotion et d'avancement.

1. Dressez la liste des biais qui pourraient être en jeu.

   ....

   ....

   ....

   ....

2. Comment une plus grande empathie et une plus grande curiosité pourraient-elles apporter une nouvelle lumière sur les coûts de ces pratiques ?

   ....

   ....

   ....

   ....

3. Sur quel aspect pourriez-vous faire preuve d'un courage prudent ou audacieux afin d'apporter un réel changement ?

   ....

   ....

   ....

   ....

Conclusion

S'il n'y a pas de lutte, il n'y a pas de progrès.

—Frederick Douglass, abolitionniste et écrivain

Un jour, mon mari, mon fils et moi rentrions chez nous après une sortie du samedi après-midi au McDonald's d'Alexandria, en Virginie. Mon mari et moi disposions tous les deux d'une habilitation de sécurité nationale, de par notre travail pour le gouvernement américain, et nous habitions pour les mêmes raisons à quelques kilomètres du Pentagone. Nous avons remarqué une voiture de police derrière nous, et alors que nous parcourions le dernier kilomètre jusque chez nous, elle a continué à se rapprocher sans déclencher les sirènes. Nous nous sommes arrêtés dans notre quartier, sur une place de parking devant notre appartement. Dès que nous avons détaché nos ceintures de sécurité, le véhicule de police a fait une manœuvre spectaculaire derrière nous, se plaçant de telle sorte que mon mari ne pouvait plus reculer. L'agent est sorti de sa voiture, la main sur l'étui pour dégainer son arme alors que mon fils de cinq ans descendait de son siège auto. J'ai quitté le siège passager juste à temps pour voir mon enfant de cinq ans debout devant le policier, qui avait une main sur son arme. Je me suis interposée en lui demandant s'il y avait un problème. Surpris, il s'est excusé et m'a répondu que mon mari correspondait au signalement d'un suspect dans une affaire criminelle, aperçu dans une voiture similaire à la nôtre. Il nous a posé quelques questions, puis il a continué son chemin. Erreur honnête, peut-être, mais effrayante aussi, au vu de la situation des garçons et des hommes noirs en Amérique. En l'occurrence, je n'avais pas peur pour moi, mais pour mon mari et mon fils.

Il est indéniable que les préjugés contre les Noirs sont très répandus en Amérique et constituent un problème auquel chaque communauté et chaque organisme des forces de l'ordre est confronté. Devant de tels biais, qu'ils proviennent de circonstances individuelles ou de la société dans son ensemble, nous pouvons faire l'expérience de la zone de détérioration de différentes manières, tant sur le plan personnel que professionnel. On ne saurait trop insister sur le pouvoir et l'importance d'entreprendre des actions visant à éradiquer les biais, qu'ils soient conscients ou inconscients.

MARK

Dans le cadre de mon poste de consultant senior chez FranklinCovey, je suis parfois chez un client différent chaque jour. En un mois, je peux être amené à fournir une variété de solutions FranklinCovey à quinze entreprises différentes. Chaque matin, quand je me rends sur le site du client, il arrive bien souvent que je ne le connaisse pas (si c'est la première fois que je travaille avec lui). Je ne suis donc pas familier de sa culture ou de ses biais. Et selon le pays ou le type d'entreprise, il se peut que j'aie mes propres préjugés sur leur façon d'accueillir un membre de la communauté LGBTQ+, baby-boomer ou même Texan.

Ainsi, presque tous les jours, je dois surmonter mes propres biais en arrivant dans un nouvel environnement pour rencontrer de nouvelles personnes. Mon travail est guidé par les premières impressions qui, comme nous l'avons dit, peuvent être émaillées d'inexactitudes. Comme nous l'avons mentionné tout au long de ce texte, les préjugés peuvent concerner de nombreux domaines, et dans ma vie, l'un des biais les plus tenaces que j'aie connus porte sur ma propre orientation. Je retombe parfois dans ce sentiment d'insécurité de ma jeunesse et j'hésite à partager ce détail de mon identité et de ma vie. Mais j'ai découvert que plus j'étais vulnérable, plus les idées que j'étais chargé de promouvoir trouvaient un écho auprès de mon auditoire et plus les gens étaient capables d'être vulnérables à leur tour vis-à-vis de leurs propres préjugés et leurs expériences en matière de biais. C'est ainsi que nous progressons et que nous pouvons grandir ensemble.

Quand je présente notre programme sur les biais inconscients, ma première diapositive est une photo de mes garçons. Michael a dix ans et Máximo quatre. Ils sont assis sur une grande balançoire circulaire en filet, comme on en trouve dans les nouvelles aires de jeux pour enfants, et portent des t-shirts de super-héros. Ils me sourient à belles dents alors que j'immortalise ce rare moment d'harmonie entre frères. Ces deux-là me motivent comme personne ! Aussi contre-intuitif que cela puisse paraître, certaines de mes plus grandes réussites professionnelles sont liées à ces deux petits humains. Ils me rendent meilleure !

Ma responsabilité envers mes garçons est de contribuer à la construction d'un monde où ils pourront vivre sans craindre de préjugés, conscients ou inconscients, et où leurs possibilités ne seront pas limitées par un quelconque aspect de leur identité. Je m'y efforce chaque jour. Malgré cela, les données montrent que quoi que je fasse – le quartier où nous vivons, la maison que nous possédons, les écoles auxquelles je les inscris, le volume de livres sur nos étagères, le foyer biparental, l'éducation et les revenus que mon mari et moi gagnons –, leurs réussites resteront peut-être inférieures à celles de leurs homologues blancs. Telle est la réalité d'une mère de deux garçons noirs en Amérique. Cette réalité, *ma* réalité, est la raison pour laquelle le sujet de l'inclusion et des biais me tient tant à cœur.

ANNE

Le travail consistant à identifier ses biais, à cultiver ses relations et à créer des équipes performantes revient à élever un niveau général : tout son être, toute son équipe, toute son entreprise, toute la communauté et, en fin de compte, le monde entier.

Je n'ai compris ce que cela signifiait que tardivement dans ma carrière. En réfléchissant à mon enfance et au début de ma vie d'adulte, je peux dire que j'ai passé beaucoup de temps et d'énergie à essayer d'être ce que les autres pensaient que j'étais ou que je devais devenir. Enfant, j'étais tiraillée entre deux mondes, je voulais rendre mes parents fiers tout en désirant m'intégrer et « être populaire ». À la maison, je connaissais des écarts culturels, générationnels et linguistiques avec mes parents, et à l'école, j'avais l'impression d'être une anomalie.

Au début de ma carrière, alors que je me débrouillais bien à tous points de vue, je n'étais pas totalement authentique ni capable de me présenter comme une personne à part entière. Au travail, je ressentais une certaine pression, l'obligation de me comporter de telle ou telle manière afin de m'intégrer. En raison de mon éducation, j'éprouvais le besoin de me taire, même en sachant pertinemment que j'avais des choses à apporter. Je me trouvais dans la zone de limitation. Mais j'avais vu le parcours de mes parents en tant qu'Américains de la première génération et la persévérance, la résilience et le courage dont ils avaient fait preuve en se relevant constamment après chaque coup dur. Je ne pouvais pas être moi-même sans adopter ce même courage. Finalement, j'ai appris que, pour avoir de vraies relations avec les autres, je devais dépasser ce désir de « m'adapter ». J'avais d'abord besoin de me connecter authentiquement avec mon être tout entier. Cela consiste à accepter ses défauts et ses faiblesses, ses forces et ses passions. Et oui, cela signifie aussi une exploration constante de mes biais.

Je vous mets au défi et vous encourage à faire de même : embrassez votre être tout entier et levez le voile sur vos biais inconscients. Nous en avons tous, c'est parfaitement normal. Cependant, tant que nous ne les identifions pas et que nous ne cherchons pas à les comprendre, nous ne pouvons pas les surmonter de manière constructive. Et nous ne sommes pas en mesure de réaliser notre plein potentiel ni d'aider les autres à le faire aussi, afin que, collectivement, nous puissions avoir l'impact positif le plus significatif possible.

En tant que dirigeant, vous pouvez avoir un impact profond au travail, dans votre communauté et dans le monde. En tant qu'individus, nous avons tous des expériences, des compétences et des perspectives uniques qui nous permettent d'appliquer les pratiques décrites dans ce livre. Notre force réside à la fois dans nos similitudes et nos différences, et le progrès est toujours possible ensemble. En fait, j'ai l'intime conviction que pour mener, motiver et inspirer un changement durable du système, nous devons agir ensemble. C'est là toute la beauté et la puissance de l'humanité. Car ensemble, nous sommes bel et bien meilleurs.

Les biais, l'équité, la diversité et l'inclusion ont toujours été des questions importantes pour l'efficacité et l'implication des employés d'une entreprise. La loi sur les droits civils interdisant la discrimination fondée sur la race, la couleur, la religion, le sexe et le pays d'origine, a été votée en 1964. Si vous êtes né l'année où cette loi a été adoptée, vous avez cinquante-six ans en 2020. Cela ne fait pas si longtemps. Avant 1978 et l'adoption de la loi sur la discrimination en cas de grossesse, les femmes pouvaient être licenciées parce qu'elles étaient enceintes, sans aucun droit. Il aura fallu encore douze ans pour que les protections au travail s'étendent aux personnes handicapées, avec la loi de 1990 sur les Américains handicapés. Bien que des efforts aient été faits pour réintégrer les vétérans du Vietnam dans la population active à la fin des années 60 et 70, il faut attendre les années 2000 pour voir se multiplier les initiatives d'embauche de vétérans dans les secteurs publics et privés, après les guerres d'Irak et d'Afghanistan. Aux États-Unis, les victimes de discriminations au travail et de harcèlement fondé sur l'orientation sexuelle/l'identité de genre n'ont pas bénéficié d'une protection fédérale avant juin 2020.

À chacun de ces changements politiques, nous avons vu les effectifs se développer. Et à chaque changement dans la composition ou la démographie des effectifs, nous constatons un peu plus combien il est nécessaire de s'attaquer aux biais – les biais que les anciens et les nouveaux employés entretiennent les uns envers les autres. Ces biais risquent de miner la structure de l'entreprise, et malheureusement, ce n'est pas une tendance à la baisse. Le défi est permanent, car la démographie de notre société évolue et change avec le temps. Alors que les baby-boomers continuent à travailler, la valeur de leur contribution est sans cesse remise en question. Alors que les représentants de la génération Z entrent sur le marché du travail, ils subissent des biais sur leurs façons de communiquer et sur leurs attentes. Les données du Bureau américain du recensement de 2018 ont montré que, pour la première fois, les résidents blancs non hispaniques représentaient moins de la moitié de la population du pays avant l'âge de quinze ans, et les démographes prévoient que les Blancs deviennent une minorité aux États-Unis d'ici 2045.[65] De nombreuses entreprises cherchent constamment à attirer les meilleurs talents et à les exploiter au regard de la démographie future. Cela inclut les réorientations de carrières et le travail proactif pour répondre aux préoccupations des professionnels plus expérimentés en transition vers de nouvelles industries, des parents ou des accompagnants de personne âgée qui réintègrent le marché du travail après un certain temps d'absence, et bien sûr, des vétérans.

Ces détails ne sont pas destinés à vous submerger, mais plutôt à vous montrer à quel point la question des biais est intemporelle et permanente. Les détails évolueront, mais les préjugés feront toujours naturellement partie de la condition humaine et de nos relations les uns avec les autres. Travailler nos biais, cultiver des relations de qualité et choisir le courage sont autant de mesures qui nous permettront d'être toujours prêts à former des équipes plus performantes.

Le leadership est une vocation noble, et dans les moments les plus difficiles, dans les tranchées de la direction, nous devons nous rappeler qu'il s'agit à la fois d'un privilège et d'une mission de la plus haute importance. Clayton Christensen, ancien professeur de la Harvard Business School, a écrit que « s'il est bien mené, le management fait partie des plus nobles des professions », en raison de l'influence considérable que nous avons au quotidien sur le bien-être de nos employés, de leurs familles et de nos communautés.

Beaucoup d'entre nous aiment se considérer comme de *grands* dirigeants. Nous savons qu'il est important de diriger selon sa personnalité, en faisant preuve d'autorité formelle et informelle et en établissant la confiance avec nos équipes. Nous sommes moins nombreux à nous définir comme des dirigeants *inclusifs*. Pourtant le leadership ne peut être efficace sans inclusion. Cela a toujours été vrai et le sera toujours.

On nous demande souvent, en tant qu'auteurs, comment nous saurons que nous avons réussi à atteindre l'équité, la diversité et l'inclusion au travail. Nous aurons réussi lorsque chaque dirigeant de chaque entreprise indexera directement ses performances à ses sentiments sur ces notions. Nous devons rester dans la zone de haute performance en veillant à ce que chacun, dans toute la hiérarchie, du

---

65 William H. Frey, « Less Than Half of US Children Under 15 Are White, Census Shows. » Brookings, 24 juin 2019; www.brookings.edu/research/less-than-half-of-us-children-under-15-are-white-census-shows/.

sommet jusqu'à la base, se sente valorisé, inclus et respecté. Si ce n'est pas le cas, il y a encore du travail à accomplir et nous passons à côté de la pleine contribution que ces personnes peuvent apporter à nos différentes entreprises.

Bien sûr, nous avons tous beaucoup à faire, et les responsabilités sont parfois trop lourdes pour de simples individus. En tant que dirigeants, nous nous efforçons de mener des réunions efficaces, de donner des présentations convaincantes, d'augmenter les revenus, de satisfaire les clients, d'innover, de réorganiser l'entreprise et, en fin de compte, de produire des résultats. La seule façon pour les dirigeants d'adopter les comportements dont nous avons parlé dans ce livre, de travailler avec les outils et d'appliquer le prisme des biais à leurs initiatives, interactions et décisions, c'est de croire aux valeurs que la diversité, l'inclusion et le dépassement de nos biais limitatifs peuvent apporter à notre culture professionnelle.

Pour progresser dans la lutte contre les biais, en plus de votre carrière déjà bien remplie, vous devez avoir une raison de faire de cette question une priorité dans votre vie, en tant que dirigeant. Votre raison ne doit pas forcément ressembler à la mienne (mes garçons) ni à la raison de Mark (un sentiment de valeur et de mérite), pas plus qu'à celle d'Anne (l'expérience de vivre entre deux mondes). D'ailleurs, il est peu probable que ce soit le cas.

À travers ce livre, nous espérons que vous avez découvert et expérimenté des pistes de réflexion et des échos à vos propres expériences. Prenez le temps d'y réfléchir, demandez-vous pourquoi ce sujet vous tient à cœur à partir de votre propre histoire. Ensuite, en partant de ce lien commun, œuvrez à un changement positif.

Conclusion
Réflexion individuelle

C'est un travail difficile que de surmonter ses biais inconscients. N'oubliez pas de vous arrêter pour faire état de vos progrès. Réjouissez-vous de vos victoires, qu'elles soient anecdotiques ou décisives. Avez-vous pris l'habitude de méditer cinq minutes ? Avez-vous cherché à obtenir un retour sur vos biais et l'avez-vous accepté de bonne grâce ? Avez-vous fait du bénévolat dans votre communauté ? Notez vos victoires chaque semaine et partagez vos progrès avec un mentor ou un ami.

Revenez sur vos réponses aux outils proposés à la fin de chaque chapitre et sur les engagements que vous avez pris. Puis continuez.

1. Quelle petite pratique allez-vous mettre en place pour progresser sur vos biais ?

   ....
   ....
   ....
   ....
   ....
   ....

2. Allez-vous fêter cela quand cette pratique sera devenue une habitude ?

   ....
   ....
   ....
   ....

3. Identifiez une occasion pour votre équipe ou votre entreprise de faire des progrès sur la question des biais inconscients — comme la création d'un programme de mentorat, l'attribution d'un rôle d'avocat du diable lors des réunions décisionnelles ou l'emploi d'un vocabulaire de genre neutre dans votre manuel de l'employé. Discutez de votre idée avec votre responsable lors de votre prochain entretien. N'oubliez pas de vous récompenser quand cette idée se concrétisera.

Conclusion
Mise en œuvre par les dirigeants

Si vous avez travaillé sur la question des préjugés inconscients avec votre équipe, il est encore plus important de célébrer vos progrès. Fixez-vous un objectif ambitieux, comme la création d'un comité de recrutement pour remplacer les entretiens individuels ou la mise en place d'un « mardi sans messagerie électronique » pour établir des liens, puis trouvez un moyen de fêter les progrès accomplis. Pour les petites victoires, prévoyez une réunion hebdomadaire régulière afin que l'équipe puisse partager ses progrès.

1. Quel petit changement votre équipe pourrait-elle introduire afin de progresser sur le terrain des préjugés inconscients ?

   ....

   ....

   ....

2. Quel objectif de plus grande envergure votre équipe pourrait-elle se fixer afin de progresser dans le domaine des biais inconscients ?

   ....

   ....

   ....

3. Comment allez-vous fêter cette belle réussite ?

   ....

   ....

   ....

Remerciements

Pamela Fuller

Je remercie mon *Papi*, qui m'a appris à me faire une place dans le monde ; l'institutrice qui m'a dit que je publierais un jour un livre ; Cicely Washington, qui savait que j'écrivais tous nos projets de groupe ; les nombreux collègues de chez FranklinCovey qui reconnaissent l'importance de cet ouvrage et me font confiance pour lui donner une voix – Julienne Stathis, Preston Luke, Chris Miller, Brittany Forbes, Vivien Price, Catherine Nelson, Scott Miller et Meg Hackett (pour n'en citer que quelques-uns) – ainsi que mon incroyable mari et les garçons inspirants qui me soutiennent chaque jour : Merci !

Mark Murphy

Je remercie ma famille d'origine : mes parents et mes frères et sœurs, Scott, Leslie et Tiffany, sans le soutien indéfectible desquels je ne serais pas là pour partager mes points de vue. Je remercie ma famille de cœur : en particulier Tim, Keith, Jorge et Eileen, qui ont été à mes côtés pour la plupart des aventures de ma vie et qui me montrent constamment le véritable sens de l'amitié. Je remercie ma famille professionnelle de chez FranklinCovey : les dirigeants, les partenaires clients, les consultants et les clients qui, depuis vingt-neuf ans, m'ont appris qu'il était primordial d'être authentique au travail !

Anne Chow

Aux nombreux collègues avec lesquels j'ai travaillé tout au long de ma carrière, je suis reconnaissante pour nos relations et nos expériences partagées. Ce projet a pour but de faire avancer les choses. À l'équipe de chez FranklinCovey, merci de me permettre de participer à cet ouvrage essentiel qui donnera aux équipes le moyen d'avancer ensemble avec plus de force. Enfin, à ma famille, ma plus profonde gratitude. À mes parents, Ming et Joann, merci pour vos innombrables sacrifices. À mon mari, Bob, merci pour tout. Et à mes filles, Alana et Camryn, merci pour le cadeau que vous m'avez fait. Que l'avenir soit radieux, pour les autres et pour vous-mêmes.

À propos de FranklinCovey

FranklinCovey est une société publique mondiale spécialisée dans l'amélioration des performances organisationnelles. Nous aidons les entreprises et les individus à atteindre des résultats au moyen des changements comportementaux humains. Notre expertise porte sur sept domaines : le leadership, l'exécution, la productivité, la confiance, les performances commerciales, la fidélisation des clients et l'éducation. Parmi les clients de FranklinCovey figurent 90 % des entreprises de Fortune 100, plus de 75 % des entreprises de Fortune 500, des milliers de petites et moyennes entreprises ainsi que de nombreux organismes gouvernementaux et institutions éducatives. Avec plus de 100 succursales et partenaires, FranklinCovey fournit des services professionnels dans plus de 160 pays et territoires.

À propos de FranklinCovey France

FranklinCovey France a été créée en 2015 et aide les organisations et les entreprises françaises à améliorer leurs performances organisationnelles et leurs compétences en leadership. Nous sommes également responsables de la version française de l'ensemble des solutions FranklinCovey dans le monde de la francophonie et nous attachons une grande importance à apporter notre aide à la francophonie.
Notre expertise en France porte sur six domaines : le leadership, l'exécution, la productivité, la confiance, les performances commerciales, la fidélisation des clients. Parmi les clients de FranklinCovey France figurent plusieurs entreprises du CAC40 et de nombreuses petites et moyennes entreprises et plusieurs milliers d'individus ont déjà suivi nos formations, coachings et parcours de transformation. Découvrez-nous sur www.franklincovey.fr.

À propos des auteurs

Pamela Fuller est le leader visionnaire de FranklinCovey en matière de biais inconscients, l'architecte principale de sa solution organisationnelle et l'une des principales responsables des ventes internationales de la société. Pamela a conçu la session de travail de FranklinCovey sur les biais inconscients et animé cette session, ainsi que des discussions sur les stratégies de diversité, équité et inclusion devant des milliers de dirigeants du monde entier. Elle est également chargée d'aider les clients à personnaliser et à mettre en œuvre des solutions d'apprentissage et de développement organisationnel pour atteindre leurs objectifs stratégiques selon le catalogue complet des solutions d'apprentissage de FranklinCovey.

Après avoir obtenu son MBA, Pamela a travaillé comme analyste de la diversité au département de la Défense des États-Unis, notamment sur la planification du capital humain, la formation à la diversité et l'analyse statistique des effectifs. Elle a commencé sa carrière dans le domaine de la collecte de fonds et de la promotion d'organismes à but non lucratif, toujours en lien avec l'inclusion et la voix des groupes marginalisés. Pamela vit actuellement dans le sud de la Floride avec son mari et ses enfants, où ils passent leur temps libre à explorer la question des super-héros sous toutes ses formes.

Mark Murphy est consultant senior chez FranklinCovey. Depuis près de trois décennies, il a contribué avec succès à la production de contenus pour des clients du monde entier.

Grâce à ses propres expériences de vie et à ses nombreux voyages à l'international, Mark se passionne pour l'inclusion et les préjugés. Il est expert dans l'aide aux clients et l'intégration de la diversité dans leurs cultures d'entreprise. Il a aidé de nombreuses entreprises à développer des cultures internes efficaces et inclusives dans le secteur public, auprès des entreprises de Fortune 500 et du gouvernement américain. Mark se spécialise dans l'aide à la transition culturelle au sein des entreprises. Il travaille à développer et exécuter des stratégies alignées sur la mission et la vision de ses clients, pour des changements comportementaux à grande échelle, à tous niveaux de la hiérarchie. Mark n'a pas son pareil pour faire évoluer les dirigeants comme les contributeurs individuels, afin que les entreprises puissent atteindre leurs objectifs et être toujours plus efficaces.

Mark a grandi dans le Colorado et il habite à Dallas depuis 1994.

Anne Chow est la directrice générale d'AT&T Business. Elle dirige une organisation de plus de 30 000 employés, chargée de servir près de 3 millions de clients commerciaux dans le monde entier et représentant plus de 35 milliards de dollars de revenus. Avec des décennies d'expérience dans le secteur, Anne a conduit de nombreuses entreprises mondiales dans des transformations majeures et a développé d'innombrables relations modèles avec des clients, des partenaires et des collègues tout au long de son parcours. Elle est connue pour être une pionnière professionnelle et une innovatrice, ainsi qu'une championne du changement dans de nombreux cercles. En plus de constituer des équipes d'envergure mondiale aux cultures fortes, Anne est également passionnée par l'éducation, la diversité et l'inclusion, par la promotion des femmes dans le domaine des technologies et par la formation de la prochaine génération de dirigeants. Titulaire d'une maîtrise en administration des affaires avec mention très bien de la Johnson Graduate School of Management de l'Université de Cornell et d'une licence et maîtrise en génie électrique de Cornell, Anne est également diplômée de la division pré-universitaire de la Juilliard School of Music. Depuis qu'elle a quitté le New Jersey, Anne habite dans la région de Dallas avec son mari et ses filles.